打造高绩效团队

BUILDING
HIGH PERFORMANCE
TEAMS

管理者的
人力资源管理手册

费宁 —— 著

重庆出版集团 重庆出版社

图书在版编目（CIP）数据

打造高绩效团队 ：管理者的人力资源管理手册 / 费宁著. -- 重庆 ： 重庆出版社, 2024. 10. -- ISBN 978-7-229-18821-4

Ⅰ. F272.92-62

中国国家版本馆CIP数据核字第20247J8Z12号

打造高绩效团队：管理者的人力资源管理手册
DAZAO GAO JIXIAO TUANDUI: GUANLIZHE DE RENLI ZIYUAN GUANLI SHOUCE

费宁 著

出　　品：	华章同人
出版监制：	徐宪江　连　果
责任编辑：	徐宪江
特约编辑：	刘　霜
营销编辑：	史青苗　刘晓艳
责任校对：	王昌凤
责任印制：	梁善池
插画绘制：	胡思旗（半刀）
封面设计：	魏　敏

重庆出版集团
重庆出版社　出版

（重庆市南岸区南滨路162号1幢）

三河市嘉科万达彩色印刷有限公司　印刷
重庆出版集团图书发行有限公司　发行
邮购电话：010-85869375
全国新华书店经销

开本：710mm×1000mm　1/16　印张：23.75　字数：300千
2024年10月第1版　2024年10月第1次印刷
定价：59.80元

如有印装质量问题，请致电023-61520678

版权所有，侵权必究

序

一本提升部门管理者人力资源管理能力的指导手册

这是一本针对成长型企业部门管理者的人力资源管理指导手册。我以为，作者做了一件很有意义的事情，理由有四：

首先，对于多数成长型企业而言，薄弱的人力资源管理已经成为制约企业进一步发展的瓶颈，甚至已经危及一些企业的生存。

其二，除了企业人力资源管理规划与体系的缺失，一些部门管理者在人力资源管理上意识的滞后、执行人力资源管理制度不力或方法不当，也是导致员工不稳定、工作动力不足的原因。与其抱怨员工招不到、难管理、留不住，不如花点时间提高自己的人力资源管理技能与领导力。

其三，如果人力资源部能力不足，企业的人力资源管理体系可以通过外部咨询机构协助建立，但部门管理者的人力资源管理意识与能力不能同步提升，再好的体系与制度也将流于形式。正如作者所言，在一个人力资源部门不强大的企业，由于缺乏参谋、指导与支持，各层级管理者的人力资源管理水平更显重要。

最后，企业的成功基于高绩效团队的建设与管理。团队是为了实现某一目标由相互协作的个体所组成的正式群体，通过合理分配和运用每一个成员的职责、知识和技能协同工作，以实现组织的目标。要想打造一个高绩效的团队，就要从人才管理和发展的三个方面展开：

通过人才规划来设计团队，通过人才甄选来构建团队，最后用人才培育来发展团队。高绩效团队建设与管理是系统性的工作，而且必须持续进行，不断改善和提高。作为部门管理者，尤其是部门经理，必须自始至终参与其中，甚至很多人力资源管理活动是人力资源部门无法替代的。这就意味着，部门管理者也要学习和掌握一些必需的人力资源管理知识与技能。

作者费宁先生在企业担任人力资源总监职务二十余年，具有丰富的外资与民营企业两个领域的人力资源管理实践经验，近年来又回到了大学讲台，在多所高校讲授人力资源管理课程，同时致力于企业管理咨询与培训，推动跨部门的人力资源管理，并积累了大量提升部门管理者自我发展能力的指导经验。我很认同他的两句话："一名成功的部门管理者，首先应该是一名优秀的人力资源管理者"、"人力资源管理必须走出人力资源部"。这本人力资源管理手册即是他长期积累的实践经验之总结。

更令我欣赏的是，这本书语言简练易懂、通篇条理清晰，既有原理，又有大量的案例、实用工具，还特意加入了生动的插画，读来轻松，具有很强的指导性和可操作性。建议部门管理者不妨一读，从中可获得一些行之有效的方法，这对你个人成长以及你效力的企业突破人力资源管理困局都将十分有益。

忻榕 博士
《商业评论》总策划
中欧国际工商学院管理学教授、副教务长

前言

一名成功的部门管理者，首先应该是一名优秀的人力资源管理者。

什么是高绩效团队？一个高绩效团队至少有四个要素：其一，以客户为导向。管理者首先要理解客户的需求并与员工分享对客户的认知。以客户为导向，不仅针对外部客户，也包括为我们的团队成员提供同样质量的服务与支持。其二，系统优化。在组织内建立高效精益的组织架构和流程，并且持续不断优化，不断寻找最佳解决方案。部门经理在其中起着举足轻重的作用。其三，高效执行力。唯有打造高效执行力，才能保证团队、组织目标的实现。打造高效执行力包括提升管理者自身的执行力、下属员工的执行力，还有岗位与岗位之间、部门与部门之间协作的执行力。其四，卓越员工。员工是组织成功的关键。组织的核心竞争力源于团队的素质，而团队的素质源于每个团队成员的素质。由此可见，团队的人员配置及其素质提升至关重要。如何打造高绩效团队呢？部门管理者显然需要掌握一些人力资源管理知识与技能。

现代企业雇佣关系有两个特点。一是员工对事业的追求代替了对企业的传统忠诚。这个意思是，如果企业不能帮助员工成长，他们就会另寻他途。二是劳动力市场决定了员工的行为。当劳动力市场供大于求的时候，员工对企业的忠诚度比较高，管理员工会轻松一些；相反，当供不应求时，企业对员工的约束就会减少，在员工身上的投入就会加大，管理员工就不像过去那么简单了，人力资源管理的功能变得越来越重要，而且人力资源管理必须走出人力资源部，成为从公司总经理到部门主管所有管理者的责任。这就是说，如果你要成为一名成功的部门管理者，就必须担起人力资源管理的责任，提高你的人力资源管理技能。道理很简单，人都"管"不好，你还做什么管理者呢？

这本手册说的"部门管理者"是个广义的称呼，包括从部门经理到班组长所有的部门管理者。也就是说，无论你管理100个员工还是1个员工，你都是一名部门管理者。也许，书中写到的有些工作（如组织结构设计、招聘与面试）对于担任现在岗位的你来说还没有涉及，如果你有心阅读，也能为你未来的职业发展提前做准备。

这本手册是为成长中的企业写的。原因有三：其一，这些企业一方面高速发展，另一方面却又深陷人力资源管理困局，如招人难，招到合适的人更难，难管理，难考核，流动快，留不住。其二，大多数人力资源部还在忙于事务性工作，无力推动企业整体人力资源管理，也难以有效提升部门管理者的人力资源管理水平，这就造成了内部"供血"不足。其三，部门管理者越来越年轻化，他们有活力、有想法、有专业技能，但在员工管理上却缺乏经验与技能。如何破解困局，这是很多企业迫切要解决的问题。

这本手册也是为成长中的部门管理者写的。如果组织结构设计不合理，你还怎么去打造高绩效团队？如果人选错了，你还能轻松管理吗？如果你不能有效地领导员工，他们还能为你创造绩效、心甘情愿地跟着你干下去吗？……这些问题与部门管理者的人力资源管理水平密切相关。尤其在HR部门不"强大"的中小型企业，部门管理者的人力资源管理责任更大。

很希望这是一本能指导部门管理者人力资源管理工作的简易手册。基于这样的愿望，这本手册特意采用简单、容易理解的方式来撰写。

但愿这本手册中的原理、案例、方法、技巧以及工具对你的实务操作有用，也能助你个人成长。感谢你与我一起分享经验。

这本人力资源管理手册也可作为人力资源部指导部门管理者的参考教材。

费 宁

目 录
CONTENTS

序 / I
前言 / III

第一章
谁是企业人力资源管理者

1 部门管理者是做什么的 _ 002

部门管理者不愿承担起人力资源管理的责任，主要原因是不认为那些责任是他们应该承担的。本节将通过系统分析"部门管理者是做什么的"，使你深层次理解其中的道理，并了解与部门管理者相关的人力资源管理活动。

部门管理者的工作职能 / 003
部门管理者的管理职能 / 006

2 企业人力资源管理的职责与角色是什么 _ 032

了解自己的人力资源管理职责与角色，也了解他人的职责与角色，才能全面了解谁是企业人力资源管理者，才能做到分清职责、相互配合。

部门管理者的人力资源管理职责与角色 / 033
人力资源部经理的职责与角色 / 036
总经理的人力资源管理职责与角色 / 038

3 谁是企业人力资源管理者 _ 039

通过对以上两方面的分析，得出结论: 部门管理者的人力资源管理职责，是 HR 部门无法替代的。

你就是企业人力资源管理者 / 040

第二章
什么阻碍了部门管理者的人力资源管理

1 从员工到管理者的角色转换准备不足 _ 044

当你有幸从普通员工被提拔到部门管理者的岗位上时,就意味着从上任的这一天起,你的角色发生了转换,随之,你的工作职责、为了完成职责所需要的工作技能、工作业绩以及个人心态都要发生变化。然而,现实中,有不少人在管理岗位上已经干了很多年,但不一定已经完成了角色转换。

从员工到管理者的角色转换 / 045

2 在人力资源管理认识上存在着误区 _ 049

如果你(假设你是生产部经理)不愿承担人力资源管理的责任,那就让我(你们公司的人力资源部经理)来接过本属于你的那些责任吧!你将发现,你的人力资源管理责任没了,与此同时,你作为管理者的职权也就被部分地剥夺了,而且是你自己剥夺的,你还怎么去履行管理者的职能呢?

人力资源管理是人力资源部的事 / 050

其他三个认识问题 / 054

3 人力资源部门不作为 _ 057

尽管人力资源部门经常抱怨部门管理者不配合、在人力资源管理制度与流程实施过程中缺乏执行力,却很少为他们提供有关人力资源管理知识与技能的培训与指导。

人力资源部门不作为的表现 / 058

4 企业高层对人力资源管理重视不足 _ 061

在一家企业,无论是部门管理者还是人力资源经理,在人力资源管理上是怎么想的和怎么做的,在很大程度上都会受到高层管理者的影响与制约。

企业高层对人力资源管理重视不足的表现 / 062

第三章
如何与人力资源部门有效配合

1 遵守公司人力资源管理制度与流程 _ 068

如果一家企业没有建立人力资源管理体系或相关体系不完善，那是HR经理的责任；如果没有有效执行，那就是部门管理者的责任。当你熟悉了企业人力资源管理制度与流程，你就掌握了一大半人力资源管理技能。

熟悉公司人力资源管理制度与流程 / 069
高效执行公司人力资源管理制度与流程 / 072

2 与人力资源部建立相互配合的关系 _ 077

明确部门管理者的人力资源管理职责，了解人力资源部的职责；明确分工，履行好各自职责，相互支持，相互影响。

如何与人力资源部建立相互配合的关系 / 078

3 企业人力资源管理依赖的是体系而不是专家 _ 080

建立人力资源管理体系需要专家，而企业人力资源管理运行依赖的是体系。有了体系，一切都将变得秩序井然，所有人在这个体系中都将成为专家。人力资源管理体系是企业文化的基础，一旦被破坏，企业将失去选人、育人、用人、留人的肥沃土壤。

建立能留住人的企业人力资源管理体系 / 081

第四章
必须掌握的人力资源管理知识与技能

1 组织结构设计 _ 086

组织结构设计是构建团队的前提；组织结构不仅是人员配置的依据，也是企业管理的路线图；开展员工职业发展规划与企业人才梯队建设，也离不开组织结构设计。

认识组织结构 / 087
组织结构类型 / 092
组织结构设计 / 098

2 职务说明书的编写 _ 122

职务说明书被广泛应用于选人、任务分派、员工培训与发展、工作指导、绩效考核、薪酬设计、劳动保护等方面，然而，很多部门管理者并没有把它当回事。

职务说明书的作用 / 123

与职务有关的常见术语 / 128

怎样编写职务说明书 / 133

3 招聘与面试 _ 157

作为一名部门经理，你必须责无旁贷地承担起本部门人员招聘的责任。原因很简单，你是这个团队的领头人。如果你要实现部门目标，创造业绩，就必须首先为这个你领导的部门配置合适的人员，否则，你这个部门经理将会做得很痛苦，甚至会失败。

招聘前必须回答的问题 / 158

测评方法概述 / 180

履历分析 / 184

结构化的行为面试 / 190

4 培训与指导 _ 212

员工招来了。这就意味着，从他们入职的第一天起，你就要培训与指导他们。这里的"你"包括从部门经理到班组长。无论你管理一百个员工，还是管理一个员工，你都要对他们的工作表现和个人成长负责。培训与指导是部门管理者的重要职责。

你是一名优秀培训者吗 / 213

如何激发员工的学习兴趣 / 215

培训的过程 / 222

怎样准备一堂培训课 / 231

指导的态度与方法 / 244

5 如何有效激励员工 _ 265

谁都希望自己的下属能够积极、主动、自觉地工作，并能达到期望的目标，然而往往事与愿违。这样的局面是怎样造成的？又如何挽救呢？很多部门主管非常痛苦，花了很大力气，想了很多方法，收效却不大。我们不得不说，这些部门管理者还没有清醒地意识到他们错在哪里，还不清楚如何有效地激励员工。

什么是激励 / 266

需求层次与双因素理论 / 270

为什么员工的表现不如主管期望的 / 275

如何有效激励员工 / 283

6 绩效管理与绩效考核 _ 315

绩效管理到底管什么？这个问题看似简单却又不简单。如果不能理清这个问题，部门管理者在每天的工作中就有可能瞎折腾。瞎折腾可能会创造出短线的惊人业绩。但是，这样的情况不会持久。

绩效管理到底管什么 / 316

如何建立部门关键绩效指标体系 / 329

如何制订员工绩效计划 / 341

如何进行绩效面谈 / 352

后记 / 362

参考文献 / 364

第一章
谁是企业人力资源管理者

1 部门管理者是做什么的
2 企业人力资源管理的职责与角色是什么
3 谁是企业人力资源管理者

1 部门管理者是做什么的

部门管理者不愿承担起人力资源管理的责任,主要原因是不认为那些责任是他们应该承担的。本节将通过系统分析"部门管理者是做什么的",使你深层次理解其中的道理,并了解与部门管理者相关的人力资源管理活动。

部门管理者的工作职能

阅读前思考：
1. 作为一名部门管理者，你知道你的工作包括哪两大职能吗？
2. 你经常会忙于实务操作而疏于管理吗？

企业的类型、规模可能不同，其管理者所担任的管理职务也有高低，但所有管理者的工作都包括实务操作和管理两大职能（见图1-1），部门管理者也不例外。

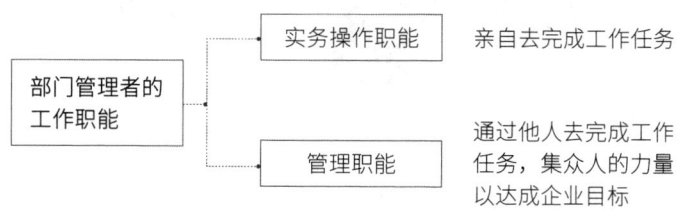

图 1-1 部门管理者的工作职能

如图 1-2，在企业中，管理者的职务层级越高，他的管理职能所占的比例越大；反之，职务层级越低，他的管理职能所占的比例越小。

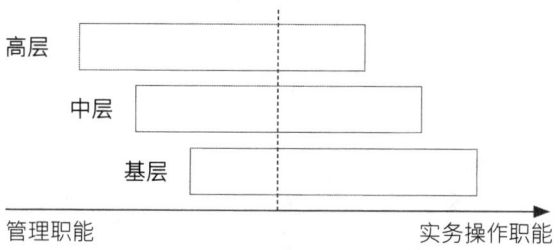

图 1-2 实务操作与管理职能在企业管理中的分配比例

注意：一线主管在完成自身的工作后，应尽量多花些时间在管理职能上。即使在亲自实务操作时，也不能忽视其管理职能。否则，其表现将等同于普通员工。一线主管应避免操作员的倾向。

◊ **案例1　操作员的倾向**
员工：主管，我有点事想找你谈一下。
主管：你没看见我正在忙吗？
员工失望地走了……

◊ **案例2　管理者的角色**
员工：主管，我有点事想找你谈一下。
主管：对不起，我正在赶写一份报告，我一会儿找你好吗？
员工愉快地走了……

评论：以上两个案例很简单，在工作场所却很常见。前者只顾自己做事，却忘了主管身份；后者尽管也在忙于事务，却没简单拒绝，避免了操作员的倾向。很显然，这两种方式给予属下员工的影响是不同的，他们能分辨得出谁是自己心目中的好主管。

> 每种技能的相对重要性根据管理层不同而不同，人际关系技能在每个管理层次都重要。尽管如此，主管比较高层管理者更需要技术技能，因为员工在工作中遇到问题都是向主管求助。同时，较高层管理者更偏重决策技能和知识技能，原因很简单——他们要制订更复杂的决策……那些在每个领域不断开发自己技能的主管，一般最有可能晋升到更高的管理层。

资料来源：[美]塞缪尔·C.切尔托. 督导管理：原理与技能训练[M]. 顾琴轩，译. 5版. 北京：机械工业出版社，2007.

作为一名部门主管，如果你只会做事而疏于管理，你充其量就是一名最佳员工，但绝对不是一名优秀管理者。

部门管理者的管理职能

阅读前思考：
1. 你知道有哪四大管理职能吗？你对它们了解多少？
2. 作为一名部门管理者，你有效履行了管理职能吗？

部门管理者的管理职能包括计划、组织、领导和控制。这里的职能也可以理解为活动，管理职能就是管理活动。不是所有的部门管理者都已理解并有效履行了这四个管理职能。

如图 1-3，各个管理职能是一个管理循环过程。之所以是这个顺序，是因为每个职能需要依赖前一个或前几个职能。它们既各自独立又相互联系和相互影响。

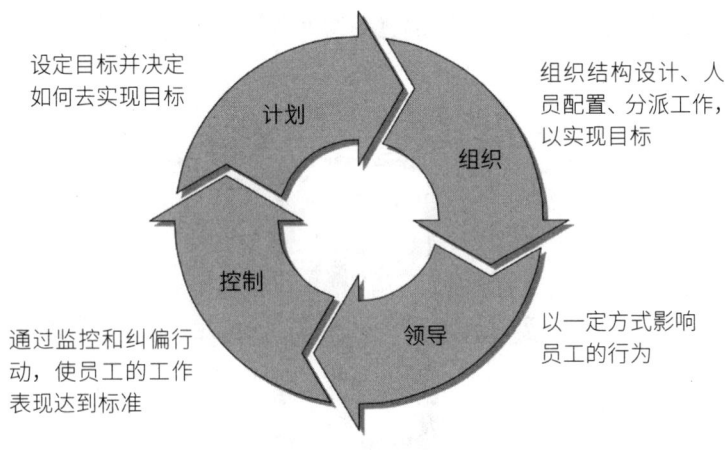

图 1-3 部门主管的管理职能

在现实中，管理者不会用一周时间做计划，再用一周时间去组织等；相反，管理者经常在一个工作日内同时履行多个职能。因此，图1-3表示的是一般管理模型。

计划、组织是管理的准备阶段，领导和控制则是管理的实施阶段，不能与准备阶段断开，否则计划将无法按预期的要求实现。

常见的是，基层管理者花更多时间在领导和控制上，这是因为他们直接与在一线的下属一起工作；相反，更高层级的管理者在计划、组织上花更多的时间。

计划：设定目标并决定如何去实现目标

目标是什么
- 目标是组织、团队、个人期望达到的成就
- 目标是行动的方向
- 目标是行动的承诺
- 目标是调动资源、创造未来
- 目标是衡量绩效的标准

目标的特性
- 导向性：指明行动的方向
- 多重性：目标不止一个
- 层次性：目标自上而下分解
- 变动性：目标也是变化的
- 激励性：目标的巨大驱动力

● 战略计划

任何一家企业都必须清楚自己未来的发展方向。战略计划就是为企业未来绘制一幅蓝图,即对整个企业的使命、愿景和长期目标做出描述。

战略计划由企业高层管理人员组成的战略规划小组负责制订,总经理对战略计划的制订和实施负有最终的责任。

● 运营计划

运营计划是将企业战略目标转变为短期的、具体的、确定的、更有把握实现的目标。通过运营计划制订的任何目标都应完全支持企业战略目标。一般来说,运营目标包括公司总体目标、部门目标和岗位目标,时间跨度通常为一年或更短。

公司目标,通常由公司高层管理人员负责制订;部门目标,由公司总经理与各部门经理共同制订;岗位目标,由部门经理组织内部人员制订。岗位目标完全支持部门目标,部门目标则完全支持公司目标。运营目标的制订过程是一个从上至下的分解过程。

● 个人计划

对于部门管理者而言,除了设定岗位目标,为部门和企业目标的达成做出贡献,个人计划还应包括管理者自身以及下属的职业发展规划,即为个人职业发展设定目标。

● 行动计划

在设定目标之后,就要决定如何去实现目标。如果说目标是你想要去的地方,那么行动计划就是指引你如何到达那里的路线图。行动计划是一个如何去实现目标的计划。

部门主管在制订行动计划时,必须回答以下几个问题(行动计划的要点）：

- **做什么：** 明确需要完成的任务。
- **谁去做：** 确定承担任务的部门、岗位和人员。
- **何时做：** 任务的开始和结束时间或时间长度。
- **何地做：** 在什么地方开展工作。
- **如何做：** 确定计划实施的步骤。

制订一个包含每个细节的书面计划是十分耗时耗力的。尽管很少人这么做，但不等于说，部门管理者在制订计划时不去关注这些细节。

实际上，"如何做"还应包括企业的相关政策、制度、工作流程与操作程序。这些对于保证计划成功完成至关重要。

在一个规范的企业里，关于"如何做"的政策、制度、流程、程序应当是健全的，并在企业的发展过程中不断被改进和完善。

> 流程：由跨岗位或跨部门的多个活动组成，强调协同的效率。如果一个任务不需要让两个不同岗位的人协同完成，就不要把它作为一个流程。
>
> 程序：又称为操作规程，是执行任务的步骤与标准。当流程分解到活动完全可以由一个岗位来独立完成的时候，就叫操作程序。

对于一个称职的部门经理来说，在加入一家企业之后，他就应该尽快地熟悉公司、关联部门、所在部门的各项政策、制度、流程、程序，对所在部门的制度、流程、程序进行确认（包括继承、修订原先的以及制订新的），而不是等到每次制订一个具体行动计划的时候。

建议部门经理在加入企业之后三个月内或更短时间里，就应当熟悉或确认相关的制度、流程及程序。否则，你拿什么来指导下属的工作，又以什么标准来衡量下属的表现？而这三个月往往又是新经理的试用期，于是，很多人不愿意花费功夫去做这些，生怕一旦试用不通过白花了力气。这样的想法不可取。这也正好可以验证你是否是一名合格的管理者。更有甚者，一些管理者在一家企业工作了很久，至今还没有建立起一套完善的制度、流程与程序，可以想象得出这家企业的运营状况，这样的经理的管理水平。

权变计划

我们的经验告诉我们，事情未必总是按计划进行的。

权变计划是指，如果未来遇到什么变化不能按原计划执行，那么你现在就要计划做些什么来应对可能发生的事情。明智的管理者应当是个随时有准备的人，制订一个权变计划将增加机动性。

权变计划不一定是书面的，但管理者必须事先对未来计划实施过程中可能遇到的问题进行评估和预测，提前考虑到如果这些问题出现了，应采取什么应对措施，而不至于措手不及。

与部门主管相关的人力资源管理活动

通过以上说明与分析，我们可从计划职能引出与你相关的人力资源管理活动。

- 战略计划
- 运营计划
- 个人计划
- 行动计划
- 权变计划

与部门管理者相关的
人力资源管理活动

· 遵循公司 HR 管理制度与流程
· 目标管理
· 部门人力资源规划
· 员工职业发展规划
· 企业人才梯队建设

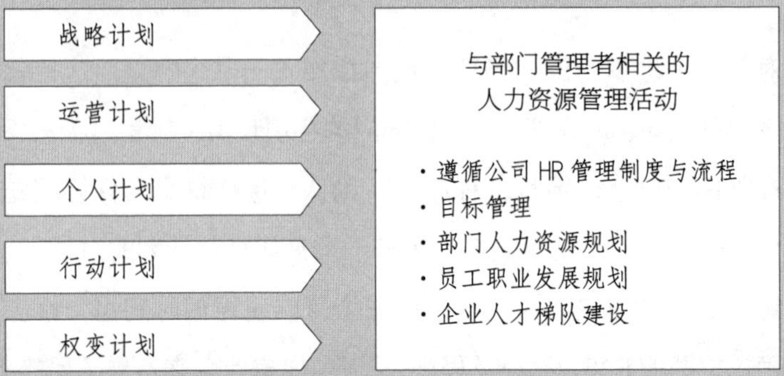

图 1-4 计划职能与人力资源管理活动

组织：组织结构设计、人员配置、分派工作，以实现目标

● 组织结构设计

即使在一个只有两人的企业里，也需要通过分工与协作，才能有效完成企业的目标。组织结构正是对工作任务进行分工、分组及协作的一种模式。

> 组织结构，是企业人员配置的依据，也是企业管理的路线图。

由于组织结构是以组织图形式来描述的，它无法清楚说明各个部门的职能、每个职务的职责和任职条件，也不能显示制度与流程。因此，为了解决以上问题，还需要在组织结构图的基础上，进一步制订相关的书面文件（即规范设计），如部门职能说明书、职务说明书、制度与流程等。

企业的组织结构是动态的。当企业目标发生变化的时候，企业的组织结构也将随之调整。但也要保持相对的稳定性，频繁的变更会使员工感觉这家公司不成熟，也让人不知所措。这种情况在一些中小企业时有发生。所以在设计组织结构时，务必要深思熟虑。

作为部门经理，你负有设计所在部门组织结构的责任，你也可能参与设计整个企业的组织结构，与其他部门经理一起讨论业务流程、分工与协作。

你或许是一名基层主管（即使是一名普通员工），无权参与组织结构设计，但也需要了解公司以及你所在部门的组织结构，它能引导

你如何与上司、下属、同事合作。如果你打算做职业发展规划，也需要了解公司以及部门组织结构能为你提供哪种职业发展通道与合适的岗位。

其实，一个有经验的员工在应聘时就会详细了解这家公司的组织结构，如直接上司是谁，是否存在多头管理，指挥线是否清晰，属下有哪些岗位、多少人员，未来是否有职业发展空间，等等。对这些问题清楚了解十分重要，它们将关系到一个人未来在这家企业工作与成长的方方面面。一个规范的企业在新员工入职培训时也会在第一时间介绍组织结构（通常，人力资源部介绍公司整体组织结构，用人部门则介绍本部门的组织结构）。由此可见，一个设计合理的组织结构是多么重要，组织结构设计错了，其后的人员配置、企业运营与管理就会问题不断。

人员配置

部门经理需要一定数量合格的人员来完成工作任务，以实现企业的目标。组织结构、人员编制及职务说明书为部门经理进行人员配置提供了依据。人员配置包括企业内部的调岗、晋升，也包括从企业外部招聘人员。

分派任务

在人员配置完成之后，接下来就是分派任务了。分派工作任务不是随机的，而是要遵循一个合乎逻辑的过程。如图1-5所示，这个过程包括：确定要分派的任务、确定由谁去完成任务、分派任务、授予员工完成任务的职权以及跟踪支持。

图1-5 分派任务与授权的过程

确定任务

事事亲力亲为，或是将所有的工作都分派给下属去做，都不可取。没人喜欢将大事小事都揽下来自己做，部门管理者自己也觉得很委屈。多数情况下，部门管理者亲力亲为是因为担心下属做不好。但是，如果不让下属去做，他们永远也不会做。而在另一些情况下，有些工作是部门管理者自己非做不可的，是不能委托他人去做的。

确定人员

首先，部门管理者应根据岗位职责分派任务。如果分不清将任务分配给哪个岗位，就需要花点时间去编写职务说明书了。当你需要选择一个员工去完成某项任务的时候，你还要考虑谁更能胜任，考虑的因素包括能力和意愿两个方面，高能力低意愿或者高意愿低能力，都是令人不放心的。那个让你放心、经常被你委以重任的人理应是优秀员工，是人才梯队的候选人，你应当适时给予他晋升或晋级，否则，对他就不公平了。有时，你也需要安排新手独立完成或是参与某项工作，那是出于培养的目的。

特别提醒

我们偶尔听到这样的抱怨：该我做的不让我做，不该我做的却叫我做。这说明，这位主管的任务分配很随意，根本不按岗位职责分派任务。还有这样的抱怨：不该我做的也叫我去做，该我做的时间却不够。以为一个人在某个领域是"能人"，在其他方面也是"能人"，这是个误区。即使一个人是"多面手"，也不可随意分派超越其职责范围的任务。

分派任务

分配任务不仅仅是将任务简单地传达给被指派的员工。作为部门管理者，如果你希望下属达到你所期望的绩效，在一开始你就应当确保员工已清楚地知道如何去做，做到什么程度才是最好的，可能遇到什么困难，谁可以提供帮助，他的回报是什么。为了确保员工具有完成工作任务的知识和技能，你还要安排相应的培训。

授予职权

将工作任务分配给员工去做，同时授予员工完成任务所必需的职权。说起来容易，做起来难。一谈到授权，很多部门管理者显得左右为难：如果不授权，自己的工作压力很大，下属事事要找你请示，他们也不能很好地完成所分配的任务，甚至会动摇员工继续为企业服务下去的意愿；如果将权力下放，又担心下属不负责任或负不起责任。然而，作为一个部门管理者，你的绩效在很大程度上取决于你向下属授权的能力，或者说，你必须具有让下属对工作负起责任的能力。

跟踪支持

在授权的过程中，管理者的责任是不可下授的，这是授权的绝对性原则。作为一名部门管理者，你完成了工作任务分配和授权之后，被授权的员工对该项任务能否成功完成负有责任，你也负有同样的责任，并且最终是你的责任。因此，尽管应当给予员工独立完成任务的空间，但这并不意味着你就可以放手不管不问。为了促使和保证员工完成任务，你还需要给予适时的检查、指导、支持及激励。

与部门管理者有关的人力资源管理活动

通过以上说明与分析，我们可从组织职能引出与你相关的人力资源管理活动。

- 组织结构设计
- 人员配置
- 分派工作

与部门管理者相关的人力资源管理活动
· 组织结构设计
· 编写部门职能说明书
· 编写职务说明书
· 调岗与晋升
· 招聘与面试
· 分派工作与授权

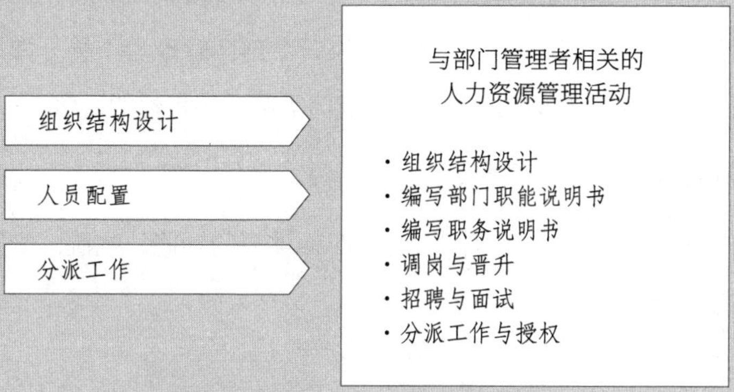

图 1-6 组织职能与人力资源管理活动

领导：以一定方式影响员工的行为

这里的"领导"是个动词，等同于"影响"。领导活动的实质就是以一定的方式影响下属实现目标的过程。影响他人行为的能力，称为影响力，也叫领导力。

通过沟通影响员工的行为

什么是沟通

沟通是双向的，是人们彼此交流信息的过程。沟通有三种方式：口头沟通、书面沟通和非言语沟通。口头沟通有三个环节：表达、倾听和反馈。

沟通的重要性

作为一名部门管理者，在每天的工作中，你几乎都要与上司、下属、同事联系和交流，这些沟通可能要占去你3/4的工作时间。由此可见，沟通是部门管理者的核心工作。如果一名部门管理者不善于沟通，或者说，不能进行有效的沟通，这个部门很难维持良性的运转。

沟通的功能

对于部门管理者而言，沟通有四种重要的功能：控制、激励、情绪表达和信息。

> 这四种功能无轻重之分。要使群体运转良好，就需要在一定程度上控制员工，激励员工，提供情绪表达的手段，并做出抉择。你完全可以这样认为，每一次群体或组织中的沟通几乎都能实现这四种功能中的一种或几种。

资料来源：[美]斯蒂芬·P.罗宾斯，蒂莫西·A.贾奇. 组织行为学[M]. 李原，孙健敏，译. 18版. 北京：中国人民大学出版社，2020.

◇ **控制功能** 如果你期望员工按照你的要求去做，你就必须将要求及时地、清楚地传达给员工，并确保这些要求被员工理解。传达的方式有书面的，如员工手册、发布的规章制度、张贴在车间墙上的操作规程、挂在机器上的警示牌、过失单、备忘录、电子邮件等；也有口头的，如培训、例会、一对一的面谈、电话交谈、劝导与训诫等。在工作现场，你还会指出员工的错误行为，要求其立即改正。

◇ **激励功能** 激励员工的过程也是沟通的过程。常识告诉我们，口头沟通是激励员工时最常用的方式，如口头表扬和鼓励的话、倾听员工的意见、培训、指导、让员工参与讨论等；书面沟通有表扬信、先进事迹通报、倡议书等。

口头沟通时常伴随着非言语的沟通，如身体动作、说话的语调、面部表情以及你与员工之间的身体距离。有时，即使你没有开口说话，你的一个手势、一个眼神或者一个面部表情，都会影响员工的情绪，员工可能会因为你的点头而感受到被认可的满足。

◇ **情绪表达功能** 对于大多数员工而言，当他们感到满足或失落、快乐或郁闷的时候，都很想找人说说，将心中的情绪表达出来，释放情感。工作场所的同事经常是他们倾诉的对象。

当一个人心情好的时候，他的精神状态就好，对工作充满热情；相反，当一个人心情不好的时候，精神就会不振，容易出错，工作效率不高。甚至，他的低落情绪还会影响周围的同事。

部门管理者应当创造群体沟通的机会，让员工将满足、快乐的情绪释放出来，如庆功会、员工生日活动等。对于员工的抱怨，企业和部门都应当建立正式的沟通机制。

当员工向你表达情绪的时候，有时可能是私人问题，身为主管的你应当耐心倾听，表达关心和帮助之意。在一些问题上，你可能满足不了员工的愿望，但是你能通过沟通让员工将低落的情绪释放出来，员工会感觉好多了。面对员工的失落或不满情绪，不能一味地讲安慰的话，当你将事实分析给员工听的时候，他们会对你更加信服。虽然有些事实令人难以接受，但良药苦口利于病。对于下属的情绪表达，你还应当替他/她保密，这样可建立起你的可靠形象。

在某种程度上，通过沟通让员工将满足感或失落感、快乐或不快乐的情绪表达出来，也是激励。一般来说，员工在充分释放情感后，心态会得到调整，从而积极起来。

和员工一样，你也需要表达情绪、释放情感，但是你必须学会在员工面前控制自己的情绪，考虑到自己的消极情绪甚至是气急败坏的情绪会给下属带来什么影响。尽管克制自己很难受，你也必须这样做，因为你是领导者。

◊ **信息功能** 通过沟通，部门管理者不断向他人传递信息。同样，管理者也需要通过沟通，不断收集来自各方面的信息，为工作决策提供依据。这就是沟通的信息功能。

通过培训影响员工的行为

什么是培训

培训是通过一定的方法，使员工获取与工作相关的知识、经验和技能的过程。这些知识、经验和技能是保证员工达到绩效标准所必需的。

培训也是影响员工态度和行为的好方法。

培训的类型

表1-1是大多数企业普遍采用的根据不同目的而设计的培训类型。

表1-1 企业常见的培训类型

培训类型	培训目的
导入培训	也称新员工入职培训，旨在帮助新员工尽快适应企业环境和胜任工作。不仅人力资源部应为新员工提供入职培训，用人部门也要同时提供入职培训。
定向培训	向员工传达企业或部门的政策、制度、新情况、创新、变革或未来计划。
技能培训	开发员工的岗位技能，确保员工正确、有效地工作，达到绩效标准。
管理培训	帮助部门各层级管理人员提高管理技能，有效履行管理职能。
交叉培训	通过实习或轮岗，开发员工的其他经验和技能，可促进员工的职业发展、扩大员工知识面（如销售人员为了更专业地推销产品，需了解相关生产知识）、应急（平时受过培训的人可随时顶岗，弥补临时空缺）。
发展培训	让员工准备承担新责任，满足员工职业发展和企业人才梯队规划的需求。
安全培训	为了员工安全工作，保护企业财产，提供必需的安全知识和技能。

培训的方式

表 1-2 是企业常见的培训方式。每一种培训方式都有其优点和缺点，结合起来使用效果会更好。

表 1-2 企业常见的培训方式

培训方式	说明	效益	风险
在岗培训	通常在员工的工作现场进行，或模拟现场	·直观，有益于操作技能训练 ·如果在岗培训是系统性的，并由经验丰富的培训者来提供，那么培训将非常有效	·学员可能没有真正领会原理 ·如果培训者没有接受过 TTT（Train The Trainer），学员的学习效果可能不佳
离岗培训	在远离工作现场的地方进行培训，如培训教室	·可了解系统的原理与方法 ·如果培训方法得当，如案例分析等，培训效果更佳 ·可满足更广泛的培训目标，如强化意识、发展人际关系	·不在工作现场，缺乏直观性 ·操作技能训练会受到限制
在岗离岗培训	操作培训在工作场所进行，理论培训在教室进行	·将理论与实践相结合，使员工掌握完整的知识与技能	·受时间与精力限制，损失了生产力
内部培训	仅限本公司员工参加的培训，培训师可来自公司内部或从外部聘请	·由公司内部培训师提供，具有针对性、及时性，学习"公司自己的方式"，成本低 ·外聘培训师可弥补本公司师资不足的情况，提供更多工作方法	·由自己培训师提供，易"内部繁殖"，仅学会一种做事方式，不利于打破现状、创新、变革 ·由外聘培训师提供，可能缺乏针对性，成本高
外部培训	培训在公司外进行，同时有其他公司员工参加，由外部培训师提供培训	·向外部培训师学习新知识 ·有机会与其他公司员工交流，拓展视野与经验	·缺乏针对性，可能偏学术化，成本高 ·培训内容可能与公司需求脱节

◊ **在岗培训** 在岗培训更重要。关于员工发展，有人给出这么一组数据：员工自我发展约占60%，在岗培训（OJT）约占30%，离岗培训（OFF-JT）约占10%。系统的在岗培训也会传授工作原理，但离岗培训则不包括实操技能训练。对于一线员工来说，实操技能是员工成长与提高绩效的关键。在现实中，很多部门管理者将培训重心放在离岗培训上，结果员工培训的效果大打折扣，培训也就成了"鸡肋"。

◊ **亲自培训** 作为一个部门管理者，无论你领导了1名员工还是100名员工，你都要对他们的工作表现与个人成长负责。这就意味着你必须培训与指导他们。你亲自做培训了吗？

作为一名管理者，你是这个团队最有工作经验的人，尤其是在岗培训，没人比你更合适。

如果你希望下属达到你要求的工作目标，你就必须首先告诉他们做什么、如何做、做到什么程度最好。你亲自做培训，可以保证将工作要求从一开始就清晰、完整和准确地传递给他们。

你最了解部门运作的动态。通过及时的培训，可以预防问题的发生，或是纠正已发生的问题，从而保证工作标准的连续性。

你和下属一起工作，你最了解他们每个人的个性、能力和工作状况，没有人比你更能切中要害地确定培训的需求和培训方式。

培训为你与下属之间搭建了一个面对面沟通的平台，使得员工能从更宽广的视角来看待工作，有助于他们理解自身在团队中的作用。有时，这样的沟通比其他方式更有效果。

当你做培训的时候，你把热情、真诚和期望带给了员工。员工会感激引领他们成长的上司，你将获得员工更多的尊重。培训是管理者不可忽略的一种激励方式。

培训之后，帮你做事的人多了，让你操心的人少了。现在，你有更多的时间去思考重要的事了，再也不用将时间和精力花在每日的应付和纠错上。最重要的是，经过培训的员工将创造更大的业绩，你将从他们的工作中得到回报，因为员工是你创造业绩的唯一指望。

毫无疑问，人力资源部门负有培训的职责；另外，公司还会根据需要聘请外部培训师来公司做内训，或者安排员工到公司以外的地方参加培训。但是，无论是公司人事部门，还是外部培训师，都无法代替部门管理者的亲自培训。

● 通过指导影响员工的行为

什么是指导

指出问题所在，引导员工意识与行为，激励最佳表现。指导具有诊断、导向、反馈、激励等功能。这里强调的是在实际工作中对员工的指导。

> 相对于系统的培训，在实际工作中的指导更具有及时性和针对性，可随时随地就某个问题（包括员工的意识与行为）进行指导。作为一名主管，你可能无法安排太多的时间去做系统的培训，但你一定有时间在每天的工作中指导下属。

指导的作用

> **需要思考的问题**
> 1. 经过培训的员工，他们的技能就能达到熟练的程度吗？
> 2. 已交代的事项，员工都已清楚并在认真执行吗？
> 3. 在计划执行过程中，员工会遇到问题或提出建议吗？
> 4. 每一位员工每天都以积极的态度工作吗？

◊ **有利于增强员工的意识和能力** 你无法做到通过一两次培训，就能使员工达到你所期望的要求。如图 1-7 所示，学习是个过程，培训后的指导是不可忽视的。

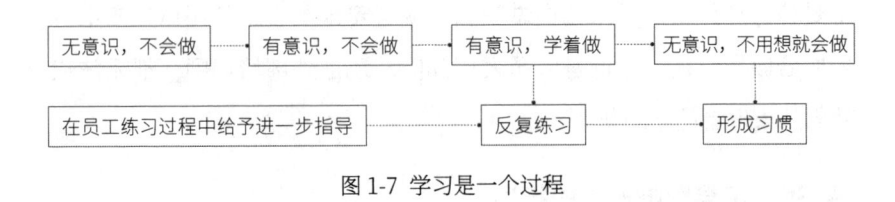

```
无意识，不会做 → 有意识，不会做 → 有意识，学着做 → 无意识，不用想就会做

在员工练习过程中给予进一步指导 → 反复练习 → 形成习惯
```

图 1-7 学习是一个过程

需要强调的是，无论是外部培训师还是公司的内训师（未必是学员的直接主管），都无法将培训与工作中的指导完美结合起来，只有员工的直接主管才能做到这一点。

◊ **有利于澄清员工不明白的问题** 有时，我们以为已经交代清楚了，其实不然。你说的是"一"，员工却听成了"二"。这就需要我们及时发现问题并给予指导，使员工完全领会上司的指令。

◊ **有利于纠正令人不满意的表现** 一旦发现问题，我们就应当及时指出问题所在，帮助员工改变令人不满的行为。

◊ **有利于培养员工自我指导能力** 作为一名主管，你的职责不仅是确保员工完成具体的任务，还要培养员工的能力。当你指导员工的时候，你也在向他们传授解决问题的方法。员工以后碰到类似的问题时，就知道如何处理了。

◊ **有利于激励员工的士气** 当你通过指导来帮助员工增强信心、提高能力、解决问题、改进绩效的时候，你也激励了他们的士气，因为员工知道你很在意他们，并愿意与他们沟通、倾听他们的想法、真诚地帮助他们。

通过激励影响员工的行为

什么是激励

通俗地说，激励就是调动员工的工作积极性，提高员工的工作意愿。

激励的责任

如图 1-8，员工有能力但工作意愿不强，或者工作意愿强但能力弱，都不能取得良好工作绩效。只有当员工产生很强的工作意愿并具备了工作能力，他们才能创造出你所期望的甚至超出期望的工作绩效。

$$工作绩效 = 工作意愿 \times 工作能力$$

图 1-8 工作绩效模型

因此，部门管理者必须两手抓，既要通过系统培训、在工作过程中随时随地的指导，来提高员工的工作技能（当然，培训与指导也具有激励性），又要采取多种有效的激励方法来维护和提高员工的工作意愿。

尽管影响员工工作意愿的因素很多，有些影响因素可能超出了部门管理者的控制范围，但是无论如何，作为一线管理者的部门主管，你的态度、领导风格、方式方法对下属的影响，无论是积极的还是消极的，都会是直接和巨大的，当然，你所发挥的激励作用也是无人能够替代的。

通过劝导、训导与处罚影响员工的行为

问题员工

在企业中，并非所有员工都会对你的努力做出积极的回应，这些努力包括沟通、培训、指导、激励等。在一个部门里，你难免会遭遇一两个问题员工的挑战。使用"问题员工"这个词，显得很刺眼，但

却是客观存在。部门中问题员工的特征大致有两种（见表 1-3）。

表 1-3 问题员工的特征与处理方式

类型	举例	特征	处理方式
自身问题的员工	如：心情差、态度消极、心理不平衡、抱怨、发牢骚、过分计较等	不违反公司规定，但可能影响本人或他人工作	劝导
造成问题的员工	如：迟到、上班睡觉、偷盗、暴力行为、不合作、违反操作规程等	违反公司规定，造成或大或小不良影响或损失	训导处罚

当一名员工发生以上表内所列举的某个问题的时候（员工手册中所列出的违规问题不止这些），部门管理者应当立即采取恰当的方式加以处理。如果不理不睬，将会导致问题继续发展、蔓延。形成坏风气，再想纠正难度加大。再者，当一名员工违规的时候，如果不处理，对于那些遵章守纪的员工来说就是不公平。

这里需要特别指出的是，在你对造成问题的员工采取任何处理行动之前，你必须熟知公司的纪律处分制度，如有模糊的地方，应当向人力资源部门咨询。这样做是为了体现公平公正的原则，对当事人、其他员工、你自己以及公司，都是非常重要的。

影响问题员工的方式

◊ **劝导** 劝导是指了解员工的个人问题并帮助他解决问题的过程。

员工通常能够自行解决个人问题。需要部门主管提供帮助的一定是相对复杂、已造成员工心结的问题。而对于某个经常抱怨的员工，如你对他的每一次抱怨都能做出应对，坐下来帮助他分析问题，讲清事实的本来面目，不仅会减少他的抱怨，还能激发他的工作热情。正如本书第 17 页，沟通的"情绪表达功能"所说，对于棘手的员工个人问题，如失恋了，钱被诈骗了，即使你帮不上忙，但你的行动却能体现上司对下属的关心，也是给予员工一次表达情绪、释放郁闷的机会。他的心情会好起来。

◊ **训导**　训导不是处罚，但处罚的过程一定要采用训导的方式。训导是批评、教育的过程，指出员工的错误所在及其行为后果，要求他立即纠正。

◊ **处罚**　处罚是在应对违规行为时所产生的一种令人不愉快的结果，它的作用在于通过打击员工的错误行为，使其不敢重复类似错误。在激励理论上，批评和处罚都是负强化的方式。表扬和奖励是正强化。当行为的结果（如受到表扬）有利于个人并得到正强化时，行为就会重复出现；当行为的结果（如受到处罚）不利于个人并得到负强化时，行为就会削弱和消退。

- 指导：员工在工作上的问题
- 劝导：解决员工的自身问题
- 训导：解决员工的违规问题

与部门管理者有关的人力资源管理活动

通过以上说明与分析，我们可从领导职能引出与你相关的人力资源管理活动。

- 通过沟通影响员工的行为
- 通过培训影响员工的行为
- 通过指导影响员工的行为
- 通过激励影响员工的行为
- 通过劝导、训导、处罚影响员工的行为

与部门管理者相关的人力资源管理活动

- 教练技术与有效沟通
- 在岗培训与离岗培训
- 在工作中指导下属
- 有效激励下属
- 劝导、训导、处罚

图 1-9 领导职能与人力资源管理活动

控制：通过监控和纠偏行动，使员工的工作表现达到标准

● 控制的过程

人们通常将控制的过程分为三个步骤。首先，制订工作标准；然后，对照工作标准，衡量员工的工作表现，发现偏差；最后，分析偏差原因，采取纠偏行动。为了便于说明，我们将三个步骤进一步分解为五个步骤，如图 1-10 所示：

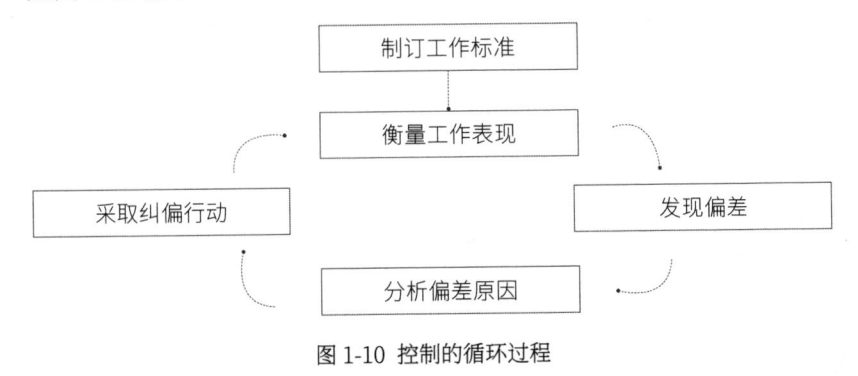

制订工作标准 → 衡量工作表现 → 发现偏差 → 分析偏差原因 → 采取纠偏行动

图 1-10 控制的循环过程

制订工作标准

在工作计划实施之前，你就应当制订好工作标准，然后将工作标准清楚地传达给员工。否则，作为一个部门主管，你将不能保证员工出色地完成任务，员工也无法按标准执行。原因很简单：如果没有工作标准，你根据什么去培训、指导你的下属？如果没有工作标准，你根据什么去指挥他们，要求他们应该这样、不能那样？当工作任务结束的时候，你又根据什么去衡量与评价他们的工作表现呢？

衡量工作表现

首先要了解员工的实际工作表现，也就是通过一定的方式收集有关员工工作表现的信息，然后将员工的实际表现与所要求的工作标准进行比较。

发现偏差

当员工的实际工作表现低于所要求的标准时，就出现了偏差。如果没有偏差，或者这个偏差在可允许的范围内，则该控制过程暂告完成。如果是不可接受的偏差，控制过程就必须进入下一个步骤。

分析偏差原因

为什么会出现偏差？问题究竟出在哪儿？只有找到导致偏差的真正原因，才能找到潜在的问题，才能对症下药，采取相应的措施解决问题。我们经常说的消除偏差，实际上是指消除导致偏差的原因，即潜在的问题。只有解决了导致偏差的问题，偏差才会自然消失。

采取纠偏行动

针对问题，首先要找到相应的解决措施，然后再采取纠偏行动。

如表1-4所示，在一个企业中，往往存在两类问题：一是经常发生的急性问题，可迅速、直接地影响企业的日常经营活动；二是长期存在的慢性问题，是制约企业突破瓶颈的根源性问题。针对急性问题，通常采取临时性的应急措施；而对于慢性问题或根源性问题，应采取永久性的根治措施。然而，在现实中，很多部门管理者往往只注意解决急性问题，充当"消防队员"的角色，而忽视解决长期存在于部门内的慢性问题，尤其是当部门内的慢性问题牵扯到整个企业理念和管理系统的时候，经过几次交涉以后，很多部门管理者都会"败下阵来"，最后只能被动地维持现状，而隐患依然存在。从这个角度来说，高层管理者是企业打破现状、突破瓶颈的最大责任者。

解决问题的措施可能包括修订工作标准或补充制订新的标准。采用新的工作标准将导致控制过程循环，部门管理者要为此做好准备。

表 1-4 企业常见的两类问题、纠偏措施及控制目的

两类问题	问题特征	纠偏措施	控制目的
急性问题	经常发生，可迅速、直接影响企业的日常经营活动	临时应急措施	维持现状
慢性问题	长期存在的制约企业突破瓶颈的根源性问题	永久根治措施	打破现状

控制的类型

根据控制发生的时间，将控制分为三种类型：前馈控制、同期控制、反馈控制。如图 1-11 所示：

工作开始之前	工作进行之中	工作结束之后	新工作开始前
前馈控制	同期控制	反馈控制	前馈控制

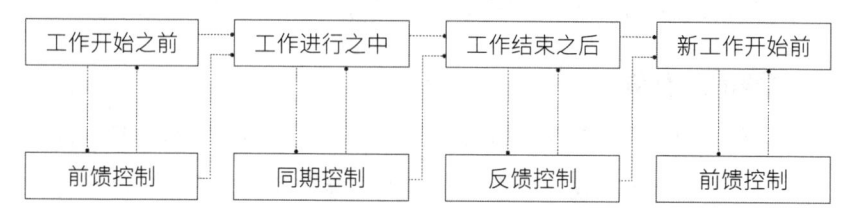

图 1-11 控制的类型

反馈控制，也称事后控制、结果控制

在工作结束之后，部门管理者对员工的工作结果进行检查、衡量，如发现偏差，就要找到导致偏差的原因，并采取相应的纠偏措施和行动。

由于这种控制是在工作结束之后进行的，即使找到了偏差原因和纠偏措施，你也无法改变已经存在的偏差事实，无法弥补偏差造成的损失。因此，反馈控制实际上是一种"亡羊补牢"式的控制方法，其作用是通过总结过去的经验和教训，采取相应的纠偏措施和行动，有时可能就是一个提醒，避免已发生的偏差继续发展或在今后再度发生。

同期控制，也称过程控制、现场控制

工作的开始即是控制的开始，工作的结束即是控制的结束。同期控制要求部门管理者尤其是基层管理人员深入工作现场，通过监督、指导，有时可能还要采取劝导和训诫等措施，以维持员工在工作过程中的行为符合要求的标准。

同期控制的作用在于：通过监督，传递压力，防止员工行为松懈；由于随时跟踪工作过程，可以使管理者及时发现偏差，立即采取纠偏行动，将问题消灭在萌芽状态，或者避免已发生的偏差继续发展；工作中的指导将帮助员工提高工作技能和自我控制能力，激励员工的士气。

同期控制的有效性主要取决于部门主管的个人素质、领导风格、指导方式。很多时候，员工的工作表现不能令人满意，恰恰是部门主管的原因。

前馈控制，也称事先控制、预先控制

无论是同期控制还是反馈控制，都是在偏差出现后，才查找原因，采取纠偏行动的，尽管同期控制比反馈控制更及时。事实上，这两种结果控制都是滞后的，你无法改变已发生的偏差和所造成的或大或小的损失。

相反,前馈控制是控制因素,而不是控制结果,这种控制方式符合基于关键成功因素的现代绩效管理思想。前馈控制是在工作开始之前,预测那些可能导致工作结果偏差的因素,提前采取纠偏措施和行动,其作用是防止偏差发生而不是等到偏差出现时再来补救,是一种"防患于未然"的控制方法。

为了达到前馈控制的目的,你需要及时掌握和评估来自各方面的信息,通过反馈控制所获得的经验和教训尤其值得借鉴。

控制类型的特征与控制方法如表1-5所示:

表1-5 控制类型的特征与控制方法

	前馈控制	同期控制	反馈控制
时间	工作开始之前	工作进行的过程中	工作结束之后
功能	预防工作结果偏差	检查、监督、指导、纠偏	控制中间工作结果和最后结果
优点	控制绩效影响因素,防患于未然	及时控制,提高技能,激励士气	为未来工作提供经验和教训
缺点	前期工作需投入大量时间和精力,同时,受到主管个人素质的限制	受主管个人素质、精力限制,过多的控制可能造成员工的逆反心理	偏差已成事实,无法改变;偏差造成的损失,也无法弥补
方法	• 信息预先控制:掌握内外信息 • 计划预先控制:制定计划、标准 • 人员预先控制:人员配置、培训 • 财务预先控制:预算 • 设备预先控制:设备检修 • 材料预先控制:进货验收	• 制度控制、流程控制、程序控制 • 亲临工作现场观察、检查 • 指导、劝导、训导与处罚 • 书面:各类报表、工作报告 • 口头:例会、面谈、电话 • 意见:员工意见、客户意见	• 产品验收 • 绩效考核 • 财务审计 • 管理审计 • 总结报告 • 述职报告

与部门管理者有关的人力资源管理活动

通过以上说明与分析,我们可从控制职能引出与你相关的人力资源管理活动。

事先控制(前馈控制)

事中控制(同期控制)

事后控制(反馈控制)

与部门管理者相关的
人力资源管理活动

·事先:绩效计划、人员配置、系统培训
·事中:指导/劝导/训导/处罚
·事后:绩效考核、绩效面谈

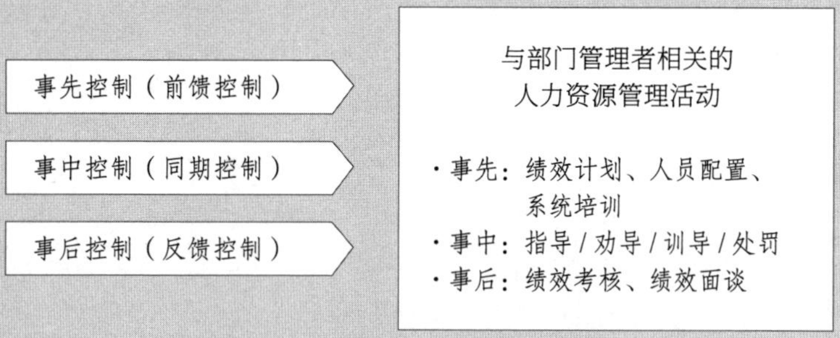

图 1-12 控制职能与人力资源管理活动

2 企业人力资源管理的职责与角色是什么

了解自己的人力资源管理职责与角色,也了解他人的职责与角色,才能全面了解谁是企业人力资源管理者,才能做到分清职责、相互配合。

部门管理者的人力资源管理职责与角色

阅读前思考：

1. 作为一名部门管理者，你知道你的人力资源管理的职责与角色吗？
2. 请列出当前你已承担和没有承担的人力资源管理职责与角色。

在企业经营活动中，一个部门管理者应当承担哪些人力资源管理职责，扮演什么样的角色，前面有关管理职能的阐述已经为你勾勒出一个清晰的轮廓，我们在这里只是做个归纳和小结。

部门管理者的人力资源管理职责

- 遵循公司人力资源管理制度与流程
- 负责本部门组织结构设计
- 负责部门职能说明书编写、职务说明书编写
- 负责本部门人员配置（包括内部调岗、晋升和对外招聘）
- 负责工作任务分派与授权
- 负责下属员工的培训与指导
- 负责下属员工职业发展规划与本部门人才梯队规划
- 激励下属员工
- 负责对下属员工的劝导、训导与处罚
- 负责本部门绩效管理与绩效考核
- 全面负责本部门的人力资源管理（选人、育人、用人、留人）

部门管理者的人力资源管理角色

● 公司人力资源管理制度的执行者与推行者

公司人力资源管理制度与流程是指导各层级管理者人力资源管理活动的准则，同时阐明了全体员工应当享有的权益和必须遵循的行为规范。每一位新员工加入公司时都会收到一本由人力资源部发放的《员工手册》并接受导入培训，公司人力资源管理制度与流程中一般都能找到与员工密切相关的内容。完整的人力资源管理政策、制度与流程可能会在公司内部网站上公布，供全体管理者与员工随时查阅。部门管理者不仅是执行者，也是公司人力资源管理制度与流程在本部门的推行者。

● 部门人力资源规划的具体制订者与实施者

部门管理者制订的人力资源规划一般包括部门人员需求计划、招聘计划、培训与发展计划、绩效考核计划，时间跨度通常为一年甚至更短。部门人力资源规划应当支持部门目标和公司目标的实现。

● 公司人力资源管理与企业文化的体现者

部门管理者身处一线，给予员工的影响是最直接的。员工通常是通过直接上司的一言一行而感受到公司的人力资源管理政策水平、规范化程度以及企业文化氛围（也称为软环境）。这些行为包括部门管理者的示范、沟通、承诺、授权、培训、指导、激励等，也包括劝导、训导与处罚。这些行为构成了企业文化的基础。

因此，在我们谈论部门管理者的角色定位的时候，我们常提到，部门管理者是领导者，是模范，是导师，是咨询者，是信息传达者，也是裁判。

> 文化？对了，这就是我们的做事风格。

资料来源：德国林德集团企业文化手册《林德精神手册》首页。

人力资源部经理的职责与角色

阅读前思考：

作为一名部门管理者，你了解人力资源部经理的职责与角色吗？

人力资源部经理是人力资源部的代表。作为一名部门管理者，你非常有必要了解人力资源部经理的职责与角色（见图1-13），因为你们之间的工作联系很密切、很频繁，所涉及的内容也相当广泛，几乎覆盖了与员工有关的方方面面。人力资源部经理的工作需要你的配合，你也需要他/她的支持和帮助。只有当你了解了人力资源部经理的职责与角色，你才能清楚在哪些方面应当去"找他/她的麻烦"。

人力资源部经理的职责

1. 负责公司整体人力资源规划
2. 负责建立公司人力资源管理体系
3. 负责公司人力资源开发
4. 负责公司文化建设，建立良好的员工关系
5. 负责公司日常人力资源管理工作
6. 提供有关人力资源管理方面的咨询

角色定位：

公司人力资源管理体系建设的组织者、指导者和制订者，人力资源管理体系执行的推动者与监督者，人力资源管理的咨询者。

图1-13 人力资源部经理的职责与角色

为什么说人力资源部经理是公司人力资源管理体系建设的组织者、指导者和制订者，而不仅仅是制订者呢？因为，公司人力资源管理体系不是一个 HR 部门就能够独立自主完成的，其中一些部分（如组织结构设计、部门职能说明书与职务说明书的编写）需要各业务部门的亲自参与，这时，人力资源部经理扮演的是组织者的角色，组织大家来做这些事；很快，各个部门主管在领到任务后就会抱怨不知如何下手，或者交上来的"作业"是乱七八糟的，专业的人力资源经理在发生这些问题之前就应当提供指导了，包括提供模板；即使是那些可以由人力资源部经理亲自动手制订的制度与流程，最好也征求一下各部门主管的意见。当然，你的意见未必会被完全接受，当人力资源部经理向你解释了不被采纳的原因之后，将加深你对制度的理解，这对日后的执行非常有益。

了解人力资源部经理是咨询者也很重要。当你在选、育、用、留人方面或是在执行人力资源管理制度遇到难题的时候，可以随时向人力资源部经理求助，他/她毕竟是人力资源管理领域的专业人士。

总经理的人力资源管理职责与角色

阅读前思考：
1. 作为一名部门管理者，你知道总经理的人力资源管理职责与角色定位吗？
2. 你现在任职的企业，人力资源管理意识淡薄吗？你的感受如何？

最后，你还需要了解一下总经理的人力资源管理职责与角色（图1-14）。原因很简单，意义却很重大。人力资源部与直线部门如何实践人力资源管理活动，在很大程度上取决于公司高层管理者的人力资源管理意识、战略思想与政策方向，而总经理是企业高层管理者的代表。

总经理的职责

1. 从大局着眼，倡导公司战略人力资源规划
2. 把握公司人力资源管理政策方向
3. 推动建立和确定公司人力资源管理体系
4. 全面推动公司人力资源体系的实施
5. 督促公司各级管理者都来关心人力资源问题
6. 全面承担公司人力资源管理的责任

角色定位：

公司人力资源战略的倡导者，公司人力资源政策方向的把握者，公司人力资源体系建设与实施的推动者，公司全面人力资源管理的责任者。

图 1-14 总经理的人力资源管理职责与角色

谁是企业人力资源管理者

通过对以上两方面的分析,得出结论:部门管理者的人力资源管理职责,是 HR 部门无法替代的。

你就是企业人力资源管理者

阅读前思考：

1. 作为一名部门管理者，你现在认为自己也是企业的人力资源管理者了吗？
2. 为了使自己成为一名成功的人力资源管理者，接下来，你打算怎么做？

企业人力资源管理的普遍现象

一提起人力资源管理，人们自然就会想到那是人力资源部经理或人力资源部的职责和专长。无论是公司高层，还是部门管理者，都将企业中发生的种种人力资源问题全部归咎于人力资源部，指望找到一位出色的人力资源部经理就能改变现状。

基于这样的认识，相当比例的部门管理者不愿承担人力资源管理的责任，能推就推。比如，编写职务说明书、招聘、培训、找违纪员工谈话、处分、与离职员工谈话之类的事统统与自己无关。公司人力资源管理制度与流程在部门很难得到有效执行，有些人甚至认为人力资源部按程序办事不灵活。他们更无意识提升自己的人力资源管理技能，凭经验管理员工。于是，部门的人力资源问题越积越多并且无策应对。

而在另一方面，人力资源部经理又纷纷抱怨公司高层不支持、部门管理者不配合。其实，三方都有责任。

成功的管理者首先是优秀的人力资源管理者

通过对部门管理者的管理职能以及企业人力资源管理职责与角色

的了解，我们可以得出肯定的结论：企业高层管理者、人力资源部经理以及部门管理者都是企业人力资源管理者。

> 作为一个部门主管，无论你领导100名员工，还是1名员工，你都要对他们的工作与个人成长负责。同样，你也期望你的上司能对你的工作与成长负责，不是吗？

企业的人力资源管理，绝对不仅仅是人力资源部经理或者人力资源部的责任，而是从总经理到各层级管理人员的责任。如果各级管理者不在意人力资源管理，不熟悉公司的人力资源管理体系，不遵循人力资源管理制度与流程，不具备人力资源管理技能，不能同心协力营造以人为本的人力资源管理氛围，即使企业能够聘请到一位出色的人力资源管理专家，他也无力改变这家企业糟糕的人力资源状况。通常，在这类企业中，人力资源部经理的流动率是最高的，或者说，根本就没有哪个出色的人力资源管理从业者敢走进这样的企业。

一个没有规范化人力资源管理的企业，会长久地陷于头痛医头、脚痛医脚的痛苦境地，也是难以持续发展的。而对于一个部门来说，如果部门管理者不能进行有效的人力资源管理，这个部门的绩效一定是不会理想的。员工是企业成功的关键。为了实现个人、团队和组织的目标，部门主管必须做好选人、育人、用人、管人、留人的工作。这些非人力资源经理的人力资源管理工作是谁也无法替代的。

因此，要想成为一名成功的部门管理者，你首先应该是一名成功的人力资源管理者。

成功的部门管理者的特征

为什么一些部门管理者总让人感到沮丧,而另一些管理者总能推动员工不断创造新的业绩?第二类部门管理者成功的原因是什么呢?每一个人成功的原因可能不同,但他们有一些共同的特征。

◊ **成就导向：**一名成功的管理者一定是想做好管理工作的人。

◊ **胜任素质：**一些人更适合从事管理工作,而另一些人更适合做技术工作。

◊ **进取欲望：**不断学习,不断提高,不断发展。

◊ **领导能力：**有领导力。领导力就是影响力,包括人力资源管理技能。

第二章
什么阻碍了部门管理者的人力资源管理

1 从员工到管理者的角色转换准备不足
2 在人力资源管理认识上存在着误区
3 人力资源部门不作为
4 企业高层对人力资源管理重视不足

1 从员工到管理者的角色转换准备不足

当你有幸从普通员工被提拔到部门管理者的岗位上时，就意味着从上任的这天起，你的角色发生了转换，随之，你的工作职责、为了完成职责所需要的工作技能、工作业绩以及个人心态都要发生变化。然而，现实中，有不少人在管理岗位上已经干了很多年，但不一定已经完成了角色转换。

从员工到管理者的角色转换

阅读前思考：

1. 你知道一个部门管理者具有哪些角色吗？
2. 你担任管理者多久了？
3. 你已完成从员工到管理者的角色转换了吗？

从员工到管理者的角色转换是什么

当你有幸从普通员工被提拔到部门管理者的岗位上时，就意味着从上任第一天起，你的角色发生了改变，随之，你的工作职责、为了完成职责所需要的工作技能、工作业绩以及个人心态都要发生变化。

过去		现在
你只是自己工作领域的一个操作者	VS	你是一个管理者，即使属下只有一名员工
只要把自己的工作做好		还要对他人的工作和成长负责
只需要掌握完成职责的操作技能		还需要管理技能
根据个人完成的任务来评价绩效		根据整个团队的绩效进行评价
喜欢就做，自由支配程度较高		不得不做不喜欢的事，与不喜欢的人打交道

▇ 部门管理者的角色

◇ **领导者**　　你是团队的领导者，不仅要做好自己的事，更要带领团队完成工作任务。

- ◇ **榜样**　　　　你的一言一行都会影响员工的行为。
- ◇ **讯息传达者**　你是基层员工与管理层之间的桥梁，承担着上传下达的责任。
- ◇ **教练员**　　　通过系统培训、工作中指导、有效沟通等方式影响员工的行为。
- ◇ **裁判**　　　　熟悉公司的各项规定并督促员工遵守，公正对待每一位员工。

角色转换准备不足的原因

这次应该把销售主管的空缺给小李。她是销售高手，她的业绩几乎年年都是全部门最好的，更何况她在公司已经工作三年多了。不幸的是，在走上管理岗位短短三个月后，小李竟然辞职了。在这段时间里，小李既要保住个人业绩，又要不时地受到来自同事们的"打搅"。结果，不仅她个人的销售业绩严重下滑，她所领导的团队业绩也不理想。最糟糕的是，小李的自我个性一直无法得到同事们的认同，在他们之间出现了人际关系危机。起初带着喜悦走上管理岗位的小李觉得自己很失败，一向好强的她做出了一走了之的决定。这家公司的总经理原本是想通过提拔留住小李，更希望让小李带领团队一同提高销售业绩，没想到是这样的结果，既没能改变团队绩效，还损失了一员销售高手。这位总经理不禁要问为什么？

● 选拔错误，优秀员工未必是优秀管理者

很多时候，将一名优秀员工选拔到管理岗位上来的理由看起来是非常充分的。操作能力强、个人工作表现好、在公司工作时间长（或被视为对公司忠诚度高），无疑都是小李作为一名优秀员工被提拔到主管岗位的长处，但是否具备管理者的潜能这一因素却被忽视了，而这恰恰是小李的致命短板。对于管理者来说，如果这块短板不能提高，

那么作为优秀员工的优势就无法马上发挥作用。同事们看待你的眼光已经从一名优秀员工变成了能否领导他们的管理者。

> **提拔表现最好的人做经理往往是错误的**
>
> 　　精通某一业务的雇员通常会被提升到主管的位置。但在管理上，业绩是通过其他方面的表现衡量的。例如，一个最好的实验研究员被提升为实验室主管，就必须得教授、指导、协调并帮助其他的研究员去做他们不擅长或不感兴趣的研究。解决管理问题的结果是部门丢失了一个最优秀的研究员。
>
> 　　管理就是一门专门的学问，与其他被管理的活动是不同的。在一个大的商业机构或政府机关里，顶级的管理者通常不是业务做得最好的，而是能创造一种氛围，让他手下的人都发挥出自己最大的能力的那个人。

资料来源：[美]迈克·W. 普雷斯，马修·弗莱德里克. 经理人成长记录：我在商学院学到的101件事[M]. 于兹志，姚舜，译. 北京：机械工业出版社，2012.

● 惯性思维或不理解角色的不同

　　小李在走上管理岗位以后，还是一如既往地像一名优秀员工一样工作着。一有任务，小李就会冲在前面，她觉得自己就是要比别人做得多做得好。然而当一大堆团队问题出现在自己面前的时候，小李才意识到，她不再是从前那个只要把自己工作做好的普通员工了，她要对整个团队的业绩负责。很多新上任的主管和小李一样，总是徘徊在操作者与管理者之间，时常被惯性思维或多年来养成的工作习惯拉回到普通员工的角色。还有不少人，虽然在管理者的位置上很多年了，至今也没理解管理者是做什么的，更不理解人力资源管理与他有何关系。

● 在角色转换前和转换后得不到帮助

正如前面所言，操作能力强、工作表现好、资历深，往往是很多员工被提拔到管理岗位上的硬性条件，但他们唯独缺乏管理经验和技能。遗憾的是，很多企业在让他们走上管理岗位以前和以后，都没有提供系统的管理技能培训；在他们工作过程中，上司也很少提供指导，任凭他们自己摸索和发挥。小李的公司就是这样的情况。如果小李在走上管理岗位前后能得到帮助，她也不至于在遇到问题时不知所措。

● 管理者本人不努力提升自己的管理技能

如果一名部门管理者不想学习，觉得啃老本就够了，那么即使企业提供了培训，也收效不大。提升个人的管理技能主要在于管理者自己。学习管理技能不止于接受培训一种渠道，还可以通过阅读书籍、向他人请教、观察上司的做法来提升自己。

从员工到主管的角色转换	角色转换准备不足的原因
员工角色　　　主管角色 职责　"运动员" ⇒ "教练员" 技能　专业技能 ⇒ 管理技能 业绩　个人业绩 ⇒ 团队业绩 心态　随心喜欢 ⇒ 必须尊重	1. 选拔错误，优秀员工未必是优秀主管 2. 惯性思维，或者不理解角色的不同 3. 在角色转换前和转换后得不到帮助 4. 主管本人不努力提升自己的管理技能 结果：自己辛苦，上下抱怨，工作做不好

图 2-1 部门主管角色转换准备不足的原因

2 在人力资源管理认识上存在着误区

如果你（假设你是生产部经理）不愿承担人力资源管理的责任，那就让我（你们公司的人力资源部经理）来接过本属于你的那些责任吧！你将发现，你的人力资源管理责任没了，与此同时，你作为管理者的职权也就被部分地剥夺了，而且是你自己剥夺的，你还怎么去履行管理者的职能呢？

人力资源管理是人力资源部的事

阅读前思考：
1. 你是否也曾认为人力资源管理与己无关，那是人力资源部的事。
2. 你是否想过，当你的人力资源管理责任没了，你的管理职权也就被部分地剥夺了。

部门管理者不愿承担人力资源管理的责任，主要原因是不认为那些责任是他们应该承担的。如果你（假设你是生产部经理）也是这样认为的，那就让我（你们公司的人力资源部经理）来接过本属于你的那些人力资源管理责任吧！你将会发现，你的人力资源管理责任没了，与此同时，你作为管理者的职权也就被部分地剥夺了，而且是你自己剥夺的，你还怎么去履行管理者的职能呢？

关于组织结构设计

生产部组织结构图是你的人员配置图，也是管理路线图，在很大程度上将决定你能否带领团队成员完成部门的目标。如果由我全权设计，你不参与，我能比你更熟悉生产部的分工和运作流程吗？更重要的是，哪个企业敢于冒险将部门经理这么重要的位置，委托给一个没有任何管理思想和经验的人？

你的属下基层主管一般不会被要求参与设计部门组织结构，但他们仍有必要熟悉和理解部门的组织结构。当他们看懂了组织结构图，就会明白他们处在部门的哪个位置，扮演什么样的角色，向谁报告，有困难找谁帮助，他们的工作是怎样支持部门目标和公司目标实现的。此外，他们还能从中看到自己将来的发展空间。当然，普通员工也需要了解这些内容。

关于职务说明书的编写

如果由我全权编写生产部的职务说明书，你和你的下属都不参与，那么，我将从哪里收集工作信息？我最终编写出的工作说明和任职资格能被你及你的下属接受吗？

关于招聘与录用

如果你不提出招聘要求，我怎么帮你找人？如果我定什么人，你就用什么人，你会接受吗？即使基层主管不参与面试，他们也承担着选人的责任，他们的任务是对属下新员工进行试用期考核，对二次选人起决定性的作用。如果说在面试时有看走眼的时候，那么试用期考核就是再次选人的机会。

关于员工培训与指导

部门管理者为什么要亲自培训与指导下属？在前面"部门管理者的管理职能"一节已经说明清楚了。

关于员工激励

如果由我全权决定你属下员工的奖励、晋升、加工资之类的好事，我会比你还了解那些员工吗？你愿意将这些权力拱手吗？现实中，部门管理者一般是不会将好事拱手相让的。如果你连尊重、表扬、倾听、支持员工一类的激励责任也推给我去做，你在下属心目中还有一点影响力吗？

关于绩效管理

如果由我全权设定你的部门目标、指标及标准，代替你来辅导、激励、监督、考核你的下属员工，与他们进行绩效面谈，并将考核结果应用到各项人力资源管理活动中去……假设我能做到这一切，我不就成了一名成功的生产部经理，还要你与那些基层主管做什么？

关于训导与处罚

指出员工的错误行为或是给予处分，总是一件令人不愉快的事。正是因为如此，一些部门管理者很不情愿做训导和处罚工作，甚至认为人力资源部是将得罪人的事推给他们。

好吧！现在我就将这两项工作从你的手中全部接过来。最近，你的一名员工经常迟到，那就由我找他谈话吧！你的另一名员工不服从你的领导，也由我来给予处分。你一定感觉轻松了，可以做好人了。

可是，我不能像警察一样，整天在你的部门转悠或者对着几台监视屏观察，你得告诉我谁犯错了。如果这样，你更得罪人，员工会骂你是小人，爱打小报告，不光明磊落。如果你不说，也不愿自己找员工谈话或给予处分，员工就不会了解你对他的不良表现的态度，他的不良习惯可能就会越来越严重，最后走到不可收拾的地步。如果其他人看见你对这位员工的不良表现毫无反应，他们的士气会一落千丈。你不愿承担得罪人的责任，其实是在伤害员工，最终也将害了自己。

其他三个认识问题

阅读前思考：

1. 作为一名部门管理者，你会认为人力资源管理是耽误时间、影响一线部门业务开展吗？
2. 作为一名部门管理者，你曾与人力资源部门发生哪些冲突？你现在想想是谁的责任呢？
3. 你找过这样的借口来推卸责任吗？"我不会……，所以我做不了，要么，你帮我做吧！"
4. 对你来说，了解和掌握基本的人力资源管理知识与技能（包括HR制度）是很难的事吗？

人力资源管理耽误时间

各项人力资源管理活动都需要投入一定的时间和精力。正因为如此，很多部门管理者将其视为负担。如果你理解了管理者是做什么的，就不应该再有这样的认识了。这些人力资源管理活动就是为了你完成业务而设计的，是你的工作不可分割的一部分。试想一下，如果没有职务说明书，你将依据什么选人？如果你不花费时间设定目标，怎么引领团队成员创造业绩？编写职务说明书可能是最花时间的一项工作，但毕竟是阶段性的，一旦建立，以后的修改更新就轻松了。员工培训也花时间，而且要经常做。对于运转中的企业，培训时间总是挤出来的。只要你认为培训会带来收益，你就一定有时间。

人力资源部门工作不灵活

我们经常从部门经理那里听到这样的抱怨。例如，当生产部的"人员增补申请表"因为没有该部门经理的签名被人力资源部退回；销售部张经理找来的一名助理被人力资源部无情地拒绝了，人力资源部是在这位员工报到时才知道有这回事。人力资源部此类的"阻拦"，既不是僵化也不是有意刁难，而是在维护公司的人力资源管理政策、制度与流程。为什么在一些企业里人力资源管理制度形同虚设、难以有效执行？就是因为人力资源部门太灵活了。

要么轻视要么高看人力资源管理

一些人轻视人力资源管理，对它的认识还停留在人力资源部门日常做的那几件事上；而另一些人认识到了它与管理者的相关性，却又将人力资源管理技能视为高深的学问，只有专业人士才能掌握，在提升人力资源管理技能的门槛前停住了脚步。于是，他们总是以"不会"为理由来推卸人力资源管理的责任。例如，"我不会培训，所以我做不了培训。""我不会……，你帮我做吧。"

作为一名部门管理者，学习人力资源管理技能，不是为了创造学术成就，因此，不需要去研究复杂而系统的理论知识，只要掌握与管理工作有关的简单原理和基本技能就可以了。这里需要特别指出的是，公司的人力资源管理制度与流程是部门管理者日常人力资源管理活动的指导性文件，理解它，照着做，就能解决你"如何做"的一大半难题。

在人力资源管理认识上存在的误区

1. 人力资源管理是人力资源部的事
2. 人力资源管理耽误时间
3. 人力资源部工作不灵活
4. 要么轻视要么高看人力资源管理

结果：
- 推卸人力资源管理责任，抵制有关人力资源管理的培训
- 缺乏最基本的人力资源管理知识与技能
- 不能在本部门实施有效的人力资源管理
- 最后导致部门运作失败，无法实现个人与部门的目标

图 2-2　在人力资源管理认识上存在的误区

3 人力资源部门不作为

尽管人力资源部门经常抱怨部门管理者不配合、在人力资源管理制度与流程实施过程中缺乏执行力,却很少为他们提供有关人力资源管理知识与技能的培训与指导。

人力资源部门不作为的表现

阅读前思考：
1. 你接受过《人力资源管理制度与流程》的培训吗？
2. 你还接受过人力资源部门哪些课程的培训？

部门管理者不愿承担人力资源管理责任，也与人力资源部门的不作为有关，主要表现在以下三个方面：

没有承担起现代人力资源管理的责任

现代企业人力资源管理要求人力资源专业人员不仅是人事管理专家，更重要的是企业战略伙伴、变革的推动者、领导者。现实中，大多数企业人力资源部门还停留在以招聘、薪酬、考核、劳动关系等为主的传统人事职能上。

缺乏承担责任的基本能力

与其说是不作为，还不如说是缺乏承担现代人力资源管理责任的基本能力。作为一名人力资源管理的专业人员，人力资源部经理应当具备至少四种能力：一是建立一套科学而有效的人力资源管理体系的能力。二是咨询能力，能够洞察问题所在，为公司高层决策或部门管理提供人力资源管理方面的解决方案。三是培训和指导能力。在建立人力资源管理体系的过程中，有很多任务是需要部门主管亲自承担的，比如部门组织结构设计、职务说明书编写、绩效考核指标的设定等。但是，对于头一次接触此类任务的部门主管来说，一定会不知所措。如果你想提高他们的执行力，就必须事先培训他们，并在他们完成任务的过程中提供随时随地的指导。在人力资源管理体系（包含管理制度）建成之后，你还要为全体管理者和员工提供系统培训，这个步骤不能省去，是确保体系得到有效执行的关键一步。四是推动力，即推动公司各层级管理人员有效执行人力资源管理体系的能力。通过锲而不舍的推动、宣导，形成公司人力资源管理的氛围。由此可见，现代企业的竞争与发展对人力资源管理从业者的素质要求越来越高了。

缺乏普及人力资源管理的意识

尽管人力资源部门经常抱怨部门管理者不配合、在人力资源管理制度与流程实施过程中缺乏执行力，却很少为他们提供有关人力资源管理知识与技能的培训与指导。就连最起码的工作都没做，一般都是将制订好的制度与流程颁布出去就了事了，没有在这些制度与流程生效之前给予进一步的培训、解释和宣导。经验告诉我们，无论那些制度与流程的文字描述得多么完整和准确，在部门管理者自己阅读的时候还是会有理解偏差的地方。更何况又有多少人会坐下来从头到尾仔细地看一遍，就其中不理解的地方及时向人力资源部门咨询呢？

人力资源部门不作为

1. 没有承担起现代人力资源管理的责任
2. 缺乏承担责任的基本能力
3. 缺乏普及人力资源管理的意识

结果：
- 部门管理者不了解人力资源管理与他们的密切关系
- 部门管理者不熟悉公司的人力资源管理政策、制度与流程
- 最后导致人力资源管理在部门缺乏执行力

图 2-3 人力资源部门不作为的三个方面

企业高层对人力资源管理重视不足

4

在一家企业，无论是部门管理者还是人力资源经理，在人力资源管理上是怎么想的和怎么做的，在很大程度上都会受到高层管理者的影响与制约。

企业高层对人力资源管理重视不足的表现

阅读前思考：
1. 你是怎么看待"企业的文化就是老板的文化"这一论点的？
2. 公司高层的人力资源管理思想对你的部门运作影响如何？

在一家企业，无论是部门管理者还是人力资源经理，在人力资源管理上是怎么想的和怎么做的，在很大程度上都会受到高层管理者的影响与制约。

如果你指出哪个高层管理者不重视人力资源管理，不见得他能接受。但是，只要看看企业里发生的事，就能说明一切。比如：人力资源部门不健全，人力资源从业人员专业水平偏低，缺乏人力资源管理体系，人员配置不合理，人才招不进来或留不住，员工流动率高、士气低，只重考核而不重视绩效管理，培训跟不上，等等。此外，高层管理者在人力资源管理上的态度还常常摇摆不定。在企业经营顺利的时候，就会忽视人力资源管理，对人力资源管理的作用不以为然；而当员工问题频繁发生，直接影响到经营业绩的时候，又来强调人力资源管理，调整相关政策（如薪酬福利）。

缺乏战略性人力资源管理思想

只看眼前利益，而不着眼于企业可持续发展，只关注经营，而不将人力资源管理与企业战略目标联系起来，就是缺乏战略性人力资源管理思想。

高层管理者的责任主要表现在以下三个方面：

一是要明确公司人力资源管理职能的定位，是定位于以招聘、薪酬、培训、绩效考核以及劳动关系等为基础的传统职能，还是将人力资源管理定位于公司的一个战略性职能。这将关系到人力资源部门在公司中的职能地位、在公司战略制订和发展过程中的参与程度、人力资源部的组织结构设置、人力资源管理人员的角色转换，以及人力资源管理人员的甄选标准。

二是要把握好公司人力资源管理政策的方向。当人力资源部经理（通常，部门主管和员工有意见都会找人力资源部经理反映）在某项制度上与高层管理者出现异议的时候，有时，尽管人力资源部经理据理力争，最后还是要听从高层的意见。正是因为拥有这样的决策权，对于高层来说，能否正确把握人力资源管理政策的方向，将对整个公司人力资源管理产生巨大的影响。

三是倡导公司各层级管理者都来关心人力资源问题，承担起各自的人力资源管理责任。现实中，尤其是在那些人力资源管理还处在初级阶段的企业，各层级管理者的人力资源管理意识还不强的时候，总经理的一句话可以省去人力资源部经理的千呼万唤和被部门主管抱怨的麻烦。在这类企业里，很多时候，人力资源部经理会感到力不从心。

对人力资源管理缺乏整体认识

人力资源管理包括多项活动，如组织结构设计、职务说明书编写、制度建设、人员配置、员工培训与发展、员工激励、训导与处罚、绩效考核等，它们有各自的内容，又相互联系、相互影响、相互制约。而在现实中，头痛医头、脚痛医脚却是很多企业的人力资源管理现象。问题就出在企业高层管理者对人力资源管理的整体认识不足，只强调了其中一项、两项活动而忽视了其他活动，没有将它们作为一个整体来规划，建立一整套科学而有效的人力资源管理体系。

企业高层对人力资源管理重视不足

1. 缺乏战略性人力资源管理思想
2. 对人力资源管理缺乏整体认识

结果：
- 不能明确人力资源管理的战略性职能
- 人力资源管理思想摇摆不定
- 缺乏整体的人力资源规划以及健全的人力资源管理体系
- 不能有力推动企业人力资源管理
- 企业整体人力资源管理水平偏低
- 最后只能是头痛医头，脚痛医脚

图 2-4 企业高层对人力资源管理重视不足

通过以上阐述，我们会意识到，一家企业的人力资源状况与人力资源部经理的能力有直接的关系。然而现实中，由于多方面的原因，很多企业一下子很难找到一位出色的人力资源部经理或是建立一个人员配置完善的人力资源部门。怎么办？权宜之计是，寻求外部咨询机构来帮助，这是一种"借脑"的好方法。但请注意：不能指望也不可能指望咨询机构一来，企业的所有人力资源管理问题就全部解决了。相反，往往是当咨询机构离开后，企业的问题依然如故。因此，对企业而言，找咨询机构帮助，不仅仅是为了得到一套体系文件，更重要的是，在全程咨询过程中，一定要有人跟着学习如何建立体系化的技能和人力资源管理的运作方法，这是难得的提升现有人力资源管理人员素质的好机会。企业也可以将员工送出去参加人力资源管理课程的培训。无论是何种方法，最重要的是，越是在人力资源专业人员水平不高的企业，公司总经理和部门管理者所承担的人力资源管理责任越大。

第三章
如何与人力资源部门有效配合

1 遵守公司人力资源管理制度与流程
2 与人力资源部建立相互配合的关系
3 企业人力资源管理依赖的是体系而不是专家

1 遵守公司人力资源管理制度与流程

如果一家企业没有建立人力资源管理体系或相关体系不完善,那是 HR 经理的责任;如果没有有效执行,那就是部门管理者的责任。当你熟悉了企业人力资源管理制度与流程,你就掌握了一大半人力资源管理技能。

熟悉公司人力资源管理制度与流程

阅读前思考：

1. 作为一名部门管理者，你熟悉公司的各项人力资源管理制度与流程吗？
2. 当你在人力资源管理活动中遇到困惑的时候，你会随时查阅人力资源管理制度与流程或是咨询人力资源部吗？

　　作为一名部门管理者，你熟悉公司的各项人力资源管理制度与流程吗？关于这个问题，我每次都会询问来参加"非人力资源经理的人力资源管理"课程培训的部门管理者。遗憾的是，能够清楚回答他们所在公司各项人力资源管理制度与流程的人寥寥无几。

　　公司人力资源管理制度与流程通常包括三个部分：制度与流程文字描述部分、流程图以及表单。公司人力资源管理制度与流程是全体管理者（当然包括部门主管）与人力资源部门在各项人力资源管理活动方面（如招聘、培训、晋升、处分）需要共同遵守的准则，是每一位管理者在人力资源管理上"如何做"的指导书与依据，也是人力资源管理工具。作为一名部门主管，当你全面熟悉并掌握这些工具的时候，你的人力资源管理知识与技能就基本够用了，你的领导力将随之获得大幅度提升。

　　需要说明的是，《员工手册》是在公司人力资源管理制度与流程的基础上编写的，是公司人力资源管理制度与流程的"浓缩版"。其内容通常包括：聘用、劳动合同管理、考勤制度、薪酬制度、福利制度、培训与发展、工作行为规范、劳动纪律与违纪处分、安全与健康、申诉与争议等。《员工手册》既是全体员工了解公司人力资源管理理念、人力资源管理制度与流程、员工的权利与义务的法律性文本（与劳动合同具有同等效力），也是公司人员管理的基本准则。人力资源部通常在新员工入职时发给人手一本（员工离职时必须交还人力资源部），并就《员工手册》内容给予培训。让每一位员工在公司工作期间持有一本《员工手册》，是为了让他们随时可以了解公司对员工的要求，自觉遵守公司的管理制度与行为规范，同时，可以对照手册来维护自己的权益，从而与公司一起构建一个符合企业精神、让每一个人都享受其中的工作环境。这就意味着，部门主管在对待下属时需要随时查阅手中的《员工手册》，而不能自行其是，按照自己的意愿随意处置。

正因为《员工手册》是公司人力资源管理制度与流程的"浓缩版"，对于部门主管而言，为了有效履行管理职能，仅仅了解《员工手册》是远远不够的，还需要全面熟悉公司的人力资源管理制度与流程。熟悉公司人力资源管理制度与流程的方式有：

- 参与制订（人力资源部在制订制度与流程时可能会征求你的意见）
- 接受人力资源部的培训
- 自我学习、网上查阅、随时咨询人力资源部

常见的人力资源管理制度与流程

人事制度与流程

1. 增补人员申请
2. 招聘与面试
3. 新员工入职
4. 试用期
5. 合同期限与合同的续签
6. 终止合同
7. 调岗与晋升
8. 人事变动
9. 员工考核
10. 考勤制度
11. 开诚布公原则
12. 员工行为准则
13. 纪律处分条例

福利薪酬制度与流程

1. 假期制度
2. 法定福利
3. 商业保险
4. 健康计划
5. 工作餐、宿舍、班车
6. 员工活动
7. 慰问与祝贺
8. 长期留用计划
9. 工资政策（工资结构）
10. 浮动薪评定制度
11. 第十三个月工资
12. 奖金
13. 优秀员工评选

培训发展制度与流程

1. 培训的目的
2. 培训的职责
3. 培训种类与方式
4. 核心课程体系
5. 培训计划
6. 培训的流程
7. 培训申请和审批
8. 培训协议
9. 培训纪律
10. 培训记录
11. 员工职业发展规划

熟悉公司 HR 制度与流程的方式
- 参与制订、接受人力资源部的培训
- 自我学习、网上查阅、随时咨询人力资源

图 3-1 常见的人力资源管理制度与流程

高效执行公司人力资源管理制度与流程

阅读前思考：

1. 作为一名部门管理者，你高效执行公司各项人力资源管理制度与流程了吗？
2. 你知道不严格执行公司人力资源管理制度与流程的后果吗？

◊ **案例1** 销售部张经理招来的一名助理被人力资源部无情地拒绝了，张经理十分气愤地跑去找总经理告状。总经理把新来的人力资源部经理叫去问话："你为什么不让销售部招

人?"人力资源部经理回答说:"首先,我是在这位助理报到时才知道有这么一回事,之前,张经理没有向人力资源部递交过"人员增补申请表",这位助理也没有经过人力资源部面试;其二,销售部的编制只有一名助理,现在已经有人了,也就是说没有空缺,为什么还要招一名助理,增加定员难道不需要说明理由和经过审批吗?其三,就是因为过去公司人力资源管理制度与流程不完善,大家的随意性很大,才造成了眼下公司人力资源管理的混乱局面;其四,现在,新的人力资源管理制度与流程已经颁布并宣讲了,还是有个别部门主管不执行或者说不习惯,如果不能及时纠正、坚决制止错误行为,我们就无法尽快扭转当前的混乱局面,也不能为选人、育人、用人、留人营造一个良好的环境。我想,这也是你将人事工作从原来的人事行政部分离出来,专门设置一个人力资源部,又把我招来的初衷吧。""其实,我已经将这四条原因向张经理解释了,可是他就是听不进去,说我不给他面子,我说了,不是我不给面子,而是公司的制度不能给他面子。"总经理听完后说:"哦,原来是这样啊,那你这次就给他一次面子吧,下不为例。"人力资源部经理听了总经理的话愕然无语,不久就辞职了!

◊ **案例2** 在我去一家物业公司做内训前期调研时恰好听到这样一桩事。当晚值班的物业一部杨经理巡视时,发现两名保安员离岗,坐在一起抽烟聊天,于是怒斥他们:"谁叫你们离岗,聚在一起聊天抽烟的?你们俩每人罚款100元。"次日上午,这两名保安员直接找到总经理蔡先生说:"我们不接受罚款,上班时间离岗的又不只是我们两人,我们知道杨经理昨晚值班,我们就是有意做给他看的,看他怎么处理。"蔡总将这件刚发生的事讲给我听,想听听我的看法。我是这样与蔡总对话的:

我:蔡总,你们公司有处分制度与流程吗?

蔡：有。

我：有哪几种处分形式？你们的处分流程是怎样的呢？

蔡：嗯……我还真记不住。

我：从你描述的情况来看，你们管理层与这两名保安员都没有遵守处分制度与流程。

蔡：说说看！

我：杨经理有没有找这两名保安员面谈，填写过失单，然后请他们在过失单上签名确认？

蔡：据我所知，都没有。

我：处罚不是目的，重要的是让员工明白错误所在并加以改正，这就是面谈的目的。

蔡：听你这样说，杨经理的做法确实简单化了。我们在这方面普遍做得不够好。

我：当员工觉得部门经理的处罚不公平的时候，直接来找总经理投诉，你认为合适吗？

蔡：既然他们来找我，我就跟他们谈谈吧。

我：你为什么不让他们先找HR经理申诉？HR经理会怎么想，他还会承担责任吗？

蔡：我明白了，我接纳他们既不符合申诉流程，也让我自己处于被动局面。

我：我还要提醒的是，正是因为杨经理不遵守制度与流程，他在下属心目中失去了影响力。你还要发挥人力资源部经理的作用。另外，我想看看你们的人力资源管理制度与流程，听起来，你们的处分制度与流程并不完善，回头我给你们一份处分制度与流程，你们可以看看，对比一下。

如果公司没有建立人力资源管理制度与流程，或者相关制度与流程不完善，那是人力资源部经理的责任；如果建立了，而没有得到高效执行，那是部门管理者的责任。当然，在制度与流程的推行过程中，无论是人力资源部经理，还是高层，都承担着责任，而且高层的责任更大。

什么是执行力

执行力与执行力度有关，即做事投入了多少精力；与执行速度有关，工作做得好坏，时间是一个重要的衡量标准；与深度、广度有关，即对事情与问题的分析与理解能力；与程度有关，包括对工作方法、技能掌握的正确与熟练程度，对工作任务的完成程度。

执行力也是一种工作习惯，是纪律，是公司的管理系统，是各层级管理者对管理职能的有效履行，是企业文化与氛围。

什么是高效执行

执行有三个层面（见表3-1）。第一个层面，按照命令和规则做事的过程，即能够听话照做，这是最基本的一种执行。从前面的案例我们可以看到，许多管理者在这个最基本的层面做不好，明明人力资源管理制度与流程写在那儿，甚至贴在墙上，表单的填写要求也写得清清楚楚，你就是不去看一眼，就是不执行，而是自行其是、随心所欲。俗话说得好，"没有规矩不成方圆"。一个组织必须有规则，当规则成了形式的时候，你可以想象得出这个企业的局面是怎样的。作为一名部门管理者，你本人会喜欢这样杂乱的环境吗？第二个层面，按照预定的计划做事的过程，即做事有章法，执行的效率比第一层面有所提高了。在人力资源管理制度与流程里已写明了你作为一名部门管理者在流程里的顺序与职责。第三个层面，运用科学方法，使计划高质量、高效率地实现的过程，即运用科学方法与技能，最终实现目标。一般来说，在人力资源管理制度与流程里已提到了执行的步骤与方法，但这还不够，部门主管还要接受相关技能的培训，如面试、培训、绩效考核等。

表 3-1 执行的三个层面

基本执行	第一层面	按照命令和规则做事的过程，即能够听话照做，这是最基本的一种执行
高效执行	第二层面	按照预定的计划做事的过程，即做事有章法，执行的效率比第一层面有所提高
	第三层面	运用科学方法，使计划高质量、高效率地实现的过程，即做事有方法、有能力

如何高效执行公司人力资源管理制度与流程

· 不折不扣遵守公司的人力资源管理制度

· 遵守自己在流程里的顺序和职责

· 控制好自己在各步骤的完成时限

· 接受培训，自我改进，不断提高自己的人力资源管理技能

与人力资源部建立相互配合的关系

2

明确部门管理者的人力资源管理职责，了解人力资源部的职责；明确分工，履行好各自职责，相互支持，相互影响。

如何与人力资源部建立相互配合的关系

阅读前思考：
1. 作为一名部门管理者，你与人力资源部在哪些方面有过冲突？
2. 你知道如何与人力资源部进行有效配合了吗？

与人力资源部协作

正如人力资源部门在人力资源管理事务上需要获得部门经理的参与和配合一样，部门经理也需要与人力资源部门密切协作。先考虑一下这三个案例：

◊ **案例 1** 张经理所在的部门需要招聘一名员工，过了很久人力资源部也没给他推荐任何候选人，于是张经理带着情绪去找人力资源部门经理责问：我等着用人，你们怎么过了这么久还没给我招人？人力资源经理回答说：我已告诉你了，口头通知无效，你需要填写"人员增补申请表"，然后递送给人力资源部。

◊ **案例 2** 为了让销售人员熟悉公司新开发的产品，销售部经理请求人力资源部经理协助安排交叉培训。人力资源经理说，我马上联系生产部经理和技术部门经理过来开个碰头会，你直接与他们商讨要培训的内容。采取什么样的培训方式更有效，我可以给一些建议。

◊ **案例3** 小张的三个月试用期即将到期，王经理对小张的工作表现并不十分满意，可是眼下又缺少人手，是让他走人还是给他转正呢？王经理犹豫不决，于是想去听听人力资源经理的意见。

这样的例子还有很多。通过以上三个例子以及前面几个章节所学的知识已能清楚表明，在大多数人力资源管理事务上，部门管理者需要与人力资源部协作，建立相互配合的关系。明确各自的分工，有助于界定部门管理者与人力资源部的职责界限，避免相互推诿。共同遵循人力资源管理制度与流程是彼此协作的基础，独行其是或是一推了之，对于双方都不可取。图3-2列出了部门管理者与人力资源部门协作的要点，供大家参考。

明确部门经理的人力资源管理职责 → 了解人力资源部的人力资源管理职责 →
- 明确分工，履行好各自职责
- 高效执行HR制度与流程
- 了解HR所能提供的支持
- 接受人力资源部提供的培训
- 随时咨询人力资源部
- 相互提供信息，保持沟通
- 相互提出建议，施加影响

图3-2 与人力资源部建立相互配合的关系

3 企业人力资源管理依赖的是体系而不是专家

建立人力资源管理体系需要专家,而企业人力资源管理运行依赖的是体系。有了体系,一切都将变得秩序井然,所有人在这个体系中都将成为专家。人力资源管理体系是企业文化的基础,一旦被破坏,企业将失去选人、育人、用人、留人的肥沃土壤。

建立能留住人的企业人力资源管理体系

阅读前思考：

1. 你是否认为，只要找到一位资深的 HR 经理，就能解决企业所有的人力资源管理问题？
2. 你知道如何才能留住员工吗？留住员工与部门主管有关系吗？

企业人力资源管理依赖的是体系

建立人力资源管理体系需要专家，而企业人力资源管理运行依赖的是体系（见图 3-3）。有了体系，一切都将变得秩序井然，所有人在这个体系中都将成为专家。人力资源管理体系是企业文化的基础，一旦被破坏，企业将失去选人、育人、用人、留人的肥沃土壤。因此，每个人都必须遵循体系运行。

图 3-3 人力资源管理体系

企业留人的系统整合与模式

眼下多数企业的状况是招人难、流动快，其中一些企业已经将人力资源管理的重心移到留人之上。只有留得住员工，才能破解被动招人的局面。

留人不仅是薪酬问题，更与企业人力资源管理体系（企业文化/氛围的基础）有关；留人不仅是人力资源部门的责任，更与部门主管的管理意识、风格、技能密切相关。马云说："员工的离职原因林林总总，只有两点最真实：一是钱没给到位；二是心委屈了。这些归根到底就一条：干得不爽。员工临走还费尽心思找靠谱的理由，就是为给你留面子，不想说穿你的管理有多烂，他对你已失望透顶。作为管理者，一定要乐于反省。"

如图 3-4 所示，留人是个系统工程，而不是单一的留人问题。部门主管必须通过系统留人，而不是等到员工提出辞职申请的时候才想方设法将人留住，这样只能是头痛医头、脚痛医脚。

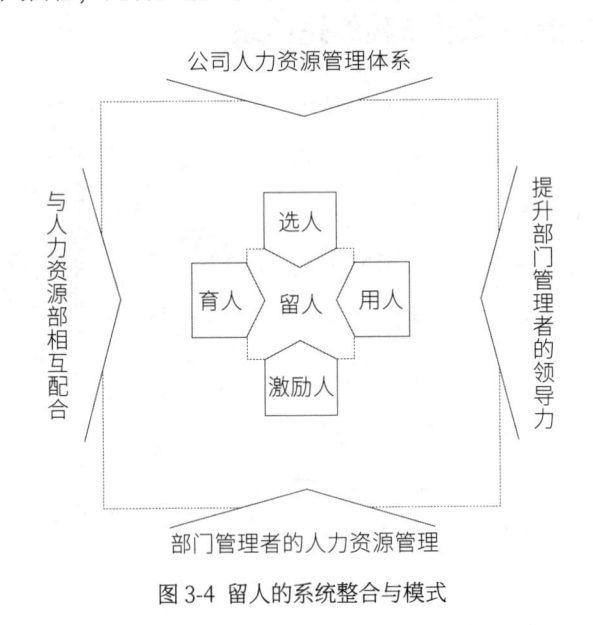

图 3-4 留人的系统整合与模式

从招聘开始留人

许多员工的流失与招聘有关，如果人选错了，不是他自己要离开，就是你要让他离开。留人必须从源头抓起。

● 培训与指导

员工能力提高不了，工作意愿将会降低，因此，员工的成长与绩效都需要培训与指导。作为部门管理者，尤其是基层管理者，你也许无权给员工增加工资，但你一定能帮助他们提高未来挣更多钱的能力。

● 员工职业发展

员工流失与职业发展有关。如果企业不能帮助员工成长，他们就会另寻他途。部门管理者必须高度重视员工的职业发展规划。

● 管理意识与风格

多数员工的流失与直接主管有关。在劳动力市场主导的时代，部门主管必须改变不合时宜的管理意识与风格。

● 有效激励下属

谁都需要激励，一个不善于激励的部门主管是没有魅力的，自然留不住员工。当你真正在意员工的时候，他们将与你一起快乐工作。在意不仅仅是拍拍员工的肩膀。

● 面谈的方法

员工的问题包括心态与违规两大类，如何处理也会影响留人效果。

处理违规的员工，需要遵循公司的纪律处分条例，而不是自行其是。

> 这个系统将会成为你解决问题的得力助手。有了它，那些由于员工的不可预测性而产生的问题全都将迎刃而解。这个系统可以让你通过统一管理的过程，将你所遇到的人力问题转变为公司的发展机遇。

我曾对一家离职率过高的企业说，刚性流失不是遗憾，因为系统缺失或贯彻系统不力而导致的员工流失，那才是真遗憾。部门主管需要自省，并与人力资源部门一道找出人才流失的根源，坚决予以改进，否则员工将会越走越多。

> 系统就是解决的方法。——美国电话电报公司（AT&T）

资料来源：[美]迈克尔·格伯. 突破瓶颈[M]. 王甜甜, 译. 北京：中信出版社, 2007.

第四章

必须掌握的人力资源管理知识与技能

1 组织结构设计
2 职务说明书的编写
3 招聘与面试
4 培训与指导
5 如何有效激励员工
6 绩效管理与考核

1 组织结构设计

组织结构设计是构建团队的前提；组织结构不仅是人员配置的依据，也是企业管理的路线图；开展员工职业发展规划与企业人才梯队建设，也离不开组织结构设计。

认识组织结构

阅读前思考：

1. 作为一名部门管理者，你能看懂组织结构图吗？
2. 请你描述组织结构的作用。
3. 每当有新员工入职，你会向他们详细介绍部门组织结构及其职责吗？
4. 你与你的下属手中每人都有一份《部门职能说明书》吗？

组织结构图

　　组织结构图是描述组织结构的标准方式。在一家公司，我们通常会见到公司组织结构图以及各部门的组织结构图。图中的方框用来表示这家公司所设置的部门或各层级职务，连接方框的线表示谁向谁汇报。

　　很多时候，公司组织结构图只划到一级部门（标出部门名称或中层管理职务），至于二级部门、部门内的各层级职务在各部门组织结构图中才有详细标出。从图 4-1 可以看出，位于顶端的总经理是这家公司最高层管理者；副总经理与总工程师也是高管，副总经理分管采购部和生产部，总工程师分管技术部和质检部，其他部门由总经理直管。沿着直线，自上而下，从最高层管理者一直贯穿到最基层员工（需要与部门组织结构图结合起来看）是一条统一指挥线，它明确指出了谁可以直接指挥谁，谁要向谁报告工作，遇到问题时找谁，谁应该对谁的工作绩效负责。从公司组织结构图中还可以看到你工作的部门在公司价值链中的位置与作用。

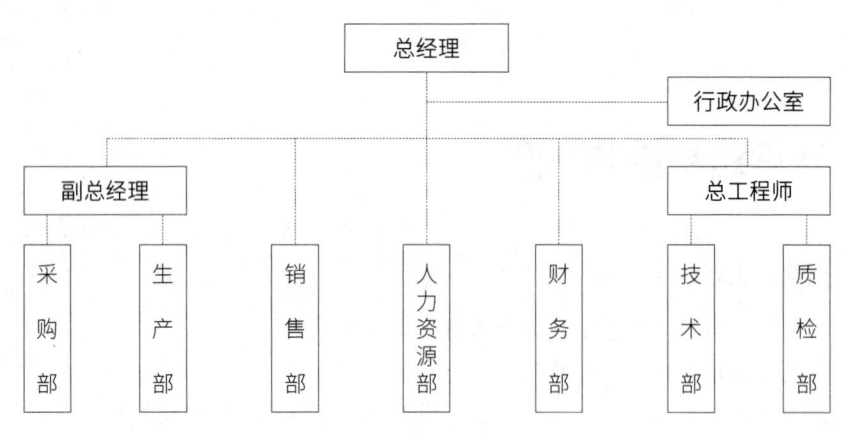

```
                    ┌─────────┐
                    │  总经理  │
                    └────┬────┘
         ┌───────────────┼──────────────┐─────────────┐
         │               │              │   ┌─────────┴─────┐
    ┌────┴────┐          │         ┌────┴────┐│ 行政办公室   │
    │ 副总经理 │          │         │ 总工程师 │└──────────────┘
    └────┬────┘          │         └────┬────┘
   ┌─────┴─────┐    ┌────┼────┐    ┌────┴────┐
 采购部 生产部  销售部 人力资源部 财务部  技术部 质检部
```

图 4-1 某公司组织结构图

同样，部门组织结构图（图 4-2）也向我们传递了以上信息。它明确指出了任何一个岗位在部门中的位置以及直接上司、间接上司、直接下属、间接下属、同一层级的同事是谁。

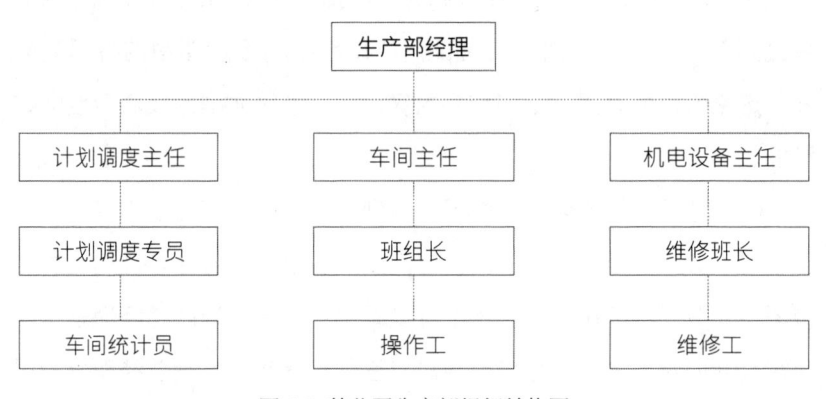

```
              ┌──────────────┐
              │  生产部经理   │
              └──────┬───────┘
      ┌──────────────┼──────────────┐
 ┌────┴─────┐  ┌────┴─────┐  ┌─────┴──────┐
 │计划调度主任│  │ 车间主任  │  │机电设备主任│
 └────┬─────┘  └────┬─────┘  └─────┬──────┘
 ┌────┴─────┐  ┌────┴─────┐  ┌─────┴──────┐
 │计划调度专员│  │  班组长   │  │  维修班长  │
 └────┬─────┘  └────┬─────┘  └─────┬──────┘
 ┌────┴─────┐  ┌────┴─────┐  ┌─────┴──────┐
 │ 车间统计员 │  │  操作工   │  │   维修工   │
 └──────────┘  └──────────┘  └────────────┘
```

图 4-2 某公司生产部组织结构图

这里需要特别提醒的是，部门主管及其下属不仅需要了解本部门的组织结构，还需了解公司内其他部门的组织结构及其职责（如表 4-1 所示），尤其是与自己的工作密切联系的部门，以便部门与部门之间、岗位与岗位之间的配合和沟通。

表 4-1 某纺织公司计划调度室部门职能说明书

部门职能说明书

分部门	计划调度室	部门	生产部
部门定员	5人	直接上级	生产部经理

部门组织架构图

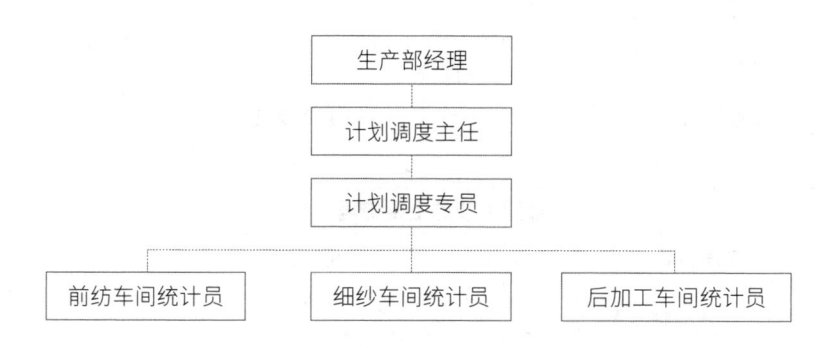

```
                生产部经理
                    │
               计划调度主任
                    │
               计划调度专员
                    │
     ┌──────────────┼──────────────┐
前纺车间统计员   细纱车间统计员   后加工车间统计员
```

部门职责概述

根据公司年度经营计划,负责生产计划编制、生产协调、统计分析工作,确保公司生产正常运行。

部门职责

职责一: 负责编制年度、季度、月度生产计划,参与产品品种变更可行性评审并编制生产计划;

职责二: 根据生产计划,向各车间发布生产指令;

职责三: 负责跟进各车间生产目标完成情况并进行考核;

职责四: 负责协调生产部内部以及生产部与销售、采购、技术质检等部门的工作配合;

职责五: 负责生产数据统计、生产数据分析、生产成本分析,及时报送各类报表。

部门职务设置

职务名称	定员	职务名称	定员
职务一: 计划调度主任	1	职务三: 统计员	3
职务二: 计划调度专员	1		

续表

公司内外协作的部门与机构	
内部协作部门	**协作事项**
市场销售部	生产计划编制、产品品种变更可行性评审
采购部	跟进原料、包装材料的供应
技术质检部	开具生产工艺单
各车间	生产指令下达、跟进生产进度、车间内部协调、生产数据收集
外部协作机构	**协作事项**

部门涉及的主要流程清单	
流程名称	**主要流程**
生产计划编制流程	营销计划—生产计划—配棉计划—采购计划—资金计划
生产进度跟进流程	生产计划—下达生产车间—跟进生产进度—目标考核
品种变更评审流程	销售部提出品种变更—生产计划评估—原料采购确认—生产工艺确认—总经理审批
品种变更调度流程	品种变更评审单—调度单—生产经理审批—副总审批—技术质检部、生产车间
生产数据报送流程	原始数据—车间统计—统计数据编制—报送各类报表

编写人/日期	审核/日期	审核/日期	批准/日期

作为一名部门经理，当你看懂了公司及部门组织结构图的时候，你就知道了应该为部门配备哪些人员，如何管理下属，如何与他人合作，正如在前面所说（见第11页部门管理者的"组织"职能），组织结构是人员配置的依据，也是管理的路线图。你一定要花点时间让你的下属也看懂部门组织结构图，他们会与你配合得更好。让他们了解自己在组织中所处的位置，能帮助他们理解自己的工作是如何支持部门及公司的目标实现的，他们的责任感与满足感将会大增。

组织结构的作用

组织结构是公司（部门）人员配置的依据，也是公司管理与运营的路线图。组织结构的具体作用如下：

・指明了组织所设置的各职能部门；

・指明了组织所设置的各层级职务；

・指明了组织内上下级的隶属关系和责任关系；

・指明了分工和协作关系、执行和监督关系；

・指明了组织的统一指挥线；

・使每一位员工明确自己的岗位在组织中的位置；

・为人员配置提供了依据；

・为工作任务的完成和组织目标的实现提供了保障。

组织结构类型

阅读前思考：
你对组织结构类型有多少了解？

传统组织结构

如何设计组织结构？首先让我们来看看几种传统的组织模式（见图 4-3 至图 4-6）。了解这些组织结构类型，可以帮助我们在设计组织结构时加以借鉴，或者"拿来即用"，或者"改之即用"。

```
            总经理
   ┌──────────┼──────────┐
  业务员     设计师      会计
```

特点
1. 企业经营者与所有者为同一人
2. 部门化程度低、控制跨度宽
3. 权力通常都集中在一个人手中
4. 企业规范化程度低

优点
1. 管理简单、直接
2. 快速反应、灵活
3. 命令统一
4. 经营管理成本低

缺点
1. 规模小，艰难维持
2. 风险大，一切都取决于一人
3. 上层负担过重
4. 企业管理随意性大

适用范围：小型企业

图 4-3 简单型组织结构

图 4-4 职能型组织结构

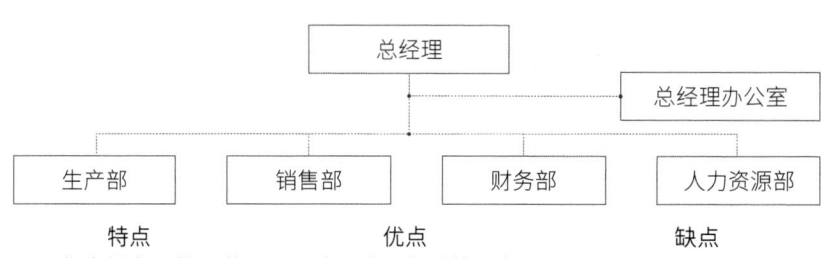

```
                    总经理
                      │
                      ├──────────── 总经理办公室
          ┌─────┬─────┼─────┬──────┐
        生产部  销售部  财务部  人力资源部
```

特点
1. 工作专门化，按职能设置部门
2. 同类职务设在同一个职能部门
3. 权力集中于高层，命令统一
4. 标准化、规范化、控制程度高

优点
1. 容易实现经验的分享
2. 快速提高专业化水平
3. 责任明确，易于控制
4. 对中低层的要求较低

缺点
1. 追求本部门利益最大化
2. 容易引起部门间的纠纷
3. 不利于培养全才管理者
4. 官僚，自主性程度较低

适用范围：劳动密集、重复劳动、事业形态简单的企业

图 4-4 职能型组织结构

图 4-5 事业部型组织结构

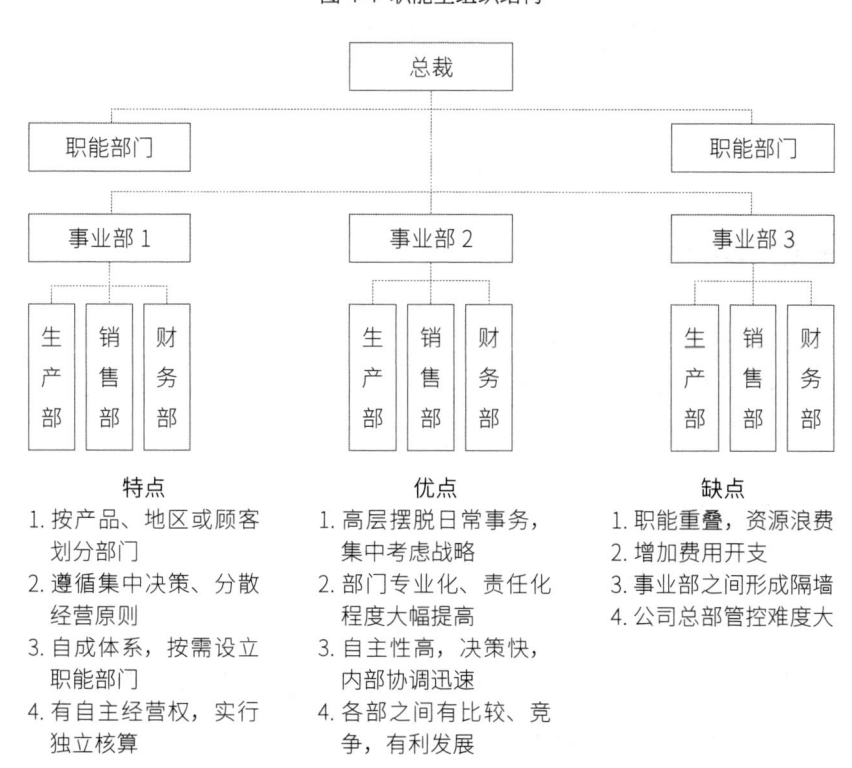

```
                        总裁
         ┌───────────────┼───────────────┐
      职能部门                         职能部门
         │               │               │
      事业部1          事业部2          事业部3
      ┌─┬─┐           ┌─┬─┐           ┌─┬─┐
     生 销 财          生 销 财          生 销 财
     产 售 务          产 售 务          产 售 务
     部 部 部          部 部 部          部 部 部
```

特点
1. 按产品、地区或顾客划分部门
2. 遵循集中决策、分散经营原则
3. 自成体系，按需设立职能部门
4. 有自主经营权，实行独立核算

优点
1. 高层摆脱日常事务，集中考虑战略
2. 部门专业化、责任化程度大幅提高
3. 自主性高，决策快，内部协调迅速
4. 各部之间有比较、竞争，有利发展

缺点
1. 职能重叠，资源浪费
2. 增加费用开支
3. 事业部之间形成隔墙
4. 公司总部管控难度大

适用范围：事业形态复杂、产品种类多、市场分布广的企业

图 4-5 事业部型组织结构

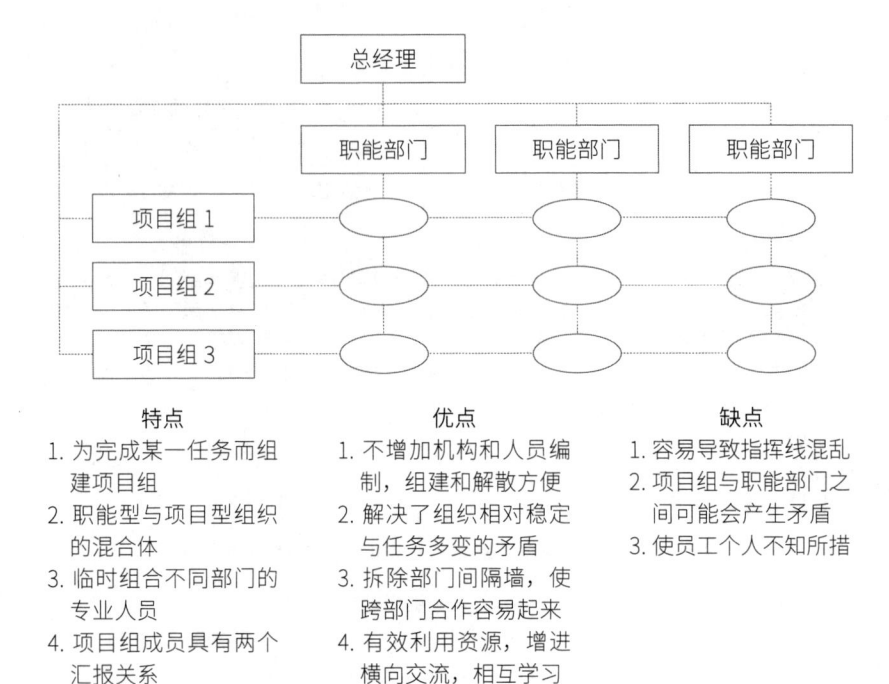

```
                        总经理
                          │
        ┌─────────────────┼─────────────────┐
      职能部门           职能部门           职能部门
  ┌─────┤  │               │                 │
  │项目组1├──○───────────○───────────○
  ├─────┤  │               │                 │
  │项目组2├──○───────────○───────────○
  ├─────┤  │               │                 │
  │项目组3├──○───────────○───────────○
  └─────┘
```

特点	优点	缺点
1. 为完成某一任务而组建项目组 2. 职能型与项目型组织的混合体 3. 临时组合不同部门的专业人员 4. 项目组成员具有两个汇报关系	1. 不增加机构和人员编制，组建和解散方便 2. 解决了组织相对稳定与任务多变的矛盾 3. 拆除部门间隔墙，使跨部门合作容易起来 4. 有效利用资源，增进横向交流，相互学习	1. 容易导致指挥线混乱 2. 项目组与职能部门之间可能会产生矛盾 3. 使员工个人不知所措

适用范围：事业形态复杂、产品种类多、市场分布广的企业

图 4-6 矩阵型组织结构图

新型组织结构

管理者们一直在寻求能够保障企业目标实现的高效组织模式。近些年来，一些企业开始尝试那些具有更大灵活性和对客户反应更快的组织结构。我们不妨简单了解一下，也许对我们的企业变革有借鉴之处。

● 团队组织

团队是最流行的新型组织。它的主要特点是灵活方便，打破了部门界限，既发挥专才作用，又可培养通才。小型企业可用团队结构界定整个组织框架；大中型企业可利用临时组建的团队来弥补职能型组织的官僚缺点，增加灵活性。

虚拟组织

"如能租用，何必拥有？"这个问题指出了虚拟组织的实质，企业的主要职能是通过外包来实现的。虚拟组织的部门化程度很低，甚至根本没有。如果一家公司觉得其他公司在设计、生产、分销、市场或其他方面比自己做得更好或成本更低，就可以将自己的有关业务外包给它们。

无边界组织

这个概念是由通用电气前总裁杰克·韦尔奇（Jack Welch）提出的，并在通用电气公司大力推行。他试图减少公司内部的垂直和水平界限，并消除公司与客户、供应商之间的外部屏障。他有一个形象的比喻：墙壁分开了职务，而地板区分了层级，而我要将所有人都聚在一个打通的大房间里。"无边界组织"的目的无非是要拆除那些阻碍沟通与工作效率的"高墙"。"无边界组织"在小型企业比较容易做到，但在大中型企业实行起来难度很大。

基于流程优化的组织结构

基于流程优化的组织结构设计也是为了减少跨部门合作的障碍，为客户提供更直接、更方便的服务。相对于"无边界组织"的概念，基于流程优化的组织结构设计更易做到。

工作流程的概念

定义

工作流程是一系列相互关联的活动，将输入转化为对客户有价值的输出。

特点

工作流程具有以下特点：

- 目标性：有明确的输入（任务）和输出（结果）。
- 整体性：至少由两个关系紧密的活动组成，强调活动的整体组合。
- 动态性：由一个活动到另一个活动，按一定的活动顺序展开，流程不是静态的。
- 层次性：组成流程的活动本身也可以是一个流程，可以继续分解成多个活动。
- 关联性：组成流程的活动相互关联、相互作用，对流程的输出结果有很大影响。
- 满意度：以客户为导向的流程，输出的结果应对客户有价值，满足客户的需求。

分解

流程分解到什么程度才停止呢？如果一个任务不需要让两个不同岗位的人协同完成的话，你就不要把它作为一个流程。当流程分解到活动完全可以由一个岗位来完成的时候，就可以停止了。因此，工作流程是由跨岗位或跨部门的多个活动组成的，这里强调的是协同的效率。

作用

工作流程具有以下作用：

- 指明了工作任务从输入到输出的全部活动过程和活动顺序。
- 指明了各个活动的承担者及其责任。
- 是跨岗位或跨部门的活动整合，为提高组织整体效益提供保障。
- 工作流程的设计和优化对组织设计、职务设计、定员、客户满意度等产生影响。

● 三点建议

如何通过流程优化，达到减少部门之间配合的障碍、提高工作效率、更好地为客户服务之目标？针对这些问题，提出以下三点建议。

让那些需要得到流程产出的部门自己执行流程

◊ **问题提出**　基于流程优化的组织结构设计主要是针对职能型组织的弱点而提出的。职能型组织具有专门化程度高的优点，但是容易导致各部门各自为政，流程被阻断。当一个部门需要得到另一个部门支持的时候，往往要经过申请、审批、协调等烦琐而缓慢的过程，甚至会发生部门间的摩擦。

◊ **解决方案**　针对以上问题，可以将与一个部门工作密切关联、频繁来往的活动直接合并到这个部门，或者将主要为这个部门服务的岗位直接设置到这个部门，或者将那些与某个岗位密切关联的职责合并到这个岗位上来，即部门职能和个人职责扩大化。这样就打破了阻断流程的职能界限和壁垒。当那些需要得到流程产出的部门自己能够执行流程时，将大大提高工作效率。

建立以客户为导向的组织结构

◊ **问题提出**　在很多企业存在着多点接触客户的问题。企业以为分工明确，而客户却感到不便；甚至以"明确分工"为理由，部门之间相互推诿、无人负责。这也是高度职能化产生的问题。

◊ **解决方案**　针对以上问题，应当尽可能地让流程单点接触客户，即企业与客户之间只有一个联系点。由一个点解决客户的所有问题，对客户负责到底，将给客户带来方便，及时满足客户的需求。

不能完全否定职能型组织的优点

值得注意的是，企业活动的集成不能完全否定职能型组织的优点。企业活动的集成比较适合于那些信息交往频繁、紧密关联、明显影响企业整体利益的活动。

组织结构设计

阅读前思考：
1. 作为一名部门管理者，你对组织结构设计了解多少？
2. 你将独立组建与管理一个团队吗？

两种组织结构设计的比较

传统设计	现代设计
·传统设计的内容单一，仅侧重框架设计； ·缺乏对职能的研究，往往凭经验设计框架； ·将框架和协调放在一起设计，往往强调了分工而忽视了协作和协调； ·将规范设计与结构设计分离。企业运营不顺畅，有结构本身设计不合理的原因，也有规范设计与结构设计分离的原因。	·现代组织设计强调统一的全过程设计； ·在框架设计前突出职能设计，以强调依据； ·将协调设计单独作为一个步骤来研究，达到分工和协调并重的目的； ·将结构本身设计与规范设计结合起来，以保证企业的高效运营。这种结合就是统一的全过程设计。

现代组织结构设计的内容

现代组织结构设计的内容
- 结构本身设计
  - 组织的职能设计
  - 组织的框架设计
  - 组织的协调设计
- 公司规范设计
  - 部门职能说明书编写
  - 职务说明书编写
  - 制度与流程编写

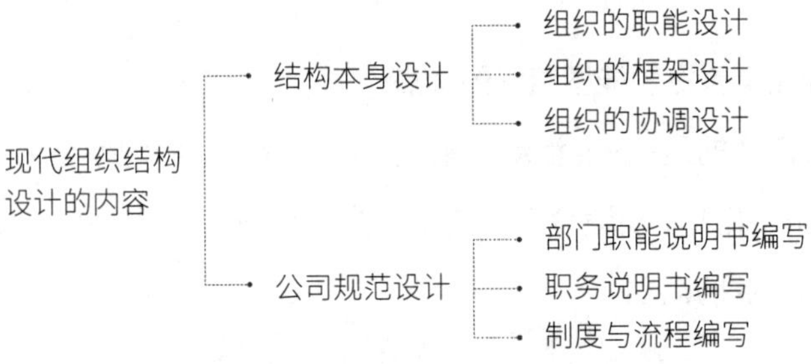

图 4-7 现代组织结构设计的内容

现代组织结构设计包括组织结构本身设计与公司规范设计两大方面的内容，强调统一的全过程设计（如图 4-7 所示）。这里需要特别指出的是，在一些企业里，组织结构早已搭建起来，而规范部分（包括部门职能说明、职务说明书、部门的制度与流程、操作规程等）却迟迟没有建立或者极不完善；或者在组织发生变化之后，那些规范还是老内容，没有及时作相应的修改；还有一种现象是，部门职能变了，而组织图却没有变化。这些现象总归说明一个问题：这些企业的规范化程度较低，随意性较大。这也说明，部门主管们还没有完全意识到组织结构与公司规范之间的关系。有时，问题也出在部门主管的"不会写""很忙"与"懒惰"上。

组织结构设计的步骤

无论是组建新公司，还是优化现有公司结构，或是组建一个部门或团队，其组织结构设计的步骤基本是相同的。以下将就组织结构本身的设计分步骤解析。

组织的职能设计

职能设计是指根据公司的战略目标，确定一个组织有哪些职能。职能设计在组织设计中起着承上启下的作用。承上，所有职能（管理和业务活动）都必须为公司战略目标服务；启下，为组织的框架设计（部门、岗位、管理层级设计）提供依据。

> "职能"一词具有高度的概括性和整体性，它涵盖了一个部门所承担的各项活动、职责及其作用，而这些活动往往是同类的或是紧密联系的。比如，各项生产活动都归类到"生产职能"名下。

基本职能设计

◊ **明确目标** 在组织设计时，所有参与者，其中也包括部门主管，首先要搞清楚公司的战略目标是什么，因为公司的所有职能都是紧紧围绕着公司战略目标来设计的。即使是组建一个临时团队，部门主管也要首先明确它要达到的目标。

> 战略目标是企业使命的具体化，是企业整体发展的总方向、总任务和总要求。企业战略目标通常包括市场、创新、盈利和社会等四大目标，并且每一目标可继续分解。在实际中，由于企业的性质、规模、发展阶段的不同，其战略目标重点也不尽相同。
>
> **市场目标**：一个企业希望达到的市场占有率或在竞争中的地位。市场目标可细化为产品目标、销售目标、服务目标、推广目标等。
>
> **创新目标**：没有创新，企业就无法赢得市场竞争。企业创新通常涉及技术创新、制度创新和管理创新。
>
> **盈利目标**：这是企业的一个基本目标，企业只有获得经济效益，才能生存与发展。盈利目标可分解为人力资源、生产资源、资本资源的"投入－产出"目标。
>
> **社会目标**：可分解为公共关系目标、社会责任目标和政府关系目标。

◊ **活动划分** 通俗地说，活动划分的过程就是分工的过程，就是将公司的总任务划分成若干个具体的工作任务。

◊ **活动归类** 将相同或相关的活动归并到同一个工作项目，再将相关的工作项目归并为一个职能。经过这样一系列的活动归类，就产生了一家公司的若干个职能。

◊ **列出清单** 给初步选定的职能开列一张清单，按职能、工作项目、业务活动排列（见表4-2）。这样做的好处是，将公司的所有职能都直观地呈现在组织设计者的面前，为接下来的职能调整讨论、关键职能设计以及职能分解等后续工作打好基础。

表4-2 某垃圾焚烧发电厂职能清单

基本职能	工作项目	业务活动
生产管理	运行	锅炉操作，气机操作，电气操作，化水操作，行车操作，尾气监控
	统计	生产数据统计，编制生产统计报表，台账报表档案管理
	仓管	生产物料的采购，物料入库验收登记，领料及库存管理
设备管理	维修	所有生产设备的维修，为其他部门提供简易维修
	保养	所有生产设备的保养
	技改	提出技改方案，编制技改计划，跟进技改工程，技术资料保管
	资产管理	编制资产档案（设备、工具），定期盘点
人事行政	人事	劳动关系，招聘，薪酬福利，培训，绩效考核，考勤
	行政	公司档案资料、公章的保管，营业执照申报、变更、年检，来往信函收发，公司会议安排，外联接待，酒店、机票预订，办公用品、工作服发放，电话、网络维护，公司安保，车辆管理与调度，宿舍、食堂管理，厂区清洁绿化

◊ **职能调整** 根据权变因素对初步选定的职能清单或是现有公司的职能清单进行分析和判断，对不符合权变因素的职能做出调整。职能调整包括新增、强化、取消、弱化，还要考虑各职能之间的分工、联系、制约关系，避免职能脱节和重叠。

> "权变"的含义就是"以变应变"。各种组织结构并无高下优劣之分，一个企业的组织结构必须与其内外环境因素相适应。组织设计的权变因素主要有：企业战略、企业技术、人员素质、企业规模、企业生命周期所处阶段、企业外部环境等。

◊ **案例** 某环保公司目前有1家投入运营的垃圾焚烧发电厂，正在筹建的有5个项目。我有幸参与了工厂组织结构优化工作，试图为后期陆续开工的项目提供组织模式。我们根据工厂的内外环境因素，对原先的组织职能做出以下调整：

1. **针对外部环境特点的设计与调整**

垃圾焚烧发电厂是与政府合作的项目，与政府机构联系十分频繁，原先这项工作设在人事行政部，而实际上主要是由工厂厂长承担，这样一来不仅耗费了厂长大量精力，而且技术型的厂长做这项工作十分吃力。甚至，公司高层曾经一度要求改招"公关型"厂长。针对这一突出问题，我们将与政府机构的联系工作从人事行政部拿出来，单独作为一个职能来加强，由增设的行政副厂长来承担。

2. **针对行业特点的设计与调整**

垃圾焚烧发电厂对安全生产与环境保护具有极高的要求，过去这两项职能主要由生产部自行承担，人事行政部负责消防管理。无论是从行业特点，还是从制约关系、技术层面考虑，安全与环保职能都必须得到强化，因此增设安全与环保部，由厂长直接领导。

3. 针对企业战略、技术特点的设计与调整

尽管一家垃圾焚烧发电厂的规模不大，一般在100人左右，但对专业技术要求较高，而现有人力资源管理工作，尤其是培训管理显然跟不上。由于人事与行政合在一起，专业的人力资源经理招不来，来的都是做行政工作的，人事行政部经理的精力实际上也是被大量行政后勤工作占去了。另外，这家工厂还要承担陆续开工工厂的人员培训工作。因此，为了健全和强化人力资源管理职能，我们将人力资源部与行政部分离，单独设置。

4. 针对分工、联系、制约关系的设计与调整

原先生产与设备管理是两个部门，在设备检修和维护上两个部门的协作经常发生摩擦。可以说，设备管理就是为生产服务的，因此，我们将设备管理职能并入生产管理系统。

生产物料采购由生产部仓管员负责。厂长解释了当初这样设置的原因：因为采购量不是很大，主要是生产物料、设备配件，生产部很熟悉，就没设置采购部，如果专设一名采购员又觉得工作量不大，就让两名仓管员兼着。虽然目前没有暴露出什么问题，但从制约关系来说，相互制约的职能是不能由一个部门来承担的，否则不利于监督控制。我们建议，随着工厂越来越多，可在公司层面适时设立采购部，目前将采购职能暂时移到财务部。

◇ **确定基本职能**　经过以上职能分析之后，现在我们可以确定一家公司的基本职能清单了。

关键职能设计

在确定基本职能之后，我们还需要花点时间从中找出一两个对实现公司战略目标起关键作用的职能。突出关键职能，是为了引起全体

员工的重视，齐心协力，确保其作用的充分发挥。

那么，在众多的基本职能中，哪个职能才是公司的关键职能呢？组织设计专家提出的三个问题，为我们寻找关键职能提供了线索。

·为了实现企业战略目标，什么职能必须得到出色的发挥？

·什么职能发挥不好，会使企业遭受严重损失，甚至危及企业的生存？

·体现企业经营宗旨的活动是什么？

企业通常将质量管理、技术开发、市场营销、生产管理等四个职能之一或是几个设为关键职能。

各家公司的战略目标不同，其关键职能也大相径庭。比如前面提到的垃圾焚烧发电厂，社会目标（社会责任与政府关系）是其战略目标之一，而且分量很重，环境保护与政府关系自然就成了关键职能。一旦这两个职能出问题，企业就危在旦夕了。关键职能还与公司阶段性的中心任务有关，任务结束了，关键职能就回归基本职能了，甚至有的职能就被取消了。还是以前面提到的环保公司为例。公司董事会当年提出在两年内在全国开发10个垃圾焚烧发电厂项目。起先，项目拓展被看成公司第一大事，公司总经理亲自挂帅带领项目发展部和技术部（方案设计与投标）人员四处奔波，虽然没有人在组织结构中将其设在中心地位，但不言而喻，项目拓展就是公司这个阶段的关键职能。随着项目一个一个签约，融资、工厂筹建、人员招聘就成了公司的关键职能了。这是10年前的事了，现在，随着任务的完成，项目拓展职能大概已经减弱了，终有一天筹建职能会消失的，除非未来还有新建项目。

职能分解

职能分解是职能设计的最后一个环节。职能分解就是通过逐级分解的方法，将公司的全部职能分解为三级（见表4-3）。基本职能清单中的每一个职能为一级职能；为完成一级职能而必须开展的几个方面的管理活动为二级职能，最后，将二级职能再分解为具体的业务活动，这些支持二级职能的业务活动就是三级职能。

表4-3 某垃圾焚烧发电厂（生产）三级职能分解表

一级职能	二级职能	三级职能
生产管理	运行管理	锅炉操作
		气机操作
		电气操作
		化水操作
		行车操作（卸料指挥、垃圾吊操作、炉渣行车操作）
	设备管理	编制资产档案（设备、工具），定期盘点
		生产设备的维修与保养，为公司其他部门提供可能的简易维修
		提出技改方案，编制技改计划，跟进技改工程，技术资料保管
	统计管理	生产数据统计
		编制统计报表
		保管统计资料
	仓管管理	生产物料入库验收和登记
		领料及库存管理

通过职能分解，我们将公司的每一个职能转化为具体的工作职责，使其得到层层落实。有了职能分解表，我们就能有依据地设计组织框架了。职能分解表也为其后编写部门职能说明书和职务说明书提供了依据。

组织的框架设计

框架设计是组织结构设计的主要部分，简单地说，就是横向划分部门，纵向设计管理层级。

部门划分

建立部门的活动被称为部门化，即部门划分。

当一家公司达到一定人数规模的时候，就需要将人们组织起来，组建为不同的部门，才能实现高效运作。在此之前，公司业务量不大，人员不多，公司经营者自己就可以管得过来。随着业务量增大，各类专业人员越来越多，公司经营者在管理上开始感到力不从心了，尽管每天起早贪黑，还是顾不过来，眼看着公司的运转一天天陷入混乱，以前从未出现过的问题现在都来了。经营者意识到，一直采用的简单组织结构已经跟不上公司的发展，必须尽快组建部门，将管理工作委托给部门主管。

采用什么方式划分部门，将决定一家公司的组织结构类型。在前面已经将各种组织结构类型直观地呈现了，下面将在理论上对部门划分的方式一一简单描述（见图4-8）。

```
┌─────────────────────┐  ┌─────────────────────┐
│  按工作过程来划分部门  │  │  按工作结果来划分部门  │
├─────────────────────┤  ├─────────────────────┤
│  根据职能的部门划分   │  │  根据产品的部门划分   │
│  根据流程的部门划分   │  │  根据地域的部门划分   │
│                     │  │  根据顾客的部门划分   │
└─────────────────────┘  └─────────────────────┘
             ┌──────────────────────────┐
             │ 综合运用以上各种部门划分方式 │
             └──────────────────────────┘
```

图4-8 部门划分的基本方式

◇ **根据职能的部门划分** 按职能来划分部门是最常见的方式，适合所有公司。在职能设计完成之后，再来做部门设计就很容易了。通常，我们将同类职务设置在同一个职能部门，比如将财务类职务都设置在财务部，将生产类职务设置在生产部，将研发类职务设置在研发部。这样的设计至少有两个好处：一是使每个部门专业化、规模化，从而提高工作效率；二是将同类专业人员集中在一起，有利于他们相互学习，分享经验，从而快速提高彼此的专业水平。

　　这里需要再次强调的是，具有制约关系的职能，即执行与监督关系，不能安排在同一个部门，比如财务与审计、生产与质检、生产与安全、物料使用与物料采购、二级仓库与一级仓库（一级仓库通常由财务部的成本部管控，二级仓库由材料使用部门管理）；相反，为了高效配合，可将与一个部门工作联系密切、来往频繁的职能归并到这个部门，如某纺织公司不仅将通用车间（即设备维修部门）设在生产部，而且将日常维修岗位直接设到三个车间里，由车间主任直接管理。在一家酒店，也看到类似的职能归并。客房内的木制家具经常发生刮擦，原先的报修流程极为复杂、耗时，又常常因为有客人预订、入住而不能补漆，这样就使工程部与客房部难以配合，甚至相互抱怨。为了及时修补，使家具处在常新状态，为客人提供一个舒适而又完美的环境，经与工程部沟通，客房部自己招了一名油漆工，将原本简单但又复杂的问题解决了。

　　◇ **根据流程的部门划分**　房地产公司的部门一般是根据其主导业务流程和管理支持流程来设计的。按主导业务流程设计的部门通常有策划部、规划部、设计部、工程部、销售部、物业管理部；按管理支持流程来设计的部门有采购部、财务部、行政部、人力资源部等。某纺织公司生产部由前纺车间、细纱车间、后加工车间、通用车间组成，前三个车间是按生产流程来划分的，通用车间是生产支持部门，负责设备运转、维修与保养。由此可见，这种部门化方式是基于流程的职能部门设计。

　　◇ **根据产品的部门划分**　如果你的公司产品类型（或服务）不止一

种，可能就要采用这种方式来划分部门。比如一家酒店的餐饮服务有中餐、西餐、日本料理，可能还有当地小吃，餐饮总监就会根据这四种服务类型来设置部门。被任命的中餐厅经理要对所有与中餐服务有关的活动负责，其他三个餐厅经理也是如此。

◊ **根据地域的部门划分** 按照销售地点来划分部门，是我们常见的按区域划分部门的方式。如果目标市场就在本市或附近区域，一般会通过销售部内的分工来承担各片区的销售任务。当销售地点远离总部时，并且分布较广，为了及时跟进公司产品在当地的销售与管理，就需要组建区域销售部门了。

◊ **根据顾客的部门划分** 银行设有公司银行部、私人银行部、私人理财部、中小企业信贷部。旅行社也针对散客与团队分设部门。根据顾客类型划分部门，是为了细分顾客市场，使部门专业化，并专心为某一类顾客服务，从而尽可能满足不同类型顾客的需求。

◊ **组合** 一个公司可能不止使用一种部门划分方式，而是综合运用以上多种部门化方式，从而就形成了公司的组合结构。比如，一家制造型公司是根据职能划分部门的，而其中的生产部按生产流程划分车间，销售中心又按公司产品销售网点（地域）划分为多个区域销售部门。

为了开发新产品、改进技术、提高产品（服务）质量，或是为了筹备新工厂、新店铺，甚至为了开展绩效考核、员工发展规划，如此等等特定任务（项目），公司经常需要将从事不同职能的专业人员组合在一起，形成各种各样的临时团队。完成任务的时间或长或短，任务完成了，团队就解散了，人们再回到各自的岗位上去。很多时候，员工根本就没有离开自己的岗位，而是兼职参与团队的工作。这样的组合有许多好处。它能打破部门界限，将平常"各自为政"的员工"黏合"在一起，实现"无边界沟通"；"集中优势兵力，打歼灭战"，要完成某个特定任务，不仅需要各类专业人才，更需要大家的紧密配合；通过"共商大事"，能够加深部门间的了解，从而加强平日的跨部门合作；有利于各类专业人员横向交流学习，扩大知识面，为个人成长打好基础；既可保持现有部门的相对稳定性和优势，又不需要增设新部门、增添新人员。正是因为有这么多的好处，公司高层应当支持这样的组合，部门主管可以在需要跨部门合作时采用这种组合方式，即使是在部门内部也能利用这种方式来完成某个特定任务或是解决关键问题。当然，这种组合对团队领导的能力要求很高，否则团队成员很难聚合。不去试着做，又怎么能提高你的团队领导力呢？

管理层级设计

当一群人被组织起来并被分工的时候，就出现了人与人之间的关系问题，也就有了管理者与被管理者。对于一个管理者而言，当其能力、精力、时间超出自己的限度时，他就要将一部分管理工作委托给他人来分担，否则，他的管理效率将会大大降低，这样就多出了一个管理层级（管理层次）。同样，当受委托的那个人也忙不过来了，他再次将一部分管理工作委托给下一个管理者，于是又多出了一个管理层级。每个企业都建立了这种层次性或等级制的组织结构，只是层级或多或少而已。

> 所有的组织都有其自身的等级序列。各级工作人员都在其上级的领导下完成自身的工作。因此，每个组织都是一个自上而下的管理机构。如果失去了等级管理，任何组织都只能是一群乌合之众。乌合之众成事不足，败事有余。
>
> ——[美]西奥多·莱维特　现代营销学奠基人之一

资料来源：[美]迈克尔·格伯. 突破瓶颈 [M]. 王甜甜，译. 北京：中信出版社，2007.

◆ **管理层级与管理宽度**　管理宽度，也称为管理幅度、管理跨度，是指一名管理人员能够有效地管理其直接下属的人数是有限的。很明显，让一名主管去指导一个员工的工作要比指导一百个员工轻松得多，但是为每个员工都配备一名主管，那是极大的浪费。反之，当直接下属人数超出一定的限度时，主管恐怕在能力、精力、时间上都不够用，将疲于奔命，管理的效率自然就会下降。因此，作为一名部门主管，你必须认真考虑你究竟能有效地直接管理多少个下属，这就是管理宽度的问题。一个主管直接管理的人数越多，他的管理宽度就越大。当你无力管控这个宽度时，就不得不增加一个管理层级了。

> 管理层级在一定程度上是"被迫"产生的。如果没有管理宽度问题，任何一家企业都不希望设置过多的层级。显而易见，管理层级越多，管理成本就越高，沟通难度就越大，计划与控制就会越复杂。

由此可见，管理层级的多少，与管理宽度密切相关。较大的宽度意味着较少的层级，较小的宽度意味着较多的层级。按照管理宽度的大小与管理层级的多少划分，就形成了两种结构：扁平结构和直式结构。所谓扁平结构，是指管理层级少而管理宽度大的结构；直式结构的情况则相反。

影响管理宽度的因素主要有以下几种：

·主管与员工双方的素质：管理能力越强的主管，越有可能管理更多的员工。同样，下属的工作意愿与独立工作能力越强，主管的管理宽度就可以更大。

·工作任务相似性与协调：如果下属的工作任务相似，管理宽度可以大一些；如果他们的工作各不相同，那么管理宽度相对就要缩小。

另一方面，当主管人员需要花费大量时间来协调下属之间或下属与其他团队之间的工作关系时，管理宽度可能就要缩小；而花在协调上的时间越少，主管的管理宽度就可以越大。

·工作任务与问题复杂度：下属的工作任务越简单，管理宽度就可以越大。如果主管每天大量面对的是日常事务，并且已有规定的工作流程和解决方法，管理宽度则可加大。反之，如果主管经常面对的是复杂、多变、困难的问题或是涉及方向性、战略性的问题，直接管理的人数则不宜过多。

·授权：凡事亲力亲为，管理宽度一定有限。适当和充分的授权可以节省主管的时间和精力，同时还能起到激励下属能力发展的作用，员工的能力与意愿提升了，主管也更轻松了。因此，学会授权的主管才能使管理更多的员工成为可能。

·工作条件：直接下属之间的工作地点越近，信息化程度越高，管理宽度就可以越大。

·规范化程度与计划：公司规范化程度越高，绩效标准越清晰，沟通渠道越畅通，计划性越强，主管的管理宽度就可以越大，管理层级随之可以减少。

·参谋支持的可获得性：在各个领域能得到参谋专家的支持越多，管理宽度就可以越大。

> 若要拓宽管理宽度，减少管理层级，实现组织的扁平化，就要改进影响管理宽度的诸多因素，尤其是管理者与员工双方的素质以及企业的规范化水平。

思考：扁平化适合所有的企业吗？

大家都知道组织扁平化的好处，有利于企业降低管理成本、减少上下沟通层次、增加员工自主性，从而提高管理效率。但是，扁平化适合所有的企业吗？这就是我们需要进一步思考的问题。

· **你的公司是否一味地追求扁平化，而不顾及影响管理宽度的因素？**

控制人工成本是大多数中小型企业削减管理层级和管理岗位的主要原因。适量的减少是可取的，毕竟要考虑到企业规模与实力。但是，如果在部门主管与员工双方素质、企业规范化程度、参谋支持程度不高（比如，此类企业的人力资源部水平普遍不高）的情况下，过度地追求组织扁平化，看起来人工费用降低了，综合管理成本反而会上升。我们从很多类似企业中观察到的情况是，部门经理"势单力薄"，却要承担艰巨的"精英"责任，经常是一抓到底，整日身陷业务之中，很难静下心来思考或是腾出时间来做辅导员工、提升部门规范化之类的工作，也无暇给自己充电，随之而来的必是员工大幅度流动、疲于纠错。

在一家企业做访谈时，一位部门经理对我说："我很想有个助手，帮我分担一些工作，我真的很累。你讲的道理我都懂，要让绩效管理落地，只要我在意，总能挤出时间来与员工做绩效面谈，帮助他们成长，是啊，时间总是挤出的，可是我的精力不够啊！"听了他的"抱怨"，我很担心他还能支撑多久。按照这样的扁平结构，如果他离职了，企业内部没人可接替，又要从外部招聘，如此反复，企业付出的代价太大了！

• **对于一家快速发展的企业，是否需要有意识地增设副手或管理层级？**

显然是要的，是为了培养后备人才，这是值得增加的成本。我们需要根据企业的发展目标，提前规划，提前培养，提前做好管理人才供给的准备。否则，当我们去筹备一家新工厂、新门店的时候，厂长、店长、车间主任哪里来？从老员工中提拔！好想法，既为企业快速发展提供人才梯队，又为老员工们提供了发展空间。可是，从车间主任到厂长、从班组长到车间主任、从店员到店长的能力距离还很远。一些人被提拔了，却顶不住。怎么办？只好临时从企业外部招人。临时招人带来的问题更多：其一，很仓促，未必能招到合适的人员；其二，新人来了，能否适应企业文化还是个未知数；其三，对于新人来说，新加入企业的经营模式与管理体系未必与他从前的经历完全相同，他自己就要先接受培训，然后才能去培训他人，高度规范化的企业更不允许他另搞一套；其四，新人往往比老员工在薪酬上的期望值要高；其五，正是因为新人与企业之间的磨合、相互认同存在着诸多问题，导致开业初期，甚至在筹备阶段，管理层走马灯似的换人，对企业伤害很大；其六，伤害了老员工的心，一些人失去了发展机会，最终选择离职。要想解决这些问题，既能培养后备人才，又能为员工提供发展空间，就要根据企业发展目标，适时适度地增设副手或管理层级，提前规划，提前招人，提前从内部选拔，提前在岗培养，缩小通往目标岗位的能力距离，而不至于临时东拼西凑，既伤害企业，又伤害员工。

• **在一个流动率高的企业，组织扁平化是否合适？**

相对于规范化程度高、薪酬待遇完善的企业，成长中的中小型民企恐怕是员工流动率高的"重灾区"。因此，近年来，不少民企提出了要加强留人而不是拼命地招人。这个人力资源管理方向是对的，只要留得住人，招人的工作量以及成本自然就会下降。我们一直在呼吁，通过系统留人才是根本，而不是挖空心思去寻找所谓的"留人技巧"，即使找到了"技巧"，也是治标不治本的。这个系统是否应当包括增加管理层级，为员工提供更多的发展空间，值得我们思考。诚然，增加管理层级，与中小型企业低成本经营原则是对立的，但是，我们需要冷静分析，是适度增加员工发展空间成本高，还是员工因为没有发展希望而陆续离职所带来的一连串损失成本高。我经常说，员工在一家企业是否有发展空间，只要去看看公司的组织结构图就明白了。

- 你的公司是否不顾规模，为了"面子"，盲目地增加管理层级？

我也见过这样"大气"的公司，一家不到100人的公司，一个董事长，一个总裁，两个副总裁，各部门都设有总监、副总监，然后是二级部门经理、主管，一眼看过去，"官"多，"民"少，整个一个头重脚轻。拿人力资源部为例，我很高兴，董事长（老板）高瞻远瞩，坚决将其与行政部分开，单独设立。可是，在这么一个不大的公司，硬是要模仿大企业，在人力资源总监、副总监之下，还要设立招聘经理、培训经理、薪酬福利经理、员工关系经理，在这些经理之下，还设立了主管级。问其缘由，老板说，在未来5年里，我们将在全国发展到20家公司，作为总部，我们现在就要有这样的准备。我很敬佩这位老板的魄力，但是现在就按这个架构配置这么多人，未免有点夸张，不仅人力成本高，还会人浮于事。于是，我劝说，这个架构可以作为长期规划，但是现在还不能一股脑儿实行到位，将它放在抽屉里吧！我们可以随着企业的发展，逐渐增设管理层级、扩大总部组织规模。老板最终没听进去。后来，我听说了，不到一年时间，这家公司大幅裁减人员，瘦身，大概花了不少冤枉钱吧！我一直想去见见这位"大气"的老板，听听他现在的感想，末了，我还是放弃了这个念头，我还想证明什么呢？

◇ **管理层级的分工**　如上所述,一个公司的管理层级多少,要根据其规模大小、发展计划以及管理宽度的影响因素而定。一般来说,公司的管理层级通常分为三层:高层、中层、基层。如图 4-9 所示:

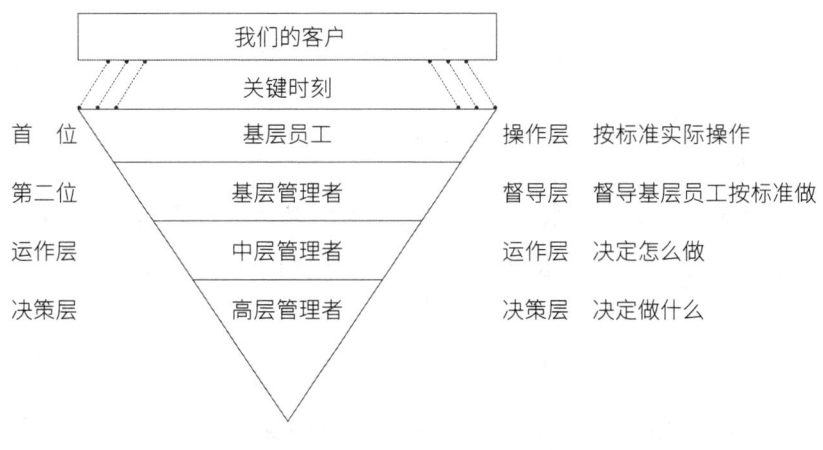

首　位	我们的客户	
	关键时刻	
	基层员工	操作层　按标准实际操作
第二位	基层管理者	督导层　督导基层员工按标准做
运作层	中层管理者	运作层　决定怎么做
决策层	高层管理者	决策层　决定做什么

图 4-9　以客户为导向的组织结构

对于高层来说,其主要职责是决定做什么。他们要做的是企业的战略规划,制订企业发展目标以及实现目标的大政方针,例如公司的政策方向、基本原则,一个项目要不要去开发,要不要上马,什么时候上马,这些都是公司高层最基本的决策,一旦决策失误,那么效率越高就意味着损失越大。高层还要从全局出发,对整个公司实行统一指挥和综合管理,推动企业目标实现。

对于中层来说,其主要职责是决定怎么做。他们要做的是将公司目标分解到部门以及部门内的各岗位;制订行动计划,包括规章制度、工作流程、操作规程、实施方案等;按部门分配资源,统一指挥和协调部门工作;对部门绩效进行评估,与下属一道找出问题根源,采取纠偏措施。

对于基层来说,其主要职责是督导一线员工按标准完成任务。如果说,高层要考虑的是上不上马的问题,中层考虑的则是如何上马,而基层管理者要关心的便是怎样干好的问题。什么是"干好"？按时、按量、按质、不浪费地完成任务，就是干好。

◇ **纵向垂直的上下级关系** 任何公司无论怎样划分其管理层级，或多或少，各层级之间的关系总是一定的，即自上而下地逐级实施指挥与监督，较低层级的主管必须对上一级主管的指令做出反应，并向他汇报工作。

①统一指挥

根据统一指挥原则，每个员工应该只能有一个上司。多头领导不仅会将下属置于尴尬的位置，更会使问题复杂化，从而降低工作效率，甚至滋生"公司政治"，坏了企业风气。

指挥链（又叫命令链），即组织中的职权从一个管理层级传向下一个管理层级的流程。关于指挥链，美国罗林斯学院教授塞缪尔·C.切尔托（Samuel C. Certo）博士在其《督导管理：原理与技能训练》一书中是这样形象描述的："在一条锁链中，一个链环最多和两个链环相连，连接点在链环的两头。组织中职权就像锁链中的链环。沿着这条指挥链，职权从一个管理层传向下一个，从组织的最高层传向最基层。"当有人越级的时候，意味着什么？请看下面切尔托博士给出的例子：

> 假设弗雷德想在星期五休假，但是他估计部门经理比他的主管更容易赞成他的请求。因此，弗雷德直接去找部门经理，并得到了批准。不幸的是，部门经理并不知道另两名员工也在星期五请假，由此导致弗雷德的工作团队在星期五人手不足。由于破坏了指挥链，弗雷德和部门经理的行为造成了员工工作安排的问题，而这本来可以通过主管的安排就可以避免的。主管的经理指挥主管的下属员工，这个经理既破坏了指挥链，又违反了统一指挥原则。

在培训时，我是这样来谈"越级问题"的：作为部门经理，当我经常越过我的主管去直接指挥他的下属时，这名主管可能是个"笨蛋"，当然还有其他原因（如工作意愿低），我已无法通过他振奋人心，落实工作，我不得不紧急越级了，这也意味着这位主管要么尽快改变自己，要么就离开这个岗位；而在另一方面，当我越级时，我就是一个"混蛋"，难道不是吗？你既然在你的岗位之下设置了主管岗位，你又不用他，你还要主管这个岗位干什么？当你拿他当傀儡时，他会怎么想，他还会承担主管的责任吗？在规范的职务说明书里，我们通常都会写明一个岗位的直接上级、直接下属、间接下属，就是为了提醒每位员工在正常情况下不要轻易越级。如图4-10所示：

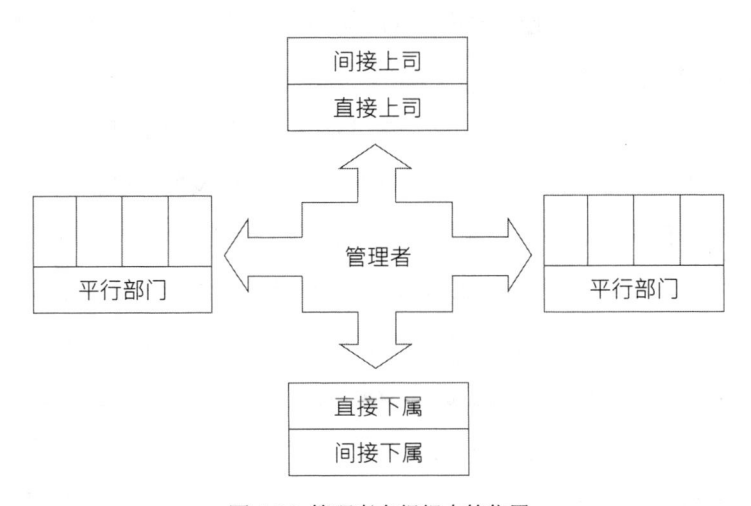

图4-10 管理者在组织中的位置

②授权

较低层级的主管执行任务的权限是由较高一级的主管给予规定的。根据等同原则，当下属被授予一定的职责时，他也必须同样被授予足够的职权来完成所承担的职责。如果你期望部门经理打造高效的团队而不赋予他们选人的权力，如果你要求门店主管提供高品质的客户服务，而他却没有职权处罚违反服务标准的员工，他们将很难完成被赋予的职责。

组织的协调设计

框架设计是落实分工，使各个部门、各个岗位、每一个管理层级都了解自己在实现公司目标中应承担的工作职责和职权。有分工就有协作，有协作就有协调。横向协调设计就是研究和落实部门之间、部门内部的协作协调关系，以保证高效率的配合，发挥管理系统的整体效应。协调设计有以下三类方式。

结构性设计方式

通过组织结构设计与再设计（调整、优化、变革原有的组织机构）来达到横向协调的目的。

◇ **设置上级管理岗位** 当两个部门或多个部门之间相互依赖性强，日常工作接触频繁，又经常发生矛盾时，就可以设置上级管理岗位来统一指挥、协调各部门之间的工作。例如，某纺织公司设有计划调度室、前纺车间、细纱车间、后加工车间，还有通用车间，无论是在流程还是工序上，这五个部门的工作相互依赖性很强，日常协作非常密切，尤其是前纺、细纱、后加工这三个车间，前一道工序的产出势必影响下一道工序的出品质量，因此，后一个车间对前一个车间的出品质量具有跟进反馈责任。原先，这五个部门（车间）是由一名副总经理（分管生产）统管，这位副总经理还要与总经理（分管财务部、人力资源部、市场销售部）、总工程师（分管技术部、质检部）协调，由于副总经理的工作量很大，管理幅度过宽，难以有效协调和跟进各车间之间的工作，同时考虑到员工职业发展与人才梯队建设，我们提出增设生产部经理岗位的建议，如图 4-11 所示：

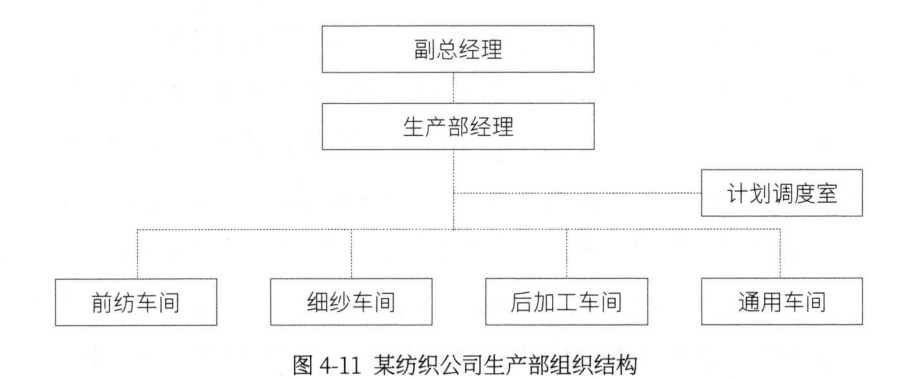

```
              ┌──────────┐
              │ 副总经理  │
              └────┬─────┘
              ┌────┴─────┐
              │生产部经理 │
              └────┬─────┘
                   │          ┌──────────┐
                   ├──────────│计划调度室 │
                   │          └──────────┘
    ┌────────┬────┴────┬──────────┐
┌───┴──┐ ┌──┴───┐ ┌───┴────┐ ┌───┴────┐
│前纺车间│ │细纱车间│ │后加工车间│ │通用车间│
└──────┘ └──────┘ └────────┘ └────────┘
```

图 4-11 某纺织公司生产部组织结构

◊ **其他结构性方式** 还可以根据企业实际情况，通过流程优化、建立事业部、设立矩阵结构、组成任务小组或委员会等方式来实现横向协调，这些方式在前面已有介绍，在这里就不再赘述了。

非结构性设计方式

这种方式不改变原有的组织结构，只是改变或完善公司规章制度与工作流程，通过彼此共同遵守制度与流程行事，从而达到跨部门的高度协作。大家可能接受过"跨部门的沟通"课程的培训，我以为，部门之间沟通的基础首先是遵循流程，也就是遵守自己在流程里的顺序和职责，控制好自己在各步骤的完成时限，这两点在前面"如何与人力资源部有效配合"中提到过，各个职能部门与人力资源部配合需要遵守流程，在采购、生产、销售、物流等业务上的协作同样需要遵守流程。脱离规范来谈部门间的沟通与协作，那只能是空中楼阁，不靠谱。假设张经理是个很好沟通的人，与他的配合就会愉快，工作效率也高。不幸的是，遇到了一位非常不好打交道的王经理，又如何合作呢？如果人人都按规范行事，严格执行流程，无论是与"笑脸"的张经理，还是与"臭脸"的王经理合作，工作效率都会高。我在以往工作过的公司，就遇到过这样一位"王经理"，他是位马来西亚人，是公司的生产总监，工作非常勤勉，脾气却很暴躁，在他的脸上很难看到笑容。有一次，他正儿八经地对我说："我们之间沟通得还不错，那是因为我认同你的做法，但这并不意味着我们就是私人好朋友。"我私下分析，包括我在内的各部门总监之所以与他配合得还不错，那是因为我们彼此都以制度与流程为本，而不是因为私人交情多好。这是一家规范化程度很高的公司，在大多数时间里，在公司总部是见不到总经理的（他与各部门总监的沟通主要通过网络），这家公司也没有设置副总，各部门有序地运作就是依赖每一位部门总监的高度负责，各部门之间的高效配合就是严格执行制度与流程，这并不是一家"人性化"或是强调"人际关系"的企业。

另外，构建部门之间的协调关系，还可以通过定期或不定期的会议方式以及信息系统。

人际关系方式

最后是人际关系方式。这种方式是采取组织手段，协调公司内部人际关系，以促进部门间的横向协调。采取什么样的组织手段？可以通过开展公司活动，如联欢会、运动会、户外活动，促进部门之间、员工之间的交往；还可以通过培训，提高大家沟通的意识与技巧。又倡导什么样的公司内部人际关系呢？首先是彼此尊重，尊重是沟通与合作的基础，无论是上下级之间，还是横向部门之间，可以有异议，但不能不尊重对方，这是最起码的人际交往原则。另外，在公司内部人际交往中，我们并不排斥私人情感，但不能代替"组织沟通"。"组织沟通"通常的含义是，对内代表职务，对外代表组织，个人情感对沟通会有影响，但责任是组织人应有的素养，对己负责，也对组织负责；而"人际沟通"所指的是，代表个人，不代表组织，可以带有强烈的个人感情色彩，只对自己负责。

以上所列举的协调方式，大多数在组织结构图上都不会表现出来，但它们依然是组织结构的重要组织部分，不可忽视。我们建议，在设计组织的横向协调时，可根据公司的实际情况，弹性采用多种协调方式，而不是单一的方式。

2 职务说明书的编写

职务说明书被广泛应用于选人、任务分派、员工培训与发展、工作指导、绩效考核、薪酬设计、劳动保护等方面,然而,很多部门管理者并没有把它当回事。

职务说明书的作用

阅读前思考：

1. 作为一名部门管理者，你知道职务说明书的作用吗？
2. 你在人力资源管理活动中应用职务说明书了吗？
3. 当有新员工任职（包括新入职、调岗、晋升）时，你会给他一份职务说明书吗？

企业常见的问题

- 没有职务说明书或职务说明书内容不完整
- 职务说明书存放在文件柜中，从未应用到人力资源管理活动中
- 当某个职务的工作内容发生变化时，没有及时修改职务说明书
- 员工工作常常发生职责不清晰、任务分配不合理的现象
- 公司一些重要的职责常无人履行
- 业务流程上下游在履行职责时经常争吵
- 管理人员常常感到自身职责和权力不对等
- 公司指挥与汇报关系较混乱
- 招聘前没有明确的任职要求，导致人力资源部和用人部门相互指责
- 面试时不好判断应聘人是否能胜任工作
- 员工选拔没有依据，选拔的人员不能胜任工作

- 员工培训缺乏依据，不知道应该培训什么
- 员工考核时不知道如何确定关键绩效指标与工作目标
- 员工常常感到薪酬待遇不公平
- 劳动保护常常被忽视，最后导致员工和企业都受到损失

◇ **案例**　酒店公关部经理辞职后，销售总监提出让美工小李接替公关部经理的职务。在这家酒店，公共关系部由销售总监领导，编制两人，一名公关部经理，一名美工。在接到销售总监签署的人事变动申请表之后，人力资源总监约他面谈了一次。在与销售总监的沟通过程中，人力资源总监的手上拿着一份公关部经理的职务说明书。

人力总监：请问公关部经理的主要职责是什么？

销售总监：这个岗位的主要职责是宣传酒店形象、推广酒店产品、代表酒店管理当局对外发布信息。

人力总监：通过哪些方式和渠道来宣传酒店形象、推广酒店产品呢？

销售总监：主要是通过酒店网站、内部刊物、DM宣传单、媒体报道以及公益活动等。

人力总监：公关部经理需要良好的平面媒体与推广活动的策划能力，对吗？美工小李具备这方面的能力吗？

销售总监：他一直在配合公关部经理的工作，过去很多好的创意都是他的点子。

人力总监：写作能力也是公关部经理的一个重要任职条件，同时还需要良好的英文水平，我们的网站、内部刊物、DM宣传单都需要中英文，美工小李的中英文水平如何？

销售总监：嗯，这确实是他的弱项，我打算招聘一名中英文良好的公关专员来配合他。

人力总监：那就要增加编制了。我们还是先谈谈公关部经理的任职条件吧！这个岗位还需要沟通能力、与媒体打交道

的能力，以及良好的个人形象，对吗？

销售总监：我明白你的意思。其实，原先我并没有考虑让美工小李接替公关部经理的岗位。可是他来找我说，他在酒店已经工作3年多了，总不能一辈子都做美工，如果这次机会不能给他，他就会辞职。我觉得他是一个不错的员工，就想给他一个锻炼的机会。

人力总监：首先，我们应当支持员工的发展，但不能盲目发展。当员工提出发展目标的时候，作为上司，我们应当对照职务说明书，帮助他做优劣势分析，评估他的某项缺陷是否能够通过培训以及他自身的努力得到提升。当他的思路从模糊走向清醒的时候，他会重新定位自身。其次，我们不能因为要挽留一名员工，就要降低公关部经理的任职条件，如果这样做，将会严重影响酒店公关工作的质量，乃至企业的整体利益，还会加大你的工作难度，对员工自身发展也无益。最后还要讲明，这不是谁跟谁过不去，也不是不给内部员工发展机会的问题，企业必须有规范，选拔必须有依据，这样才能保证人岗匹配，企业才能良性循环。

销售总监：谢谢你的把关，我知道怎么做了。

通过阅读以上这个案例，你是否对职务说明书的作用及其在人力资源管理活动中的应用多了一些理解。如果没有职务说明书，HR总监、销售总监就没有选拔公关部经理的依据，人才质量就有可能大打折扣，在部门之间、上下级之间还会引发争执与矛盾。

关于职务说明书的作用与应用，在后面的几个章节中，你还会读到更多的应用案例与说明。

职务说明书的作用

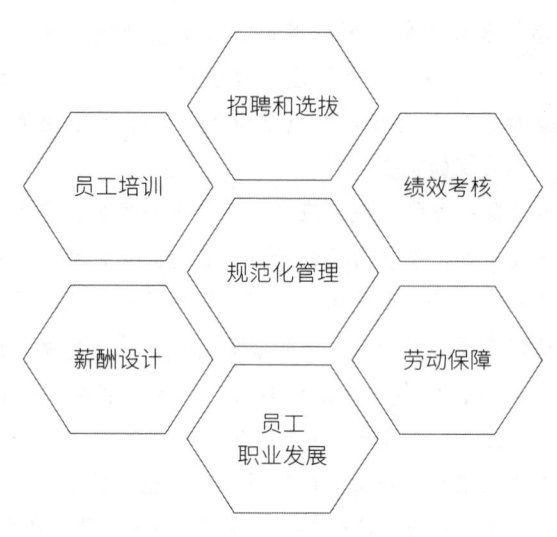

图 4-12 职务说明书的作用

- **规范化管理**

职务说明书是员工和管理者两方面共同的工作准则，可以减少员工和管理者在工作任务分配和要求上的冲突。由于明确了工作职责和工作关系，管理和运作就能够有秩序地进行，这就为提高工作效率提供了保障。

- **招聘和选拔**

职务说明书明确规定了各个职务的职责和任职资格，为人员招聘、选拔提供了标准和依据。

- **员工培训**

职务说明书为员工培训提供了依据。首先，通过与员工的职责和任职资格进行对照，找出员工的工作不足，从而确定员工的培训需求；

其次，员工的培训方案需要根据其职责和任职资格来设计。

绩效考核

员工岗位职责的确定，能够帮助各部门管理者在设定员工的关键绩效指标和工作目标时，充分考虑到各岗位应该承担的角色，使指标和目标对每个岗位具有针对性，从而避免指标和目标即使分配给某个岗位的员工，但由于他并不对指标和目标产生直接影响或无法控制结果，最终造成指标和目标形同虚设。因此，在设定员工绩效计划之前的首要任务，是确定所有员工岗位的主要职责，也就是编写职务说明书。

薪酬设计

员工从事的工作越多、难度越大、任职要求越高，其薪酬也应当越高，这样才能充分体现员工的工作价值。职务说明书为薪酬设计提供了依据，保证了薪酬的内部公平，减少员工间的不公平感。

劳动保障

职务说明书清晰描述了工作环境，可以促使组织改善工作环境，为员工提供必要的安全和健康培训、安全措施和福利等。

员工职业发展

职务说明书向员工表明，组织对那些希望承担某项职务的员工的期望是什么，有助于员工找到有效的信息来制订自己的职业发展规划。

与职务有关的常见术语

阅读前思考：
1. 你能区别职位（岗位）与职务（工作）吗？
2. 你知道什么是职责、任务、工作要素吗？它们之间有什么关系？

职位（岗位）与职务（工作）有什么区别？什么是职责、任务、工作要素？它们之间有何关系？如果你能了解这些术语的含义，将更轻松地掌握编写职务说明书的技能。

职位（岗位）、职务（工作）

> **职位（position）**：也叫岗位，组织中的一个任职者所对应的位置就是一个职位。可以说，有多少个职位，就有多少个任职者。
>
> **职务（job）**：也叫工作，是由组织中职责相似的一组职位组成的。一种职务可以有一个职位，也可以有多个职位。

例如，生产部经理这个职务只有一个职位，而生产线上的班组长、操作工就不止一个职位了。无论设置了多少个职位，只要这些职位所承担的工作职责相似，就可以归于同样的职务。因此，一个职务（尽管有多个岗位），通常只需编写一份职务说明书就可以了。如果同一职务的两个岗位（或多个岗位）职责有细分，为了具体化，就必须分别编写职务说明书。例如，一家公司采购部设置了两个采购员岗位，一个岗位负责公司生产原料的采购，另一个负责公司机物料、包装材料和办公用品的采购以及下脚料的出售，由于它们的分工明显不同，就要为每个岗位编写一份职务说明书。

职责、任务、工作要素

> 工作要素（job elements）：工作任务中不能继续分解的最小动作单位。
> 任务（task）：任职者为了实现某种目的而进行的一个或一系列活动。任务可以由一个或多个工作要素组成。
> 职责（responsibility）：任职者为实现一定的组织职能而进行的一个或一系列工作任务。

例如，生产线上的标签工，其职责是给瓶子贴标签，构成其职责的唯一任务就是给瓶子贴标签，继续分解，构成其任务的工作要素（活动）也只有一个，还是给瓶子贴标签。因此，在标签工的职务说明书中，其职责与任务就一句话：在生产线上给瓶子贴标签。你还需要多写一句话吗？不需要。

再举例说明，人力资源部经理的主要职责：

一、负责公司人力资源规划；

二、负责招聘；

三、负责员工培训与开发；

四、负责薪酬与福利管理；

五、负责员工关系管理。

我们拿出职责二"负责招聘"为例，为了圆满完成招聘这一职责，人力资源部经理必须完成哪几项任务呢？招聘的任务通常有：

1. 审核用人部门递交的人员增补申请表；
2. 发布招聘信息；
3. 筛选简历；
4. 面试；
5. 对核心岗位候选人做背景调查；
6. 发出录用通知。

那么，又如何面试呢？继续分解。"面试"这一任务通常要完成以下几项步骤（活动）：

1. 面试前准备（包括履历分析、确定面试维度、设计面试问题）；
2. 实施面试（包括开始面试、正式面试、结束面试）；
3. 面试后评估（全面评估所有应聘人资质，做出录用、需要进一步评估、不录用的决定）。

以下的职责分解图（图 4-13）是一个不错的工具，很直观地告诉了我们从职责到任务再到工作要素的分解过程，在编写职务说明书、工作程序以及制订培训课程计划时，都可以用到。关于职责分解在培训中的应用，请阅读"怎样准备一堂培训课"一节。

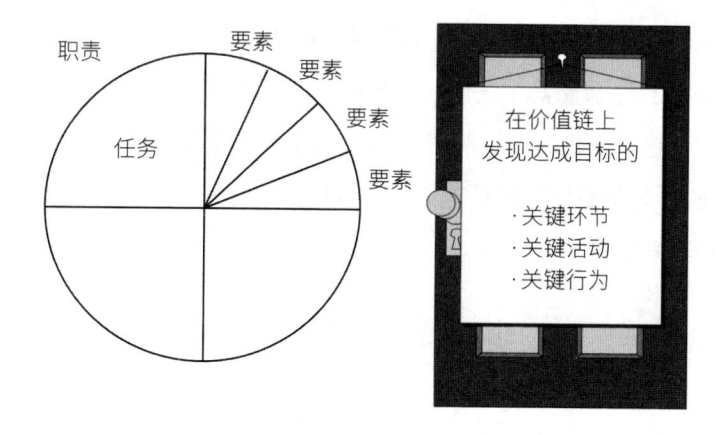

图 4-13 职责分解图

从目标到成果的过程就是关键价值链。理清职责、任务、工作要素，就是帮助员工看清工作目标是怎么实现的，有哪些关键环节，有哪些关键活动，要改善哪些关键行为。

在编写职务说明书时，我们只需要将职责分解到任务。如果再将任务分解到工作要素，职务说明书真得会变成一本厚厚的书了，使用起来很不方便。那么，工作要素部分要放到哪里去写呢？我们需要另外将其编写成册，这就是工作程序，许多企业将其称为操作规程或作业指导书，不同的企业叫法不同而已。"工作程序"解决的是如何完成任务的问题。因此，我们可以说，从职务说明书到工作程序其实是一个整体，将职责分解到任务，再将任务分解到工作要素，清清楚楚地指明了每一个岗位的工作过程，是每一个岗位的工作标准。

这里需要特别提醒的是，很多企业的职务说明书在职责模块只写了职责，没有进一步将职责分解到任务。行不行？行。好不好？一点也不好。只写出职责，而没有将职责分解到任务，职责就显得很笼统，很难起到员工自我指导的作用，也不方便考核。如果按照上面所举的人力资源部经理职责分解的例子，无论是谁，当任职者拿到职务说明书，一看就一目了然，要想成功完成招聘的职责，就必须不折不扣地完成6项基本任务，省略其中任何一项或是没有做好，都会影响招聘的质量。员工拿着这样一份职务说明书在手，就很具有自我指导性。对于部门主管而言，要想查找下属员工工作中的漏洞，看看在哪一环节出问题了，也变得容易起来。

怎样编写职务说明书

阅读前思考：

1. 你知道一份完整的职务说明书应该包括哪两大方面内容吗？
2. 你知道如何编写职务说明书吗？

职务说明书的内容

一份完整的职务说明书，应当包括职务说明和任职资格两大方面的内容。职务说明（job description），又称职务描述、工作说明、工作描述；任职资格（job requirement），又称任职条件、工作规范。任职资格一般指任职者胜任该项工作必备的最低任职条件。

职务说明书的基本内容如表 4-4 所示：

表 4-4 职务说明书的基本内容

职务说明	任职资格
1. 职务识别：包括职务、部门、职级、定员、直接上级，直接下属、间接下属、职务编号等 2. 工作关系：指一职务与组织内外其他部门或机构发生的工作联系和协作关系 3. 工作概述：用最简练的文字阐述该职务的关键职责以及要达到的工作目标 4. 工作职责：是职务说明的主体，逐项列出该职务的主要职责及其任务 5. 工作时间：指工作时间是否有规律，是否需要加班、倒班、出差，工作时间的自由支配程度 6. 工作条件：指任职者履行职责所需的设备、工具等	1. 身体素质：一般包括性别、年龄、身高、健康状况 2. 个性特征：指该项工作必备的性格类型、个人品质 3. 教育水平：指该项工作必须具备的最低学历、专业 4. 工作经验：指该项工作必备的以往职务、工作年限 5. 知识（应知）：指胜任该项工作必备的专业知识，如政策法规、业务知识、机器设备的工作原理、操作规程等 6. 技能（应会）：指胜任该项工作必备的操作技能

续 表

7. 工作环境：物理环境，即工作场所的温度、空气、噪音、舒适度等；安全环境，即工作的危险性、可能发生的事故、易患的职业病等	7. 工作能力：指管理者或员工胜任该项工作必备的能力，如计划、领导、培训、指导、公文写作、沟通、谈判能力等

如表 4-5 所示，我们将职务说明书的内容划分为核心项目和选择项目。前者所列的各个项目是必须写入的内容；后者则可根据企业的实际需要来确定是否要写入职务说明书。

表 4-5 职务说明书的核心项目与选择项目

分类	项目名称	项目内涵	应用目标
核心项目	职务识别	包括职务名称、所在部门、职务等级、直接上级、直接下属、间接下属、职务编号等	规范化管理、招聘、培训、员工职业发展、绩效考核、薪酬设计等
	工作关系	指该职务与组织内外部门或机构的联系情况	
	工作职责	指该职务必需担负的工作职责及其任务	
	任职资格	指任职者要胜任该项工作必须具备的最低任职条件	
选择项目	工作职权	指依法赋予该职务的完成特定职责所需要的权力	授权，确保职责完成
	工作时间	指工作时间是否有规律，是否需要加班、倒班、出差，工作时间的自由支配程度	招聘、劳动保障、薪酬福利、工作满意度
	工作条件	指任职者履行职责所需要的设备、工具等	劳动保障、工作效率
	工作环境	指任职者所处的物理环境和安全环境	劳动保障、福利政策

工作分析

工作分析是职务说明书编写的工具，工作分析的结果就是产生职务说明和任职资格两大方面的内容，最后形成职务说明书。

● 什么是工作分析

工作分析，也叫职务分析，是一种系统地收集和分析与职务有关的各种信息的方法。

关键词：职务、信息、收集、分析、方法

职务

任何工作分析都是针对组织中现有职务的，没有特定的职务，工作分析就无从着手。因此，组织结构是工作分析的基础和前提。

信息

与职务有关的信息基本上可以归纳为6W1H：

What	做什么：指一个职务的工作职责
Why	为什么：指工作目标
Who	用谁做：指对担任职务的人的任职要求
When	何时做：指工作时间
Where	在哪里：指工作地点和工作环境
for Whom	为谁做：指工作关系
How	怎样做：指工作程序和标准

收集

工作分析就是为了获取所需的工作信息。因此，收集信息是工作分析的关键。我们需要根据工作分析的目的，针对目标职务，采用合适的方法，收集所需的信息。

分析

分析就是对收集到的信息进行归纳、分析、整理。值得注意的是，工作分析不是机械地收集和描述原始信息，还需要对收集到的信息进行分析，找出不合理的信息，并对不合理的信息进行纠正，然后将合理的信息形成书面文字，作为工作标准，这才体现出工作分析的价值。

方法

工作分析是一种收集和分析与职务有关的各种信息的方法。通过这种方法可为人力资源管理各项活动提供可靠的信息。

工作分析的责任

谁做工作分析	谁提供工作信息
·由熟悉职务的人做工作分析 ·由任职者的上司做工作分析 ·人力资源部负有组织、培训、指导的责任并对结果进行审核修正	·谁熟悉工作，谁提供工作信息 ·任职者本人，任职者的上司

不做工作分析或工作分析失败的原因

一些企业从来就没有做过工作分析，一些企业做过工作分析却失败了。究其原因，大致如下：

·根据经验做事，认为根本就不需要工作分析；

·不了解工作分析的作用和方法；

·工作分析是一项耗费时间、精力、人力的工作，很多人不愿去做或不认真做；

·工作分析需要归纳、分析和语言描述能力，由于参与人员素质不高，导致效果不好；

·工作分析需要多方面配合，配合难度较大。

正是由于上述原因，很多企业要么不做工作分析，要么做了效果也不好，最后，只好求助于专业的咨询机构。

工作分析的步骤和方法

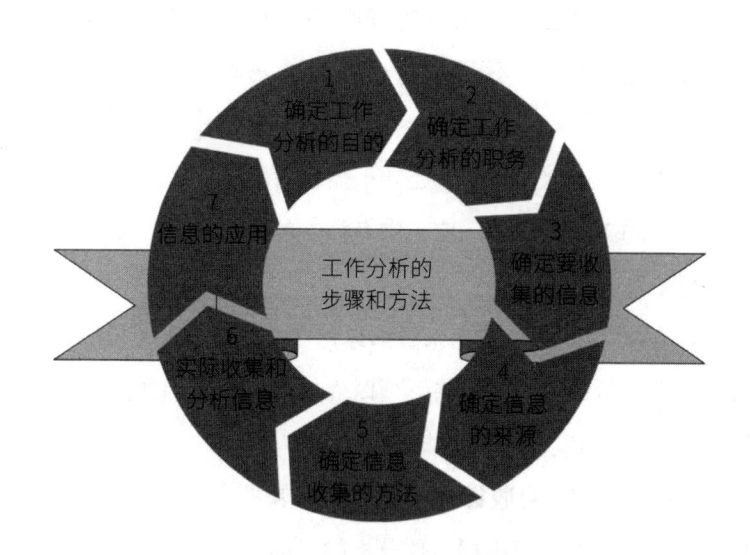

图 4-14 工作分析的步骤和方法

◊ **步骤 1　确定工作分析的目的**　在做工作分析之前，首先要明确工作分析的目的，也就是说，通过工作分析所获取的信息的用途是什么。工作分析的目的将直接决定收集哪些信息，以及用什么方法收集这些信息。

◊ **步骤 2　确定工作分析的职务**　在做工作分析前，还需确定分析哪些职务。对于职责相同的岗位，不一定要一一都进行分析，可选取其中的一部分作为分析样本，一组为业绩一般人员，另一组为绩优人员。

◊ **步骤 3　确定要收集的信息**　根据工作分析的目的，确定要收集哪些信息。值得注意的是，在确定要收集的信息时，还要考虑要收集的信息的精确度，也就是说，是收集比较概括的信息，还是将工作分解到一个个精细的成分。

◊ **步骤 4　确定信息的来源**　现有资料包括部门职能说明书、职务说明书等。这些现有的资料可能不完善或与实际状况不符，但仍能提供一些基本信息，具有参考价值。

参考资料：包括工具书、同行资料等。这些资料与特定组织中的实际情况可能不相符，不可照搬，但具有参考和指导价值，尤其是同行的资料。

专家咨询：当企业的运行还处于摸索阶段，或者依赖自身能力不能进行有效的工作分析时，应当向有经验的专家咨询。专家包括专业咨询机构和有经验的同行。

实际调查：以上三个信息来源都具有非常重要的参考和指导价值，可节省工作分析的时间，但缺乏适时性或针对性。因此，有关职务的客观信息必须从实际调查中收集。

◊ **步骤5 确定信息收集的方法** 信息收集的方法很多。在选择信息收集的方法时，首先要根据工作分析的目的，其次还要考虑职务的特点和实际条件的限制。应当注意的是，每一种方法都有优点和不足之处，并不存在一种普遍适用的或最佳的方法。因此，我们应当有针对地选择几种方法，才能取得较好的效果。

1. 资料参考法

查阅组织内现有的一些资料和其他参考资料（详细内容请阅读步骤4），可为实际调查和分析奠定基础，提供具有参考性和指导性的信息。

优点：为进一步开展工作分析提供基础信息，尤其是成功企业的资料具有很高的指导价值；可降低工作分析的时间，大大提高工作效率。

缺点：组织内现有的资料可能不够全面，甚至有些管理落后的企业根本就没有可参考的资料；专业的参考资料缺乏针对性，与特定组织内的实际情况可能不相符。因此，资料参考法不能单独使用，要与其他实际调查方法结合起来使用。

2. 问卷调查法

问卷调查（见表4-6）是工作分析中最常用的一种方法，通过提问的形式获得需要的工作信息。分析人员根据工作分析的目的，事先设计出问卷，由承担工作的员工填写问卷。在设计问卷时，每个问题的目的要明确，语言应当简洁易懂，必要时可附加说明，按逻辑顺序排列问题。在填写问卷前，应当对问卷调查的目的、调查的问题、如何回答进行解释和说明。在填写问卷过程中，还需要对员工的疑问进行解释，以保证获得信息的质量。

优点：调查时间短，速度快；调查样本量大，可以对很多员工同时展开调查；调查内容广，可用于多种目的的信息收集。

缺点：设计问卷、解释问卷需要花费很多时间；经常出现对问题的误解、不认真填写、回答不准确的现象，以致降低了信息的质量。因此，问卷调查只能提供基本的信息，还需要使用其他的方法进行澄清和确认。

表 4-6 工作分析问卷调查样表

姓名		职务		分部门		部门	
您对本职务工作内容是否感兴趣？			无兴趣□ 一般□ 有兴趣□				
您感觉自己对工作的适应性如何？			不适应□ 一般□ 适 应□				

工作概况：（用最简洁的话描述本职务的工作内容）

工作直接目标：（按重要程度依次填写）

1.	6.
2.	7.
3.	8.
4.	9.
5.	10.

续 表

		职责名称	估计占您全部时间的百分比	权限（请打√）	
				需报审	全权负责
工作职责		1.			
		2.			
		3.			
		4.			
		5.			
		6.			
		7.			
		8.			
		9.			
		10.			

		如果您的工作出现失误，将会影响到哪些方面	影响程度（请打√）				
			轻	较轻	一般	较重	重
失误的影响	经济损失	1.					
		2.					
		3.					
		4.					
		5.					
	有损公司形象	1.					
		2.					
		3.					
		4.					
		5.					
	经营管理损害	1.					
		2.					
		3.					
		4.					
		5.					

续　表

工作重要性	如果您的工作没有做好，将会 1. 不影响他人工作（包括本部门和其他部门）的正常进行。　　　　　　　　　　（　） 2. 影响本部门内少数人工作的正常进行。　（　） 3. 影响整个部门工作的正常进行。　　　　（　） 4. 影响其他一个或几个部门工作的正常进行。（　）	请在相关事项的括号里打√
创新改进	1. 一切工作公司已有明确的规定，不需要创新和改进。　　　　　　　　　　　　　　　　（　） 2. 需要根据公司现有的规定，进行一般性改进。（　） 3. 需要根据行业的先进经验，进行较大的改进。（　） 4. 有强烈创新意愿，期望超越同行的工作表现。（　）	
领导风格	1. 上司经常给予您工作指导。　　　　　　（　） 2. 上司很少给予您工作指导。　　　　　　（　） 3. 上司经常激励您工作，如尊重、表扬、沟通、倾听、关心。　　　　　　　　　　　　（　） 4. 上司很少激励您工作。　　　　　　　　（　）	
内部沟通	1. 您的工作与本部门同事接触。　没有□　偶尔□　经常□　很多□ 2. 需要与其他部门的人员接触。　没有□　偶尔□　经常□　很多□ 3. 需要与其他部门部分领导接触。没有□　偶尔□　经常□　很多□ 4. 需要与所有部门的领导接触。　没有□　偶尔□　经常□　很多□	
外部沟通	1. 不与本公司以外的人员接触。　没有□　偶尔□　经常□　很多□ 2. 需要与其他公司的人员接触。　没有□　偶尔□　经常□　很多□ 3. 需要与政府机构接触。　　　　没有□　偶尔□　经常□　很多□	

工作的联系	需要接触或联系的内外部门、单位	接触或联系的目的
	1.	
	2.	
	3.	
	4.	
	5.	
	6.	
	7.	
	8.	

续 表

监督	1. 直接领导您的人数有（ ）人，请写出职务： 2. 被您直接领导的下属有（ ）人，请写出职务：
工作的时间要求	1. 您的每周平均加班时间为（ ）。 2. 您的上下班时间是否随业务情况经常变化。　总是□　有时是□　偶尔是□　否□ 3. 您所从事的工作是否需要倒班。是□　否□ 4. 您所从事的工作是否忙闲不均。是□　否□　如是，最忙一般发生在哪段时间？（ ） 5. 外地出差情况每月平均几次？（ ）
工作独立性	1. 您必须定期向上司汇报工作完成情况。　　　（ ） 2. 上司经常通过检查来控制您的工作。　　　　（ ） 3. 上司很少检查您的工作。　　　　　　　　　（ ） 4. 上司以最终结果来控制您的工作。　　　　　（ ）
您对哪些方面工作经常感到棘手，请给予描述	

1. 您的工作是否需要注意礼仪？　　　不需要□　偶尔□　经常□　非常频繁□
2. 您的工作是否需要注意细节？　　　不需要□　偶尔□　经常□　非常频繁□
3. 您的工作是否需要精力高度集中？不需要□　偶尔□　经常□　非常频繁□
4. 您的工作性质是否会引起一些令人不愉快的感觉？
　　　　　　　　　　　　　　　　　　不会□　偶尔□　经常□　非常频繁□
5. 您的工作是否需要灵活性？　　　　不需要□　偶尔□　经常□　非常频繁□
6. 您的工作是否需要创造性？　　　　不需要□　需要□
7. 您在履行工作职责时是否与同事发生过冲突？
　　　　　　　　　　　　　　　　　　没有□　偶尔□　经常□　非常频繁□
8. 您在履行工作职责时是否有与客户发生冲突？
　　　　　　　　　　　　　　　　　　没有□　偶尔□　经常□　非常频繁□
9. 您在工作中是否有力不从心的感觉？没有□　偶尔□　经常□　非常频繁□
10. 您在工作中是否有动力不足的感觉？
　　　　　　　　　　　　　　　　　　没有□　偶尔□　经常□　非常频繁□
11. 您感觉周围同事的积极性怎么样？　没感觉□　还可以□　很积极□
12. 您是否需要通过培训改进自己的绩效？　不需要□　不清楚□　很需要□

续 表

任职资格要求	您起草或拟写的文字资料有哪些？			
	1. 通知、便条、备忘录　　没有□　不经常□　经常□　频繁□			
	2. 汇报文件或报告　　　　没有□　不经常□　经常□　频繁□			
	3. 公司制度、操作规程　　没有□　不经常□　经常□　频繁□			
	您的岗位工作需要的计算机知识			
	1. 基本不需要　　　　　　□　2. 计算机软件的简单应用　□			
	3. 计算机软件的熟练应用　□　4. 硬件、网络的维护　　　□			
	5. 计算机软件的开发　　　□			
	从事本职工作最低教育程度和应具备的专业			
	为顺利履行您的工作职责，您认为需要哪些方面的培训？			

	从事本岗位工作所需要的技能和要求程度	
任职资格要求	工作技能	要求程度
	1.	低□　较低□　一般□　较高□　高□
	2.	低□　较低□　一般□　较高□　高□
	3.	低□　较低□　一般□　较高□　高□
	4.	低□　较低□　一般□　较高□　高□
	5.	低□　较低□　一般□　较高□　高□
	6.	低□　较低□　一般□　较高□　高□
	7.	低□　较低□　一般□　较高□　高□
	8.	低□　较低□　一般□　较高□　高□

续 表

	胜任本岗位工作所需要的能力		
任职资格要求	1. 计划能力： 低□ 较低□ 一般□ 较高□ 高□ 2. 领导能力： 低□ 较低□ 一般□ 较高□ 高□ 3. 分析能力： 低□ 较低□ 一般□ 较高□ 高□ 4. 培训能力： 低□ 较低□ 一般□ 较高□ 高□ 5. 指导能力： 低□ 较低□ 一般□ 较高□ 高□ 6. 激励能力： 低□ 较低□ 一般□ 较高□ 高□ 7. 协调能力： 低□ 较低□ 一般□ 较高□ 高□ 8. 沟通能力： 低□ 较低□ 一般□ 较高□ 高□ 9. 创新能力： 低□ 较低□ 一般□ 较高□ 高□ 10. 写作能力： 低□ 较低□ 一般□ 较高□ 高□		
^	从事本岗位工作所需的各种知识和要求程度		
^	知识内容	需要程度	
^	1.	低□ 较低□ 一般□ 较高□ 高□	
^	2.	低□ 较低□ 一般□ 较高□ 高□	
^	3.	低□ 较低□ 一般□ 较高□ 高□	
^	4.	低□ 较低□ 一般□ 较高□ 高□	
^	5.	低□ 较低□ 一般□ 较高□ 高□	
考核	对于您所从事的工作，您认为应考核什么，标准是什么？		
^	考核项目	具体考核标准	
^			
^			
^			
^			
^			

续 表

请写出您的主要工作任务	
职责	主要工作任务

注：示例如下

职责	主要工作任务
制订和实施生产计划	制订年度、月度、周生产计划→分配生产任务→生产协调→及时处理生产过程中出现的问题→跟进生产进度，确保生产计划按时完成

3. 工作日志法

工作日志法又称工作写实法（见表 4-7），是通过任职者按时间顺序详细记录自己的工作内容、工作关系等，然后经过归纳、分析，获取所需工作信息的一种方法。工作分析的目的不同，工作日志要记录的内容也不同。因此，分析人员需要事先根据工作分析的目的，设计出工作日志的记录表格。一般来说，工作日志包括记录日期、工作任务开始和结束时间、工作任务、工作关系、耗费时间等。工作日志要求任职者每天从上班开始按时间顺序及时记录每个工作活动，不能在一天工作结束后再填写。工作日志需要控制在适当的期限内，如果时间过短，可能不能反映完整的工作情况；而如果时间过长，任职者很难坚持记录下去。

优点：信息可靠性比较高；可收集有关工作任务、耗费时间、工作效率、工作量、工作饱和度、劳动强度、工作关系、例外事务比例等方面的信息。

缺点：不适用于工作周期长的职务；信息整理量大；可能因为任职者不认真填写而遗漏很多工作内容，也可能出现夸大的虚假信息，因此需要对通过工作日志获取的信息进行必要的核查。

表 4-7 工作日志样表

日期：　　　　　　岗位：　　　　　　员工姓名：

时间	工作活动	与何岗位联系	在何地点活动
08:30–09:30			
09:30–10:30			
10:30–11:30			
11:30–12:30			
12:30–13:30			
13:30–14:30			
14:30–15:30			
15:30–16:30			
16:30–17:30			

4. 观察法

工作分析人员直接到工作现场，对特定对象（一个或多个任职者）的工作活动进行观察，将任职者的工作任务、工作时间、工作条件、工作环境等信息一一记录下来。观察法经常与问卷法和面谈法结合使用。先通过问卷了解基本信息，再通过观察和面谈来确认和补充已了解的信息。可以先观察和记录员工的工作活动，再与员工面谈；也可以一边观察，一边与员工交谈。观察前，分析人员一定要明确观察的目的、对象、内容、时间、位置，事先应准备一份详细的观察提纲。使用观察法的分析人员，应当对特定对象的工作活动有一定的知识或实际操作经验。

优点：通过对工作现场和工作活动的直接观察，能使分析人员对工作有更多、更深刻的了解，从而获得比较全面、客观的工作信息。

缺点：只适用于工作周期短、以体力活动为主、工作活动完整的工作。不适用于工作周期长、以脑力劳动为主、工作活动不完整的工作。不易观察到紧急、突发、偶然性的工作。

5.访谈法

访谈法又称面谈法。工作分析人员就某一职务的工作面对面地与任职者、任职者的上司进行面谈，征询他们的意见和看法。访谈地点和访谈对象可根据需要确定。访谈地点可选在工作现场，也可在其他场所。访谈对象可以是个体，也可以是群体。任职者和任职者的上司一般都被列入访谈对象，这样可以获得更全面的信息。在访谈时，一般使用一份标准化的访谈表来询问和记录有关信息，目的是控制访谈内容，也可对同一工作不同访谈对象的回答进行比较。因此，在访谈前，应充分准备好访谈表。

优点：可以对已获得的信息加以澄清和确认；获得不易观察到的信息；可以直接了解访谈对象的态度和意见，并进行交流和共同分析。

缺点：非常耗费时间；收集到的信息往往带有访谈对象的主观意见。因此，访谈法应作为其他方法的补充措施。

职务说明书编写的方法

1.职务说明书可采用表格形式，也可采用叙述式，同一公司应采用统一格式；

2. 职务说明书的排版应注意整体协调，做到美观大方；

3. 工作概述一般以"根据（什么），负责（什么），确保（什么实现）"三个词开头；

4. 主要职责和任务：

·按顺序列出主要职责，由制度到作业、由计划到实施、由重点到日常工作；

·将每个职责分解到任务，按时间顺序或重要性逐项列出工作任务。

5. 部门经理、主任/主管、班组长承担以下全部或部分管理任务，必须写入职务说明书：

·制订部门组织架构、部门职能说明书、职务说明书；

·制订和完善本部门制度、流程、操作规范；

·制订本部门年度工作计划和预算；

·全面负责本部门日常管理工作；

·选拔、配备、培训、指导、督促、激励、考核下属员工；

·控制本部门预算，降低成本费用。

6. 职务说明书的文字、语言表达：

·每个句子一般只反映一个目的；

·每个句子以主动动词开头，动宾结构（动词＋名词），使用现在时态；

·所有词语都应当包含所需的信息，不必要的词语必须省略；

·使用简明、直接的语言，避免使用模糊的用词，句子表达的意思应让人一目了然；

7. 其他编写方法见职务说明书样表（表4-8）内的填写说明。

职责描述的常用动词

制度、计划、方案：

制订、完善、建立、修订、参与制订、审核、审批、呈报、提交、下达、提出（意见或建议）

文件、信息、资料：

调查、收集、分析、归纳、整理、起草、发布、通知、传达、提供、汇报、反馈、管理

部门管理人员行为：

组织、选拔、配备、安排、分配、协调、带领、协助、解决、处理、提高、增强、发挥、促进、培训、指导、激励、调动、控制、监督、检查、评估、考核、跟进、开展、预测、确保

员工常见工作行为：

根据、听从、遵守、运用、从事、履行、执行、保持、改进、提高、协助、完成、实现

表 4-8 职务说明书样表

一、基本信息					
职务名称		分部门		所属部门	
职务等级		职务编制		职务编号	由 HR 填写
直接上级		直接下属		间接下属	
二、职务位置					
说明：在以下框内划出部门组织结构图并用色块标出该职务					

续 表

三、工作关系

内外部门(单位)	联系对象	联系内容	联系频度
公司内部			
公司内部			
外部单位			
外部单位			

说明：平均每周联系 1 次以上为频繁，平均每月联系 1 次以上为经常，平均每年联系 1～2 次为偶尔

四、工作概述

说明：请以"根据……，负责……，确保……"的形式，一句话概述该职务的职责

五、工作职责

说明：请将职责分解到任务，任务按时间、重要性顺序排列

工作职责和任务	考核领域（在对应的项次打√）			
	数量	质量	成本	时效
职责一：				
任务 1.				
任务 2.				
职责二：				
任务 1.				
任务 2.				
职责三：				
任务 1.				
任务 2.				
职责四：完成上级领导交办的其他工作任务(所有职务都有这一条)				

续 表

六、工作时间

说明：请按以下填写说明打 √

工作时间	定时制 工作时间有规律	偶尔加班 平均每周加班 1～2次	经常加班 平均每周加班 3次以上	倒班 每月需要倒班
出差时间	基本不出差 平均每月出差 不到1天	偶尔出差 平均每月出差 1～2天	经常出差 平均每月出差 3～7天	出差很频繁 平均每月出差 8天以上
工作负荷	轻松 工作时间与节奏可以自己掌握，无紧迫感	正常 大部分时间工作节奏与时间自己掌握，有时比较紧张，一般不加班	满负荷 工作节奏和时间自己无法控制，有时较紧张，但持续时间不长，一般没有加班情况	超负荷 完成每日工作须加快节奏，持续注意力高度集中，经常感到疲劳，有经常加班的现象

七、工作环境

工作场所	填写工作时间占最多的工作场所
舒适度	根据工作环境填写"舒适""一般""不舒适"。如填"不舒适"，请说明具体原因，如高温、噪音、粉尘、油污、户外作业等
危险性	工作环境是否有危险性、可能发生的事故、易患的职业病。如无危险性，请填写"无"；若填"有"，请说明具体原因

八、任职资格

说明：胜任该职务的最低资格要求

身体素质	性别、年龄、身高、体格、相貌、健康状况
个性特征	该岗位必备的性格与品质特征
教育水平	该岗位必备的学历、专业要求，必须接受的培训项目
工作经验	以往的岗位、工作年限，以往单位的性质（外企、民营、国企）

续 表

专业知识	应知，包括工作原理、制度、流程、操作规程、相关政策法规等							
工作技能	应会，如电脑技能、岗位操作技能							
工作能力（在对应项次打√）	能力项目	一般	较强	很强	能力项目	一般	较强	很强
^	领导能力				培训能力			
^	计划能力				指导能力			
^	组织能力				激励能力			
^	授权能力				公文能力			
^	沟通能力				创新能力			
^	协调能力				谈判能力			
^	分析能力				时间管理			
^	解决问题				冲突处理			
编写人/日期			审核人/日期		审核人/日期		批准人/日期	

表 4-9 某纺织公司计划调度主任的职务说明书

××××纺织有限公司

职务说明书

一、基本信息

职务名称	计划调度主任	分部门	计划调度室	所属部门	生产部
职务等级		职务编制	1人	职务编号	
直接上级	生产部经理	直接下属	统计调度专员	间接下属	各车间统计员

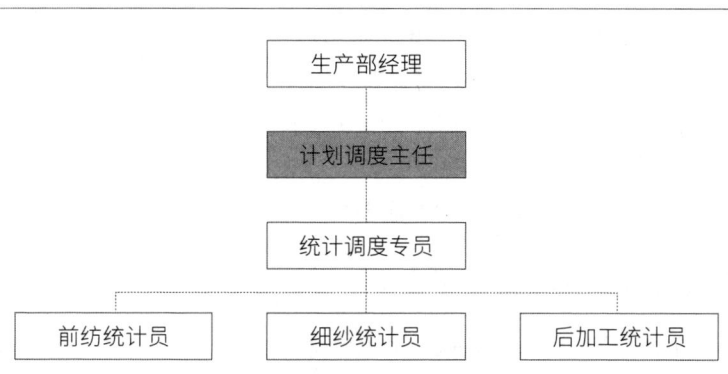

续　表

二、职务位置

```
        生产部经理
            │
        计划调度主任
            │
        统计调度专员
            │
   ┌────────┼────────┐
前纺统计员  细纱统计员  后加工统计员
```

三、工作关系

内外部门（单位）	联系对象	联系内容	联系频度
公司内部	市场销售部	生产计划编制、产品结构调整	频繁
公司内部	采购部	原料、包装材料供应	经常
公司内部	技术质检部	开具生产工艺单	频繁
公司内部	生产车间	生产安排、生产协调、生产进度跟进、生产原始数据收集	频繁

四、工作概述

根据公司经营计划，负责编制生产计划、跟进物料采购、安排与协调生产、跟进生产进度、统计分析管理，确保生产计划的完成。

五、工作职责

工作职责和任务	数量	质量	成本	时效
职责一：负责计划调度室的组织设计，参与公司生产计划决策				
任务1. 根据生产部经理指示，设计本部门组织架构并确定人员编制	√			√
任务2. 编写本部门职能说明书、职务说明书	√			√
任务3. 制订本部门的各项管理制度、流程、操作规程并督促执行	√			√
任务4. 参与公司重大决策，就生产计划方面提出意见和建议并解答相关问题	√	√		√

(考核领域)

续 表

职责二：负责编制和落实公司生产计划				
任务1. 根据生产经理指示和销售计划，编制公司年度、季度、月度生产计划		√		√
任务2. 向各车间下达生产计划，组织生产车间落实生产		√		√
任务3. 跟进各生产车间生产计划完成情况		√		√
职责三：负责生产部内部、生产部与公司其他部门之间的协调工作				
任务1. 根据生产计划，跟进原料以及包装物的采购		√		√
任务2. 协调生产部各生产车间的内部衔接工作		√		√
任务3. 根据销售要求，跟进各车间的生产进度		√		√
任务4. 与仓库协调成品以及车间的下脚料的放置工作		√		√
职责四：负责生产数据的收集和分析，包括原料、产量、能耗数据				
任务1. 规范各车间原始数据记录的采集		√		√
任务2. 督促统计员及时、准确地收集和统计生产数据		√		√
任务3. 通过统计数据的分析，对异常情况提出可行性整改方案，以有效控制生产产量和生产成本		√	√	√
职责五：负责计划调度室的内部管理工作				
任务1. 制订本部门工作计划，合理分派工作任务		√		√
任务2. 选拔、配备、培训、指导、督促、激励、考核下属员工	√	√		√
任务3. 制订和控制本部门的预算，降低成本费用			√	

续表

| 任务4.确保公司各项管理制度在本部门的有效执行 | | √ | | √ |
| 职责六：完成上级领导交办的其他工作任务 | | | | |

六、工作时间

工作时间	定时制	偶尔加班	经常加班	倒班
	√	√		
出差时间	基本不出差	偶尔出差	经常出差	出差很频繁
	√			
工作负荷	轻松	正常	满负荷	超负荷
		√		

七、工作环境

工作时间	办公室
舒适度	舒适
危险性	无危险

八、任职资格

身体素质	男女不限，28岁以上，身体健康
个性特征	成熟稳重，工作细心，做事有条理，认真负责
教育水平	大专以上学历，纺织工程专业
工作经验	5年以上大中型纺织企业计划调度工作经验，2年以上计划调度管理经验
专业知识	精通纺纱生产流程、生产计划管控、统计分析知识
工作技能	熟练使用办公软件及生产管理信息化软件，具有建立和实施生产计划调度系统的能力

	能力项目	一般	较强	很强	能力项目	一般	较强	很强
工作能力	领导能力		√		指导能力		√	
	计划能力			√	培训能力		√	
	组织能力			√	激励能力		√	
	授权能力		√		公文能力		√	
	沟通能力			√	创新能力			
	协调能力			√	谈判能力			
	分析能力			√	时间管理			√
	解决问题			√	冲突处理		√	

编写人／日期	审核人／日期	审核人／日期	批准人／日期
生产部经理	生产副总	人力资源经理	总经理

招聘与面试

作为一名部门经理,你必须责无旁贷地承担起本部门人员招聘的责任。原因很简单,你是这个团队的领头人。如果你要实现部门目标,创造业绩,就必须首先为这个你领导的部门配置合适的人员,否则,你这个部门经理将会做得很痛苦,甚至会失败。

招聘前必须回答的问题

阅读前思考：
1. 作为一名部门经理，你真的需要招聘一名员工吗？
2. 你对要招聘的岗位了解吗？
3. 你清楚部门经理与 HR 的招聘分工吗？
4. 你看人走眼过吗？为什么会看人走眼呢？

作为一名部门经理，你必须责无旁贷地承担起本部门人员招聘的责任。原因很简单，你是这个团队的领头人。如果你要实现部门目标，创造业绩，就必须首先为这个你领导的部门配置合适的人员，否则，你这个部门经理将会做得很痛苦，甚至会失败。

在不同的企业中（这里指企业的规模与人力资源管理水平的不同），部门经理在招聘过程中所扮演的角色有所不同。尤其是在小型公司里，由于人力资源部门不健全，部门经理（甚至是公司老板）要独立完成所有的招聘工作，具有很大的自由度；而在另一些比较规范的公司，

招聘工作就要遵循规定的流程，由部门经理与人力资源部双方合作来完成人员的招聘。

毫无疑问，部门经理是本部门人员招聘的责任人。在一些公司，部门经理常将一线岗位的面试工作委托给下属主管去做，这种做法是否妥当？这主要看这些主管是否接受过招聘与面试技能的训练，是否具有甄选的经验和技能，否则，风险很大。无论是因为工作忙、没时间、充分授权等"正当理由"，还是想偷懒、图省事，将面试工作交给没有经验的下属主管去做，都是对人员配置工作极大的不负责任，到头来害的还是自己。因此，我们主张部门经理务必要亲自面试，你的甄选眼光毕竟比下属要高，尤其是在中小型企业。

无论是何种情况，在招聘之前，我们建议部门经理以及参与招聘的其他主管人员花点时间来回答以下问题。思考和回答这些问题，将帮助你建立正确和系统的招聘思路。

问题一：你真的需要招聘一名员工吗

● 你的部门是否真的存在一个空缺岗位

例如，在某纺织公司生产部的计划调度室，统计员这个职务的定员为 3 人。生产部有三个车间，分别是前纺车间、细纱车间、后加工车间，每个车间设置一名统计员。现在细纱车间的统计员小王即将离职，这就意味着这个岗位将出现空缺。计划调度主任认为，一个车间就一名统计员，可谓一个萝卜一个坑，现在又是生产旺季，她们各自的工作量都很大，无法接过小王的工作，必须尽快招人弥补空缺。生产部经理同意计划调度主任的意见，在向人力资源部呈送小王辞职申请的同时，还递交了"人员增补申请表"。

再如，还是细纱车间的统计员小王即将离职，计划调度主任没有提出人员招聘申请。他认为，由于今年上半年市场不景气，产量大幅下滑，生产统计的工作量也跟着降低了很多，加上前纺和后加工的统计员过去都接受过轮岗培训，对细纱车间的统计工作并不陌生，在小王离职后可以轮流代理。另外，计划调度主任还打算从三个车间里物色两三个操作工，让她们趁着这一阶段生产不是很忙的时候跟着老统计员学习，以作为统计员的后备人选。对于计划调度主任的深思熟虑，生产部经理表示坚决支持，并立即找来三个车间主任，让他们推荐人选。

从以上两个案例可以看出，一个是需要通过招人来弥补的空缺，另一个是不需要招人就可弥补的空缺。前者可通过内部招聘和外部招聘来弥补空缺；后者可根据具体情况，通过安排他人代理、兼职、调整任务分配等方法来延缓招人。实际上，还可以通过工作岗位的再设计，取消空缺岗位。例如，在一家公司，司机过去只负责开车，不管装货和卸货，后来这家公司分别取消了装货与卸货岗位，将这两项工作全部交给司机承担。工作岗位再设计的结果是，司机的个人收入提高，公司总体成本下降；工作效率提高，差错减少；责任明确，扯皮与摩擦现象消除。

● 你的部门业务发展是否需要增加人员

例如，在销售部现有的组织结构中没有设置大客户经理一职，现在销售部提出要招人，这就是增加岗位。再如，在销售部现有编制中，销售员这个职务的定员是5人，已经满员，而销售部现在提出再招两人，这就比核准的编制增加了两个岗位。相对于弥补空缺，增加人员更需慎重。增加意味着要改变现有的部门组织结构，超出原先的岗位编制，也意味着增加人力资源投入。因此，在提出招聘申请之前，销售部经理应当给出充分理由，对现有组织结构及编制进行修改，报送人力资源部经理、总经理审批，否则不予招人。

问题二：你对要招聘的岗位了解吗

● 你可以描述该岗位在组织中的位置吗

例如，现在已经确定细纱车间统计员岗位存在空缺，必须通过招聘来弥补。作为部门招聘责任人，生产部经理首先要明确这个岗位在计划调度室组织结构中的位置，与公司内外部门（单位）的工作关系。这些信息可以从细纱车间统计员的职务说明书（表 4-10）里获得。

表 4-10 细纱车间统计员职务说明书（局部）

一、基本信息				
职务名称	细纱统计员	分部门	计划调度室	所属部门	生产部
职务等级		职务编制	1 人	职务编号	
直接上级	统计调度专员	直接下属		间接下属	

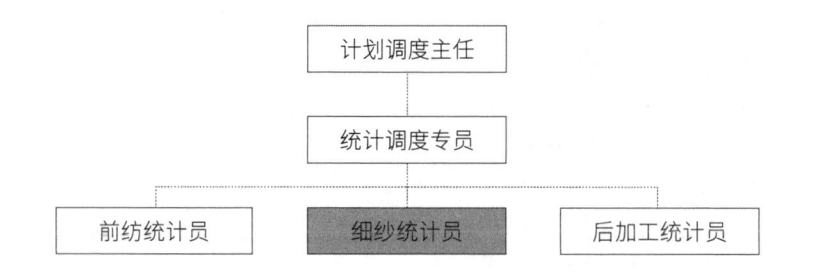

二、职务位置

```
            计划调度主任
                 │
            统计调度专员
                 │
    ┌────────────┼────────────┐
 前纺统计员    细纱统计员    后加工统计员
```

三、工作关系

内外部门（单位）	联系对象	联系内容	联系频度
公司内部	细纱车间	生产产量、下脚料数量的统计	频繁

从以上职务说明书中可以了解到，在纵向上，细纱车间统计员的直接上司是统计调度专员，也就是说，细纱车间统计员的工作需要向统计调度专员汇报，受其直接领导；在横向上，该岗位的工作在公司

内部主要是与细纱车间密切联系,与公司外部单位没有任何工作关系。

● 你可以描述该岗位的职责吗

要招聘一名细纱车间统计员,你还要明确该岗位的职责,也就是说,你应当清楚该岗位是做什么的以及如何做。在细纱车间统计员的职务说明书里(表4-11),可以看到该岗位的职责及其任务。为了了解该岗位是如何完成具体工作任务的,比如,如何统计产量、如何盘点在制品,你还需进一步阅读其工作程序。

表4-11 细纱车间统计员职务说明书(局部)

四、工作概述
根据上级领导的指示,负责细纱车间生产原始数据的统计工作,确保数据统计的及时性和准确性。

五、工作职责				
工作职责和任务	考核领域			
	数量	质量	成本	时效
职责一:负责细纱车间生产统计工作				
任务1.每天统计细纱车间产量,准时报送统计调度专员汇总	√			√
任务2.统计细纱车间的下脚料数量并准时上报	√			√
职责二:协助生产调度工作				
任务1.根据翻改调度单,跟进细纱翻改进度	√			√
任务2.检查各机台管色的使用是否正确	√			√
职责三:配合车间做好月底盘存工作				
任务1.每月底与车间一起做好在制品的盘点	√			√
任务2.准时向统计调度专员报送月底盘存表				√
职责四:完成上级领导交办的其他工作任务				

你可以描述该岗位的任职资格吗

在明确了细纱车间统计员在组织中的位置、职责之后，要了解的是其任职资格。职务说明书内的任职资格（表 4-12）通常描述的是最低任职条件，这就是说，如果应聘人的实际情况低于这些最低条件，就无法胜任该岗位。

表 4-12 细纱车间统计员职务说明书（局部）

八、任职资格	
身体素质	身体健康
个性特征	耐心细致，认真负责
教育水平	高中或中专学历
工作经验	有纺织厂车间工作经验或统计工作经验为佳
专业知识	无特别要求
工作技能	熟练使用办公软件

在这里需要特别指出的是，对于众多中小型企业，要招到完全满足任职条件的员工很难。将不符合任职条件的人全部拒之门外？不现实。那就退而求其次，招聘具有潜力的、可以培养的员工。有了任职条件对照，我们就能预知候选人的实际条件与岗位要求的差距是什么，招进来之后要提高什么，是否可以通过日后的培训与指导来改变。如果候选人与岗位需求的差距难以通过日后的培训与指导来改变，就说明他不适合这个岗位，就不能迁就而招进来。

你还需要了解什么岗位信息

除了要招聘的岗位在组织中的位置、职责、任职资格等主要信息以外，建议你再了解一下该岗位的工作时间和工作环境情况。因为，在面试时，你需要将这些情况如实地介绍给应聘人，以便他们自己判断是否愿意接受这样的工作时间与环境。一些员工中途离职，与面试时没有说清楚这些情况有关。如果是有意隐瞒，更不可取，因为员工在加入公司后终究会发现事实，而由此带来的纠纷、离职比招不到人的代价更大。

让我们先来看看迪士尼公司是怎么做的。

有望受聘的求职者穿过一个满是迪士尼艺术品和纪念品的长廊。接下来，他们要观看一个 10 分钟的录像片，介绍在迪士尼公司工作的利弊。他们将了解到公司紧张的工作日程、严格的着装要求，不提供上下班交通费用等。到此为止，大约 20% 的应聘者感到迪士尼不适合他们。迪士尼的招聘程序包括自我淘汰，即如实介绍情况，让应聘者早一点知道自己是否适合该公司的工作。

还是以细纱车间统计员岗位为例，在其职务说明书里（表 4-13），生产部经理很轻易地找到了有关该岗位工作时间与环境的描述。这家公司的职务说明书内容设计得很周全。

表 4-13 细纱车间统计员职务说明书（局部）

六、工作时间				
工作时间	定时制	偶尔加班	经常加班	倒班
	√	√		
出差时间	基本不出差	偶尔出差	经常出差	出差很频繁
	√			
工作负荷	轻松	正常	满负荷	超负荷
		√		
七、工作环境				
工作场所	细纱车间			
舒适度	不舒服，主要原因是噪音、车间内温度高			
危险性	无危险			

了解招聘岗位的途径

通过哪些途径来了解要招聘的岗位呢？如图 4-15 所示，首先是职务说明书，以上所给案例中已做了说明。如果你的部门还没有职务说明书，那就赶快着手编写吧！

其次，为了了解该岗位是如何完成具体工作任务的，还需进一步阅读其工作程序，即操作规程或作业指导书。

第三个途径是绝大多数中小型企业还没有建立的胜任素质模型，即便如此，了解一些有关胜任素质模型的知识，对于招聘工作还是有帮助的，具体内容将在下面予以介绍。

最后一个途径是部门主管的个人经验。正如很多部门主管所说："我工作这么多年了，凭我的经验，在我这个部门，哪个岗位是做什么的，应该如何做，需要什么任职资格，我闭着眼都可以说得一清二楚。"我们并不否定个人经验的作用，也正是因为如此，才将其列为了解途径之一，但那不是公司的规范，还没有形成共同的标准。更何况，不是所有人的经验都是成熟和正确的。因此，在一个没有规范的企业，单靠个人经验来选人或做事是有风险的。

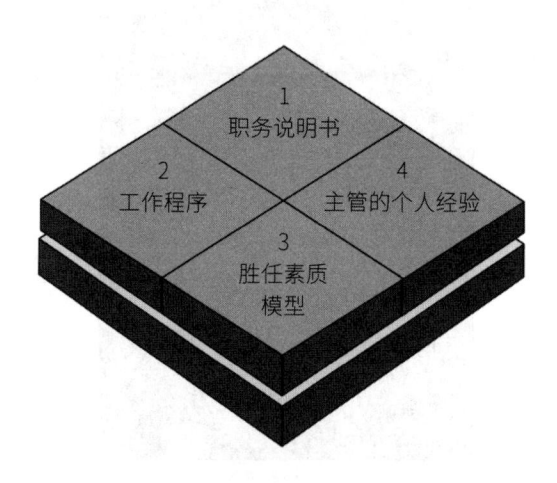

图 4-15 了解招聘岗位的四个途径

胜任素质的构成要素

胜任素质是一个人潜在的特征，并且在一个人的身上能停留相当长的时间。胜任素质的构成要素如下：

知识：指一个人对某一特定领域的了解。

技能：指一个人结构化地运用知识完成某项具体工作的能力。

社会角色：指一个人的行为方式与风格留给大家的形象。

自我概念：指一个人的态度、价值观以及对自己的看法。

特质：指一个人持续稳定的个性、身体特征。

动机：指一个人潜在的意向、需求或思维模式，进而付诸行动的内驱力。

胜任素质的冰山模型

如图 4-16，冰山的水上部分是表象部分，即人的知识与技能，是容易被感知的；冰山水下的部分是人的潜在素质，从上至下的深度不同，表示被感知的难易度不同，向下越深越不容易被发觉。

图 4-16 胜任素质的冰山模型

胜任素质的洋葱模型

如图 4-17，再以洋葱来比喻，人的知识与技能在表层，是比较容易评价和培养的；相对于知识与技能，人的潜在素质处在里层，而且越往里层越难以被发觉、被评价，难以通过后天培养而改变，即使可以改变，付出的代价会很大，这对于企业来说并不符合效益。此外，在素质构成要素中，各个层面的要素层层传导、相互影响，越处于里层的潜能部分对表象部分的影响越大。

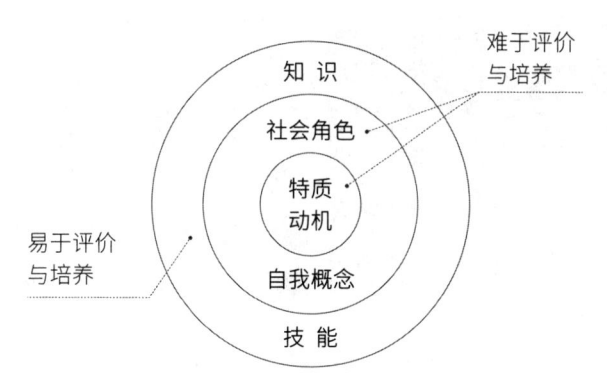

图 4-17 胜任素质的洋葱模型

然而，很多部门主管常常以表面的知识、工作经验与技能来选拔员工，而对于候选人的态度、特质与动机，要么忽视了它们的潜在能量，要么就想当然地认为只要有工作经验，其他方面都可以通过日后的培养和良好的管理来改变或塑造。现在，你该改变这样的认识了吧！大概你的经验也会告诉你，态度比技能更重要，潜能比表面的知识、经验与技能更重要。

在此举例说明。我们发现，多数外资企业有一个非常聪明的做法，他们很看重应聘人以往的工作背景，具有同类性质企业经验的员工很受欢迎，也就是说，没有外企工作背景的应聘人很难进入选拔的视线。这并不关乎歧视与傲慢，他们这样做就是为了认同感，以免不必要的冲突与麻烦。经过这样的筛选，新加入的员工很快就能融入企业文化之中，管理者在员工的行为方式、做事风格、态度等方面也少了很多折腾，省去了大量精力去培养或是纠正。

胜任素质的评价模型

综合以上介绍与分析，构建如下胜任素质的评价模型（图 4-18），以达到人岗匹配的人员配置目标，包括公司内部人才选拔与外部招聘。

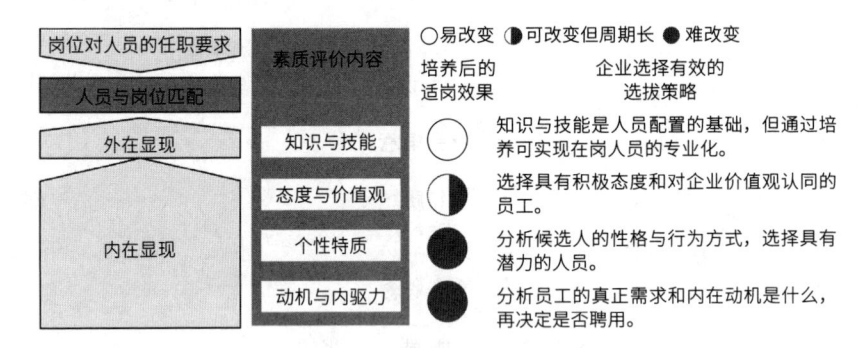

图 4-18 胜任素质的评价模型

问题三：你分清部门经理与 HR 的招聘分工了吗

图 4-19 是一家公司的招聘流程。我们将借助招聘流程来说明用人部门经理与人力资源部各方在招聘中的任务。同时，通过对招聘流程的描述，你将了解招聘的全过程以及相关规定。

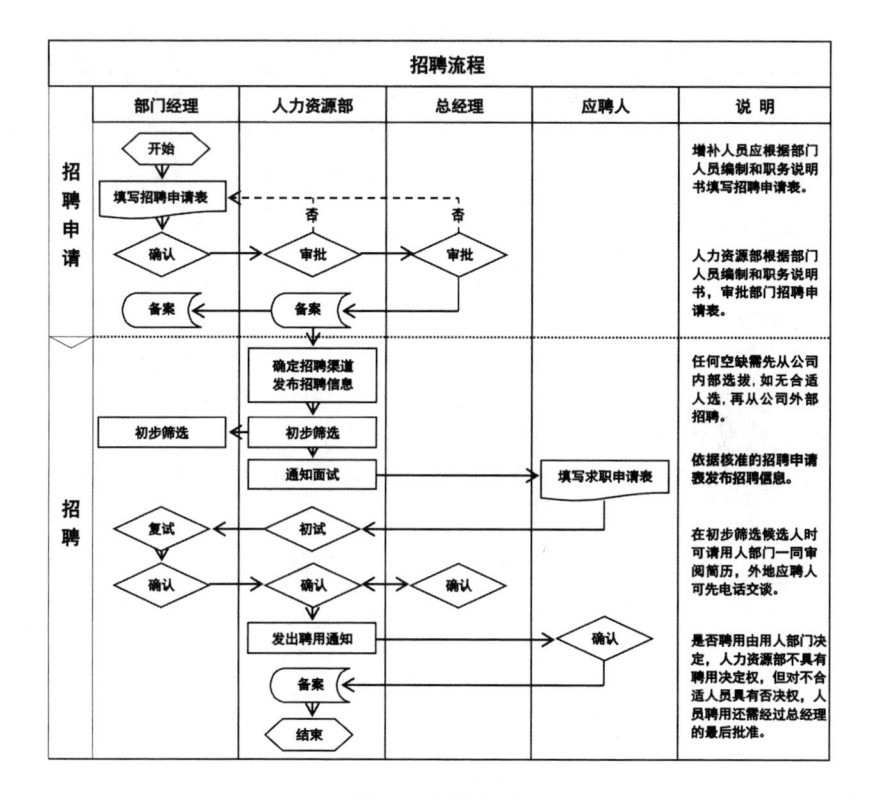

图 4-19 招聘流程

🔘 招聘申请阶段

完整并准确地填写招聘申请表

任何部门如需增补人员，应根据该部门的人员编制和职务说明书完整并准确地填写"人员增补申请表"（见表 4-14）。根据以往经验，多数部门经理有随意填写的现象。请注意，填写申请表的过程也是部门经理思考、回答前面两大问题的过程（你真的需要招聘一名员工吗？你对要招聘的岗位了解吗？）。同时，你填写的信息越完整越准确，人力资源部就越能够为你找到合适的候选人。

表4-14 人员增补申请表

职位		职级		分部门		部门	
性别		年龄		婚否		学历	
需人日期		申请人数		补缺 □		新增 □	
员工类别：合同制 □　　临时工 □　　实习生 □								
工作时间：日班 □　　轮班 □　　其他 □（请说明）								
主要职责：								
任职资格：								
申请理由： 　　　　　　　　　　　　　　　　部门经理确认　　　　日期								
审批： 　　　　　　　　　　　　　　　　　　　　　　　　　　　　　　 人力资源部经理　　　日期　　　　　总经理　　　　日期								
1. 公司内部解决　□ 提拔　□ 调岗 2. 公司外部招聘　□				外部招聘之渠道及费用（如果有）			

抄送：人力资源部 – 白色　　相关部门 – 蓝色

招聘申请表需经部门经理签名确认

　　为何强调"人员增补申请表"必须获得部门经理的签名确认？因为人力资源经理审批时，要看到部门经理的签名。这表明，无论申请表是谁填写的，其中的内容是经过部门经理确认的。正如本节开篇所说，作为一名部门经理，你必须责无旁贷地承担起本部门人员招聘的责任。

报送人力资源部及总经理审批

　　部门招聘申请必须以书面形式报送人力资源部及总经理审批，口头无效。人力资源部及总经理的审批依据也是部门人员编制和职务说明书。人力资源部可根据公司实际业务情况控制各部门人员的增补，但需与用人部门经理充分沟通。在总经理未批准招聘申请之前，人力资源部不得聘用任何新员工。

在此顺便提一下，招聘申请是否必须获得总经理的最后批准？我们的建议是，让总经理成为人力资源部经理的直接上司，这样，公司任何人员的进出理所当然就要经过总经理的批准。当招聘与离职流程都能到达总经理的时候，他就能在第一时间了解到各部门人员的变动情况，从而给予高度关注、快速回应。人力资源经理可能会在每月结束的时候，呈上一份公司"每月人事动态表"，但也滞后了一个月时间。更重要的是，总经理才是一家公司真正的人力资源经理，尤其对中小企业而言。至于会耽误总经理时间的顾虑，大可不必。优秀的人力资源经理是不会让总经理花费太多时间的，在报批之前就做了审核工作，与部门经理（或欲离职员工）进行了深入沟通，提前把关了。如果人力资源经理水平不高，总经理在审批人员进出时就更应当投入一些精力了。

增补人员需提前提出申请

部门在提出增补人员申请时，要有预见性、计划性，总之要给人力资源部留出招聘的时间。期望今天提出申请，明天人员就能到岗是不现实的。

招聘申请表一式两份

招聘申请表正本通常由人力资源部备案，作为招聘的依据；副本由用人部门存档，部门经理不可忽视备案的作用，要以此凭据跟催人力资源部门的招聘工作。若无书面备案，双方就有可能发生扯皮，甚至不把招聘工作当一回事。书面的是正式的、严肃的，是责任。

🔴 招聘阶段

内部招聘

当部门出现空缺时，部门经理就要考虑能否通过部门内部的调整或是提拔来弥补空缺。人力资源部经理也要首先考虑从公司内部选拔，将空缺岗位张贴在员工布告栏中或是通过公司网站发布招聘信息。当员工看到公司总是将机会首先留给内部人员时，他们对公司的认同感就会提高，离职的可能性也会降低。有些公司的做法更进一步，从员工加入公司的第一天起，就开始指导他们做职业发展规划。一旦出现岗位空缺，部门经理或人力资源部就能列出相应的候选人名单。从内部选拔人员，按公司人事变动制度与流程来办理调岗或晋升手续。

内部招聘的另一种形式是鼓励公司员工推荐他们的朋友、老乡、过去的同事。很多公司还建立了奖励制度。如果推荐的候选人顺利通过面试及试用期考核，推荐人将获得一笔奖金。

外部招聘

如果公司内部没有合适的人选，就要从外部招聘。公司外部的招聘渠道通常有校园招聘、网上招聘、劳动力市场，还可以通过猎头招聘核心人才。人力资源部门负责外部招聘渠道的开发。

筛选简历

筛选简历的目的是将那些明显不符合岗位要求的求职者快速淘汰掉，以减轻面试的工作量。在这个阶段，首先由人力资源部审阅所有应聘人的简历，再将比较合适的或在专业上不好把握的简历交给用人部门经理复审，有时双方还可坐在一起共同讨论和分析简历。经过这一轮筛选之后，在入围面试的名单中如有所在地距公司很远的应聘人，应当与他们做一次简单的电话交谈或远程面试，人力资源部可侧重了解应聘人的教育背景、到异地工作的稳定性、对薪酬待遇的要求；部门经理可将谈话重心放在应聘人的工作经历与专业技能上。远程面试之后，可能又有人被筛选出局。比如说，某个应聘人的各方面条件都不错，先前在简历上没有体现薪酬要求，通过电话交谈了解到他对薪酬的要求远远高于公司所能给予的，只好"忍痛割爱"。如果不打这个电话，将人家从大老远的地方叫来面试，无论对应聘人还是公司都是浪费。

面试与确认

在人力资源管理高度专业化的公司里，第一次面试通常是由人力资源部负责的。这样做的目的是减轻部门经理的负担，人力资源部有责任为用人部门挑选合适的候选人。经过初试后，基本符合要求的候选人才被引见给部门经理进一步面试。对于部门经理决定聘用的候选人，人力资源部还要面谈一次，主要是就候选人的岗位、报到日期、试用期、工资福利等进行确认。如需做背景调查，将征得候选人的同意。在小公司里，可以将初试与复试合二为一，也鼓励部门经理与人力资源部门一起面试，多几个人参加面试，大家可以讨论对应聘者的印象。

是否聘用原则上采纳部门经理的意见，人力资源部对聘用具有建议权，但不具有决定权。"谁用人谁面试谁决定"的好处是，其一，为团队建设打下好的基础，"你看中的未必是我喜欢的，终究是我用人"；其二，部门经理会更加在意下属，"他是我招来的，我必须带他成长"；其三，下属员工对上司的认同度更高，"我是你招来的，不会给你丢脸"。正是这些原因，我们反复强调部门经理必须亲自面试。最后，部门经理不能再将选人问题全部推给人力资源部。你可以责怪人力资源部没有给你推荐合适的候选人，但你不可以责备他们招来的人"很烂"，因为是否要招他们进来的决定权在你。从这个角度说，部门经理必须快速提升自己的面试技能。

我们还要建议中小企业在招聘制度里加上这一条："人力资源部对不合适之人选具有否决权"。在人力资源管理还没有达到规范化的公司里，有些管理者滥用手中的权力，千方百计将不符合任职要求的"关系户"安插进来。对于违规招聘，人力资源部必须坚决制止。人力资源部有责任维护公司的人选质量。

在这一阶段，还要提醒的是，部门经理千万不要轻易答复还未最后确认的事，比如，"我录用你了""你可以回去辞职了""你的工资是多少多少"。虽然你对某位候选人已做出录用决定，但招聘流程到此还没走完，人力资源部还要约谈一次，可能还要对他进行取证调查，最后还需获得总经理的批准。在这个过程中，什么都有可能发生。

发出聘用通知

终于到了提供工作的时候了。人力资源部将给候选人发出一封聘用通知，知会聘用条款、报到日期、报到时需提供的资料等事项。候选人需在规定时间内签名确认，否则将被视为放弃。偶尔，也有候选人拒绝接受工作的情况。在与部门经理商议后，人力资源部将把空缺提供给下一个候选人，或是继续招聘。

问题四：看人为什么会走眼

晕轮效应

很多时候，我们都会不知不觉地以自己的好恶来看待他人。而且，如果这个人的某一特征，比如相貌、气质、性格、穿着、言谈等，给人以非常好的第一印象，人们就会认为这是一个不错的人，在谈论他时多是赞美的话。相反，如果这个人的某一特征给人的印象特别坏，就会影响人们对他其他品质的评价。这就是晕轮效应，犹如月亮周围出现的光环，不过是月亮光的扩大化而已。晕轮效应的最大弊端就在于以点概面或以偏概全。这种心理效应在对不熟悉的人评价时尤为明显，很容易产生主观印象。

在平时生活、工作中，我们常犯这样的错误，在招聘中也经常发生这种情况，一不留神，我们对应聘人的判断就会受到"晕轮效应"的影响，进而做出错误的决策。以下是一些常见的问题，将它们一一列出以提醒大家避免判断失误。

刻板印象

即固定印象。刻板印象的形成往往始于对某一类人普遍特征的归类，然后将这一简单的认识移植到每一个具体人身上。比如，一本大学毕业的学生就是比二本大学的素质好，从大公司出来的都是出类拔萃的人才。有时，刻板印象是出于偏见而非事实，比如，统计员岗位要求耐心、细致，人们自然就会认为女性员工比男性合适。此类的偏见还有，人力资源岗位必须是人力资源专业毕业的，学人力资源管理专业的自然就是人力资源岗位的合适人选。如果依照这些刻板印象去招聘，不仅会失去宝贵的人力资源，还会影响面试时的判断。实际上，一本大学毕业的员工未必都是胜任的，二本大学毕业的照样有出色的；从大公司出来的也并非都是合适的；有的男性员工做事同样耐心细致，在数据分析上可能更胜一筹；有的岗位对学科要求很高，有的岗位是可以跨学科的；即使是科班出身，也要评估他的实际能力，不能一见到专业对口，就轻易地做出录用决策，而不再做深入的评估。

以人比人

有的"刻板印象"与"以人比人"有关。比如，当一个留下好印象的员工离职后，部门经理可能试图再招一个"像前任的人"。而在另一面，由于前任员工留下了"坏印象"，人们对招聘某一类人就产生了忌讳。比如，当从一本学校招来的新人陆续离职了，部门经理马上找到人力资源部说，一本大学毕业的员工不好管，留不住，以后别再招了，从而改变了以前坚决不从二本大学招人的决定。再如，某民营企业招来一名来自大公司的设备主管，做了半年就被解雇了，原因是夜间出现设备故障，打他电话不接。通过此事，生产部经理认为还是老员工好，至少任劳任怨，以后凡是有空缺都从内部提拔。无论是"好印象"还是"坏印象"都不能成为选人的"标准样本"，更不可"一朝被蛇咬，十年怕井绳"。正确的做法是，要以岗位要求选人，而不是以人比人。

第一印象

两个素不相识的人初次见面后所形成的直观感觉，在心理学上被称为第一印象。我们大多数人在面试一开始就会对应聘人产生强烈的第一印象。比如，有人在初次面试后评价说，第一个候选人，我一见到他就不想谈下去了。第二个不错，看起来很踏实，我跟他谈得很好。然而，这些印象可能是表面的。原因有三：首先，第一印象往往会受到个人偏好的影响；其次，初次接触给你的判断材料有限，很容易造成"以貌取人"；最后，大多数应聘者很会"包装"，不让你看到真面目。

第一印象具有先入为主的特点，一旦形成，就会在很大程度上影响招聘的决策。因此，为了确保第一印象的客观性，我们建议你：提醒自己，企业选人不是个人找对象，依照的是岗位要求而不是个人好恶；冷静、客观对待第一印象，既要防止某一特征扩大化，又要做好否定第一印象的心理准备；面试要由表及里，既要看更要听，不仅听他是怎么说的，还要了解他过去是怎么做的；不要急于凭借一次面试就做出判断。

相信或抵制推荐

对于他人推荐来的候选人，我们常犯的一个错误是过于信任，甚至不惜违反招聘流程，未经面试就招聘进来，后来发现该员工并非如推荐人说的那般美好。另一错误是，只要是"关系"推荐来的，就没一个好的。我们应当持有的观点是，欢迎所有人为公司推荐候选人，但都必须进入招聘流程，按岗位要求进行甄选，避免受到推荐的影响。

偏重"硬"条件

部门经理在招聘时，往往关注候选人的学历、工作经验、技能等"硬"条件，却疏于探究他们的态度、个性特质、动机等"软"品质。归纳起来不外三种原因。其一，忽视"软"品质的巨大影响力；其二，相信"软"品质日后可以轻易改变；其三，意识到"软"品质的重要性，但难以判断真相。我们在很多时候抱怨某某员工不好合作、缺乏责任感、没有职业精神、工作意愿低或留不住，问题几乎都出在"软"品质上。如果单凭"硬"条件招人，也会将一些具有潜力的人挡在公司门外。因此，我们既要改变对"软"品质的认识，又要提高识别能力，才能避免错误的招聘决策。

急于招人

与其说急于招人是"看人走眼"的一个原因，还不如说，明知会"走眼"还是要把人招进来。眼下，多数企业都面临着招人难的困局，尤其是中小型企业，经常迫于招工的压力，一降再降岗位要求，随之而来的问题也必然是显而易见的。如此"看人走眼"多少有些无奈。

顺便提醒一句，千万不要因为急于招人，就误导候选人对公司的认识。如果现实情况并不像你描述的那样美好，被你花费心思招来的新人一定会很失望和气愤，他最终还是会离你而去。公司因此造成的损失就不仅仅是金钱，还有比金钱更难挽回的声誉。

面试中的问题

"看人走眼"还与面试本身密切相关。以下是面试过程中可能出现的问题，要引起你的警觉。

匆忙上阵草草结束

有不少部门经理在没有任何准备的情况下就去面试，然后是"即兴发挥"问几个问题，就草草结束了面试。如此随意的面试，其结果也只能是凭主观印象草草得出结论。

"工作忙"是很多人不愿在面试上投入时间和精力的理由。此时，不妨想想面试的重要性。如果招错了人，对部门的绩效影响有多大，纠错要花多少精力，解聘他又要花多少成本。

糟糕的面试环境

大多数应聘者在面试时多少会有些紧张，如果处在一个受到干扰的环境中更会感到不适。这不仅影响应聘者的谈话，也会给你倾听与观察带来一定的困难。有些部门经理将面试安排在一间大办公室里，周围都是人，这是最糟糕的环境。如果你没有独立的办公室，会议室也被占用了，也要找一个无人打搅的地方面试。

面试技能问题

如果你没有接受过面试技能指导，那么你在面试全过程中都有可能犯错误。比如，问无关的问题、问无效的问题，不知如何倾听、观察、记录等。这些都将导致招聘决策失误。要想避免，就必须通过各种途径，如接受培训、请教有经验的人或阅读相关书籍，来提升自己的面试技能。这是部门经理必须掌握的人力资源管理技能之一。

仅仅依赖面谈

这里所说的面谈是指狭义的面试。而广义的面试不仅有面谈，还包括履历分析、纸笔考试、情景模拟、技能测试等多种测评方法。一次成功的招聘不止使用一种测评方法。单靠面谈未必能全面、真实地了解一个人的胜任素质，还需要结合其他测评方法。

提醒：
无论我们多用心，面试都有看人走眼的时候。千万不要错过试用期再次选人的机会！

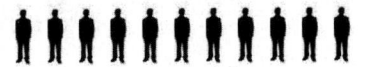

测评方法概述

阅读前思考：

1. 除了结构化面试，你还了解其他面试方法吗？
2. 在以往的招聘中，你通常采用哪些面试方法？

筛选的过程

如图 4-20 所示，一次成功的招聘，要经过多次的筛选，采用多种测评方法。

图 4-20 筛选的过程

测评方法概述

这里只对常见的测评方法做简单介绍，其后将对最普遍使用的履历分析和结构化行为面试两种方法做更为详细的介绍。

● 履历分析

履历分析包括对应聘者个人简历和求职申请表的审阅。

审阅个人简历

审阅简历上公布的信息，如个人基本情况、教育背景、工作背景等，将那些明显不符合岗位要求的人筛选出局。筛选简历的工作主要由人力资源部负责。但是，这不等于说部门经理就不需要审阅简历了。一是在筛选简历过程中，对于一些 HR 人员不好掌控的简历，还是需要专业的部门经理来鉴别；二是面试的需要，对简历中提到的工作经验提出有针对性的问题。

审阅求职申请表

将求职申请表与简历进行比对，是为了核查候选人所填写的履历是否一致。如果有不一致的地方，对其真实性就要打个问号，并且要在面试中进一步澄清。另外，候选人在求职表中填写的相关信息对今后的劳动关系意义重大，因此需要仔细审阅。这项工作主要由人力资源部来做。

● 面试

面试即面谈。第一次面试通常由人力资源部主持，主要是对候选人的背景情况、简历上的疑点以及对薪酬福利的期望进行询问。如果没有什么问题，候选人将被推荐给部门经理进一步面试。

结构化面试

结构化面试是基于事先设计好的顺序和问题进行面试,并且每个候选人都被问及同样的问题。这样做的好处在于,一是避免漫无结构的闲聊,二是确保面试的客观性。然而,在面试中完全按照事先准备好的问题提问并不适宜。事先准备好的问题通常都是宽泛的,还要根据候选人的回答追问一些清单上没有的具体问题。适当的灵活性还是必需的。

行为面试

行为面试既具有结构化的特点,更关注候选人过去的实际行为表现,解决了以往面试中很多提问的无效性。尤其是,采用这种方法面试,可让我们深入了解候选人身上的"软性品质",如吃苦耐劳、协作精神、承担责任等。这是部门经理最难测评的一个领域。

测试

在面试结束后,大多数企业根据面试收集到的信息就做出聘用决策了。但是,也有企业还要通过测试来了解更多的信息。

测试可放在面试之前,也可在面试之后,这主要看各家企业是怎么安排筛选计划的。比如,一家公司要招聘一名叉车司机,就先测试候选人的驾驶技能,通过了再进入面试环节(说明:这里指的是用人部门的面试,人力资源部门的初选面试可以先进行)。也有公司在招聘销售岗位时,先进行面试,再做情景模拟测试。但先后顺序必须对所有候选人一致。

纸笔测试

纸笔测试主要用于测评候选人的基本知识、专业知识、管理知识,以及书面表达能力、逻辑思维能力和分析能力等。例如,企划岗位需要有良好的写作能力,那就让候选人在现场写一篇命题作文。这在面试中是无法测评的。纸笔测试还可用于大规模的选拔，作为初期的筛选工具，如校园招聘。

技能测试

如果说纸笔测试测的是"应知"，那么技能测试则是测评"应会"，如电脑软件使用技能、驾驶技能、维修技能、烹饪技能或其他与岗位相关的操作技能。

情景模拟

评估一个人的最好方法，就是观察他的实际工作表现。这在面试中是不现实的。不过，我们可以在一个模拟的情景中去观察。

无领导小组讨论：所谓"无领导"，是指不指定谁来主持小组讨论。所谓"小组"，是指由一组候选人组成一个临时小组，通常由 4 至 6 人组成，不指定座位，由他们自行入座。所谓"讨论"，是指小组成员对给定的问题进行自由讨论，并拿出小组决策意见。测试者在一旁静悄悄地观察他们每一个人在讨论中的表现，如：积极性、口头表达、人际交往、情绪控制、影响力、分析能力、组织协调、应变能力等。

角色扮演：测试者设置一系列尖锐的人际冲突场景，要求候选人扮演某一角色，表演如何处理各种问题和矛盾。

文件筐作业：将这个岗位一天内可能遇到的工作任务列出来，毫无秩序地放在一个文件筐中，要求候选人在规定时间内写出他处理这些任务的过程。由此可考察候选人的时间管理能力、敏感性、判断力、决策能力、协作精神以及工作独立性等。

● 背景核查

如果对候选人的履历和过去的工作表现还不放心，那就要去问他以前工作过的公司。背景核查必须征得候选人的同意，在发出聘用通知之前进行。这项工作由人力资源部负责。

履历分析

阅读前思考：

1. 作为部门经理，你在面试前会审阅求职者的个人简历吗？
2. 你知道如何审阅个人简历吗？
3. 你能区分个人简历与求职申请表的特点吗？

审阅个人简历

选拔员工通常是从审阅应聘者的个人简历开始的。其目的有三个方面：一是将那些明显不符合岗位要求的应聘人迅速筛选出局，以减少招聘成本；二是通过审阅简历，初步预测应聘者未来的工作表现，正是基于这一点，才将那些简历看起来不错的应聘人纳入进一步面试的候选人名单；三是仔细阅读简历，记下疑点与重点，以便在面试时进一步澄清。应聘人个人简历的审阅要点如表 4-15 所示：

表 4-15 应聘人个人简历审阅要点

个人简历	审阅要点
基本情况 姓名、性别、年龄、婚姻状况……	・关注应聘者的基本情况是否符合岗位任职要求
教育情况 学历、学校、专业、时期、曾接受过的培训	・澄清是什么学校、教育形式（全日制、成人自考） ・明确求职者学历、学校、专业是否达到企业要求 ・了解求职者接受过的培训及对其有什么收获

续 表

个人简历	审阅要点
工作经历 时期、工作单位、担任职务、主要工作业绩	·澄清具体工作时期（可能只写出年份或延长经历） ·注意求职者受雇不同公司间的空白时间 ·澄清单位性质（外资/民营/国有）、规模、地址 ·澄清职位性质：部门职能、岗位职责、下属人数 ·比较求职者过去工作表现与企业要求之间的关系
待遇要求 工资、福利	·企业能否提供，如降低待遇是否可以接受 ·待遇要求不高，是否表示求职者水平有限 ·如外地求职者未写明要求，需在电话沟通中问明

审阅求职申请表

求职申请表的内容

求职申请表是由企业设计的。各家公司求职申请表的内容有简有繁，以下提供的是一份在内容设计上比较全面的求职申请表（表4-16），大家可"拿来即用"或"改之即用"。表中的每一项内容设计都是有目的的。因此，必须要求候选人逐项填写，不得遗漏。

表4-16 求职申请表

申请职位			可上班日期		
要求工资			是否要求宿舍		
推荐人			与推荐人关系		
A. 个人状况					
中文姓名			英文名		
性别		年龄	出生日期		
身高　　米	体重　　公斤	婚姻状况　单身□ 　　　　　已婚□	最近照片
在本地住址			自置□　租住□		
户口所在地住址			籍贯		
身份证编号			联系电话		

续　表

B. 教育状况

最高学历：初中□　高中□　中专□　大专□　大学本科□　硕士□　博士□

说明：大学本科以下学历只需填写最高学历资讯，硕士、博士学历要求从大学填起

学校名称	由（年/月）	至（年/月）	专业	学位

C. 工作经历

请从现在开始按顺序列出以往所有之任职资料

由(年/月)	至(年/月)	工作单位	职位	月薪	证明人及联系电话

D. 语言能力

语言	讲 良好	讲 简单	讲 差	读 良好	读 简单	读 差	写 良好	写 简单	写 差
中文									
英语									

续　表

E. 个人技能

电脑操作	
驾驶执照	
其他技能	

F. 健康记录

是否需要戴眼镜		度数	

是否曾患有重病或动过手术，如有，请写明

是否有残疾，如有，请写明

G. 家庭背景

姓名	关系	年龄	地址	职业

H. 紧急时可联络之亲友

姓名		关系	
地址		联系电话	

I. 请如实回答以下问题

请如实回答以下问题	是	否	如答复为"是"，请详细说明
曾否因工作不力或品行不佳被解聘			
曾否有犯案记录			
可否向你以往雇主查询阁下之资历和品格记录			

续 表

是否有子女		
是否有亲友在本公司工作		

个人申明

我确认我在此求职申请表所填写之一切信息是真实、正确、完整的。如有任何隐瞒或虚报，我自愿接受本公司立即解聘而无须补偿之处分。我授权做出一切有关本人资料之查询。

申请人签名　　　　　　　　　　　　　日　期

为何需要填写求职申请表

既然有了个人简历，为什么还要候选人在面试前填写一份求职申请表？表 4-17 所列出的"个人简历与求职申请表的比较"将能说明这个问题。

表 4-17　个人简历与求职申请表的比较

个人简历	求职申请表
开放式	封闭式
写什么，不写什么，完全取决于个人意愿	结构完整，由企业限定了内容
可能包装自己	设计了证明人与个人申明，填表时会有所顾忌
难以评估	易于评估
用于初审应聘人的资质，迅速排除明显不符合岗位要求的人员，减少企业招聘成本	用于进一步审核应聘人的资质
不具有法律性，对劳动关系不具有任何约束性	具有法律性，可作为今后劳动纠纷处理的依据

要求候选人在现场填写求职申请表也是一种考察。比如，候选人在填写工作经历时根本就记不住什么时候在什么单位工作，还要拿出简历来看，这就暴露出问题了，他在简历上所写的可能有编造的痕迹。如果在招聘人员的提醒下，他还是不愿填写表中的某项内容，或是填写得不完整，敷衍了事，这些情况都要引起我们的高度注意，也就是说，其中可能隐藏着问题。

● 审阅求职申请表

招聘人员在开始面试前，需要快速地浏览一遍候选人填好的求职申请表。初审主要是关注两个方面，一是比对个人简历，找出不一致的地方；二是找出疑点。这些都要在初次面试时与候选人当面澄清。此后，在做出招聘决策前还要从头至尾逐项仔细地审阅一遍，防止初审时疏忽了什么。这样的谨慎是值得的。这不仅是对候选人背景资料的审查，还关系到未来的劳动纠纷处理。

结构化的行为面试

阅读前思考：
1. 对你来说，候选人的"软性品质"是最难评估的吗？
2. 请列出你在面试前、面试中可能会犯的错误。

行为面试的意义

说和做是两码事，能说会道的人未必能做到。行为面试就是要了解候选人过去的实际表现。《招聘中的45个细节》的作者皮埃尔·莫奈尔（Pierre Mornell）博士说："过去的行为是未来行为的最好预言。"

更为重要的是，行为面试可以帮助我们评估一个人的"软性品质"，例如，候选人能否吃苦耐劳，是否具有责任感，或者如何与他人相处。这些"软性品质"是传统面试中最难了解的领域。

行为面试的步骤

面试之前

面试之前的精心准备，对获取候选人的关键信息至关重要。它将使你清楚地知道测评什么、问什么问题、怎样提问。在这个阶段，你需要完成以下三个任务。

确定面试维度

当你需要招聘一名新员工的时候，你首先要将该岗位的任职条件一一列出，这些条件就是面试维度，是甄选好员工的标准。

设计面试问题

在确定了面试维度之后，接下来就要针对每个维度设计要问的问题。

审阅个人简历

如果初次面试是由人力资源部完成的，复试则由部门经理来主持。即使候选人简历中的疑点已在初次面试中得到澄清，作为用人部门的面试官，你也需要在面试前浏览一遍个人简历或求职申请表，从中了解候选人的工作经验。这些信息可帮助你在面试中有针对地提出问题。

● 面试之中

按照事先安排好的顺序以及设计好的问题进行面试。最糟糕的面试莫过于漫无结构的闲聊。因此，清晰的问题结构框架是必需的。但成功的行为面试还应具有适当的灵活性。

开始面试

在进入正式面试之前，你大约需要花 10 分钟时间做一个开场白。

◇ **首先是破冰**　寒暄几句，从一开始就营造一个轻松、愉快、友好的面谈氛围。候选人的心情越放松，就越会畅所欲言、展露真我。同时，面试官表现出友好，既是对候选人的尊重，也是在推销公司，正如候选人必须向你推销他们自己一样。请记住：现在是求职者的市场。

◇ **说明面试顺序**　你可以说：我先问你一些问题，问完之后，你可以向我了解有关这份工作的任何情况。这样安排和说明的好处是，很得体地让候选人明白，在你问完问题之前，不要询问有关工作的情况。如果你在面试一开始就详细地介绍有关岗位的情况或是回答有关工作的问题，就等于给了候选人机会，他将顺着你"泄露的信息"告诉你想要听到的东西，或是根据岗位的要求来调整他的回答。如果是这样，你就难以获得真实的信息。

正式面试

在消除了候选人紧张感、简单说明了面试顺序之后，就进入正式面试阶段。

◊ **提问** 按照事先准备好的问题清单提问。手持一份清单，可以避免遗漏要问的问题。当然，你还需要根据候选人的回答追问一些清单上没有的问题，这是为了进一步探究。成功的行为面试需要具有这样的灵活性。

◊ **倾听** 面试专家认为，在一次成功的面试中，候选人的谈话应该占80%。这就意味着，80%的时间是你在倾听。你的重要任务是在抛出一个问题之后，仔细地倾听候选人的"故事"，从中发掘你要的关键信息，而不是你被他"面试"。

◊ **观察** 观察其实从候选人走进公司就可开始了。在面试过程中，我们不仅要听候选人说什么，还要观察他的仪容仪表、行为举止以及面部表情。因为这些非语言的表现不仅能传递一些重要信息，还可从一个侧面来验证候选人是否在陈述事实。

◊ **记录** 面试中的记录是必需的，这至少有两个作用。其一，在所有候选人面试结束后，你需要将他们的面试记录摆在面前，作比较分析，看谁更匹配岗位要求。如果没有记录，事后的记忆会变得模糊，还易混淆各人的情况。其二，面试记录是要存入员工个人档案的，以备需要时查阅。另外，某个候选人虽然落选了，但他的条件尚可，人力资源部会将他的所有应聘资料连同面试记录存入备选人档案，他有可能是下一次招聘时的人选。

结束面试

在结束面试时，也就是当你问完了所有问题后，以下三点是你要注意的。

◊ **回答问题** 在你问了足够多的问题来求证候选人是否适合这个岗位后，现在就轮到他向你提问了。给予候选人提问的机会，不仅是让他对这份工作有更多的了解，也使你了解他关心哪些问题。这些问题会帮助你进一步发掘冰山下隐藏的需求和动机。皮埃尔·莫奈尔喜欢问候选人的一个问题是："你有什么问题问我吗？"因此，你一定要重视这个环节并认真倾听候选人提出的问题。

◊ **不可承诺** 到此为止，你对这位候选人的资格可能已心中有数。但是，你还不能做出决定，更不可告诉候选人：我录用你了。因为，后面可能还有人要面试，即使没有了，招聘的流程到此还没走完，要留出时间给评估、最后确认。如果你对某位候选人很感兴趣，你可热诚地告诉他：非常感谢你来面试，你给我留下了很深的印象。人力资源部会与你进一步联系。如果你对候选人不满意，你就说：非常感谢你来面试，我们还有几位候选人要面试，然后才能做出决定。

◊ **完成记录** 在送走这位候选人之后，你要立即完成对他的面试记录，然后再见下一个候选人。记忆的消失是很快的，尤其是在面试多人的时候。

● 面试之后

当所有候选人的面试完成之后，你要将他们的面试记录摆在面前，对照面试维度，做个比较分析，看谁是最佳人选。这就是面试之后的评估阶段。

◊ **比较** 这里所说的比较，不是拿一个候选人与其他人作比较，而是将每一个候选人的面试记录与面试维度进行比较。

◊ **分析** 重点关注候选人对工作具有重要意义的行为证据,而不是他想怎么做。另外,还要分析候选人的缺点是否会对工作造成重大影响。人无完人,每个人都有缺点。如果他的缺点对他将要承担的工作不会造成重大影响,那么就可以忽略。

◊ **决定** 经过面试评估之后,你会做出以下决定:不录用、录用或需要进一步测评。

行为面试的技能

■ 如何确定面试维度

以某公司原料采购员岗位为例。如果要招聘一名原料采购员,那么如何确定该岗位的面试维度呢?

阅读职务说明书

确定面试维度的过程,就是阅读职务说明书(表 4-18)中的职务描述,然后阅读任职资格,最后确定具体的面试维度。

表 4-18 原料采购员职务说明书

一、基本信息					
职务名称	原料采购员	**分部门**		**所属部门**	采购部
职务等级		**职务编制**	2人	**职务编号**	
直接上级	采购部经理	**直接下属**		**间接下属**	
二、职务位置					

续 表

三、工作关系

内外部门（单位）	联系对象	联系内容	联系频度
公司内部	市场销售部、技术质检部	为新产品开发提供原料	频繁
	总仓库	库存情况、入库	频繁
	技术质检部	原料检验	频繁
	财务部	货款结算、索赔事宜	频繁
外部单位	供应商	原料采购	频繁

四、工作概述

根据公司经营和生产计划，负责公司原料的采购，按要求保质保量及时供应，为公司生产顺利开展提供保障。

五、工作职责

工作职责和任务	考核领域			
	数量	质量	成本	时效
职责一：及时掌握市场供应信息				
任务1. 收集原料市场供应信息，及时掌握市场价格				√
任务2. 及时将市场供应信息和采购策略向上司汇报		√		√
职责二：严格执行采购管理制度和流程				
任务1. 根据采购管理制度和流程，进行采购、验收、入库、结算		√		
任务2. 对采购的每件物品严格把关，力争质量最好、价格最优惠		√	√	
任务3. 把一线部门的需要放在第一位，确保原料及时供应				√
职责三：制订和执行原料采购计划				
任务1. 了解公司经营生产计划、库存情况，制订采购计划，报上司审批		√		√

续 表

任务2. 与供应商沟通，及时向上司反馈沟通情况，参与重大合同的谈判		√		√
任务3. 负责采购合同的草拟、执行、结算		√		√
任务4. 及时将质量问题反馈给供应商，洽谈采购索赔事宜			√	√
职责四：完成上级领导交办的其他工作任务				

六、工作时间

工作时间	定时制	偶尔加班	经常加班	倒班
	√			
出差时间	基本不出差	偶尔出差	经常出差	出差很频繁
			√	
工作负荷	轻松	正常	满负荷	超负荷
			√	

七、工作环境

工作场所	办公室
舒适度	舒适
危险性	无危险

八、任职资格

身体素质	身体健康
个性特征	主动积极、责任心强，具有协作精神，善于沟通，灵活老练
教育水平	大专以上学历，工科专业
工作经验	2年以上同行业采购工作经验
专业知识	熟悉原料知识、原料市场、采购流程，具有基本的合同管理、成本核算知识
工作技能	熟练使用办公软件

续　表

	能力项目	一般	较强	很强	能力项目	一般	较强	很强
工作能力	领导能力				培训能力			
	计划能力			√	指导能力			
	组织能力				激励能力			
	授权能力				公文能力		√	
	沟通能力			√	创新能力			
	协调能力				谈判能力			√
	分析能力			√	时间管理		√	
	解决问题				冲突处理			

确定面试维度

原料采购员岗位的面试维度被确定为：专业知识、责任心强、协作精神、谈判能力、成本控制。

·专业知识：掌握相关知识，包括原料、采购流程、合同管理、成本核算，熟悉原料市场；

·责任心强：对公司负责，保质保量及时供应原料，不出差错；

·协作精神：遵守流程，履行职责，敢于承担问题的责任，与他人协商；

·谈判能力：具有良好的沟通与谈判技巧；

·成本控制：具有正确的成本控制意识与能力，如及时了解市场信息、合理的采购计划与策略、质量与价格并重等。

从以上面试维度可以看出：

"专业知识"不是对行为描述的素质。作为岗位要求的一个重要条件，如果必须通过面谈才可了解候选人对相关知识的认知程度，那就安排在面试中提出，否则就采用纸笔测试。但必须明确，它不属于行为面试的范畴。

没有将职务说明书内所有的任职条件一一列出，这是因为，身体素质、教育水平、工作经验、工作技能等与专业知识一样，都不是对行为描述的素质；涉及履历方面的，如学历、工作经历，这些已经在第一次面试中澄清了，部门经理应将寻找行为证据作为此次面试的重点；至于身体素质、工作技能，通过面谈是问不出结果的，应采用其他测评方法，如体检、技能操作。

同时，也没有将所有的行为标准列出，如主动积极、吃苦耐劳，以及抗压、信息收集、计划、分析、时间管理能力强等。一是因为只需要列出关键行为标准，要达到这些行为标准必然有其他行为的支持，如一个人在工作上不主动积极，是很难有高度的责任心的。此外，面试时间是有限的。我们应当在有限的面试时间内围绕着几项关键维度进行询问，才能获得充分的行为证据。因此，建议将面试维度最好设计在 5 个范围内。

"软"条件多于"硬"条件。这不仅说明"软"条件更重要，还表明行为面试是发掘隐藏的不易评估的素质的重要方法。

如何提问

行为面试是通过获取足够有效的行为证据来判断候选人是否适合要招聘的岗位。因此，成功的行为面试的关键是提出适当的问题。如果没有提出适当的问题，你将无法获得行为证据。

由部门经理设计问题

在确定了面试维度之后，就要针对每一个行为标准设计问题。面试问题与面试维度一样，都必须由部门经理亲自设计，他人无法替代。比如，原料采购员岗位的一个行为标准是"成本控制"。问什么样的问题才能引出候选人的行为证据，只有对采购工作非常熟悉的人，才能设计出适当的问题。

问开放式问题

问开放式问题，能帮助我们获得充分有效的信息。例如：

- 你是怎么看待这个问题的？
- 以前你给自己定过什么目标，你是如何实现目标的？
- 请举一个你协助同事完成任务的例子。

不问封闭式问题

例如：你是一个好员工吗？你喜欢与人打交道吗？你能胜任这项工作吗？只能用"肯定"或"否定"来回答的问题，不是好问题，因为你根本就没有获取任何有效的信息。当候选人对以上问题给予肯定回答的时候，你能判断他们就能做到吗？因此，为了获取充分而有效的信息，应问开放式问题，不要问封闭式问题。

但是，出于对事实的确认或是铺垫，还是可以采用封闭式问题的。例如：

- 你为了转行还自费参加了人力资源管理课程的培训？
- 你遇到过很难打交道的同事吗？请你举个例子好吗？

避免问无效问题

什么是无效问题？就是候选人所给出的答案不能证明他能够胜任要招聘的岗位。如果没有经过行为面试技能的专门培训，部门经理在面试中常常会不知不觉、自然而然地问出这些无效的问题。例如：

·这份工作是很辛苦的，你能接受吗？

这是一个引导性问题，又是一个封闭式问题，候选人自然会回答你想要听到的"能"。但是他到底是不是一个能够吃苦耐劳的员工，并没有行为证据。引导性问题很容易亮出你的"底牌"。

·与同事一起工作需要有协作精神，请你举一个与同事打交道最困难的例子。

这是一个引导性问题。

·如果遇到客人投诉，你会怎么处理？

这既是一个假设性问题，又是一个理论性问题。针对这一问题，候选人可能会给出很多好想法。然而，这些好想法都是理论性的，只能说明他有这方面的认识，并不能证明他在实际工作中是怎么做的。更何况，由于提出的问题是假设性的，候选人所给出的答案也是基于假设的。

·当你的计划给别人造成不便的时候，你会做适当的调整吗？

这既是一个假设性问题，又是一个引导性问题，还是一个封闭式问题。

·你认为一个好员工应该具有哪些素质？

这是一个理论性问题。

因此，应当避免提出引导性问题、假设性问题、理论性问题、封闭式问题。

问行为性问题

在传统的面试中，提出的问题往往是要求候选人回答他在某一方面的知识或在假定情况下会怎么做；而行为面试则是要求候选人描述他在经历过的关键事件中的实际言行。

将以上的无效问题改为行为问题、开放式问题：

- 跟我谈谈你曾经历过的最艰苦的工作。
（行为标准：吃苦耐劳）
- 请举一个你与同事打交道最困难的例子。
（行为标准：协作精神）
- 请给我讲一段你处理客人投诉的经历。
（行为标准：服务意识）
- 说说当你的计划与他人的工作发生冲突时的情况。
（行为标准：协作精神）
- 请举一个你以前达到工作目标的例子。
（行为标准：员工素质）

STAR 工具

以上行为问题，如"请举一个你与同事打交道最困难的例子"，是要求候选人描述他过去经历过的一个关键事件。但是，候选人未必知道如何描述才能达到面试官的要求。这就需要你通过提问来引导他回答。这些提问是根据候选人的回答延伸出来的，很难在面试前拟定好。尽管如此，你的脑子里可以有一个 STAR（星）来指引提问的范围，从而获得有关这个事件的完整信息。

STAR 是由四个英文单词的开头字母组成，即：

◊ S　Situation　　情境：首先问候选人曾经历过的关键事件的背景情况

◊ T　Task　　　　任务：问他在这个事件中的任务或目标是什么
◊ A　Action　　 行动：再问他当时是怎么想的，实际上说了什么，是怎么做的
◊ R　Result　　 结果：最后问结果如何，他是怎样看待结果的

漏斗式提问

"STAR"又像是一个"漏斗"（见图4-21）。沿着漏斗向下，先问宽泛的问题，再问具体的问题，直至找到你想要的证据。这些证据是指候选人在当时特定情境下实际发生的思想和言行。将这些行为证据与面试维度进行对比，你就清楚候选人的优点与缺点了。

层次	问题	类型
表面层	请举一个……例子，想一想：	宽泛的
具体层	这是什么时候发生的？为什么？你当时是怎么想的？你说了什么？	具体的
细节层	你是怎么做的？结果如何？你怎么看这个结果？	详细的

图4-21　漏斗式提问

◊ **表面层**　"请举一个你与其他部门同事打交道最困难的例子"。当你提出这个问题的时候，候选人可能一下子想不起什么事例。这个时候，你应当鼓励他"想一想"。有时，你还需要启发他"你与其他部门同事有过争执吗"。

◊ **具体层**　"有一次，在我接到生产部采购单的第二天，生产部经理就来催了，还冲着我发了大火。"候选人的"故事"通常是这样开始的，并没有说清具体情况。候选人通常意识不到你要了解的详细程度。"这件事发生在什么时候""他为什么会冲你发火""这个单子由谁

负责采购""你知道他为什么这么着急吗"……这些问题是为了探究事例的背景情况。现在漏斗越来越窄了，但还没有触及细节，你需要继续沿着漏斗向下。

◊ **细节层** "他对你大声嚷嚷了什么""你是怎么回应的""后来的情况怎么样了""你是怎么看待生产部经理对你发火这件事的"……问题可以越来越细，直至找到你想要的行为证据。

◊ **示例**：考察候选人的协作精神

面试官：请举一个你与其他部门同事打交道最困难的例子。
候选人：有一次，在我接到生产部采购单的第二天，生产部经理就来催了，还冲着我发了大火。

说明：先问一个宽泛的问题，引出候选人的事例。还不具体，但已"挖开通向金矿的表层土壤"。

面试官：这件事发生在什么时候？
候选人：去年国庆前。

说明：了解情境。关注近况，关键事件发生的时间离现在越近，可靠性就越高。

面试官：他为什么会冲你发火呢？
候选人：他来问我们什么时候能到货，我说了句我们又不是神仙，他就大声嚷嚷起来了。

说明：了解情境。这里有个含糊的词"我们"，到底是"我"还是"我们",必须进一步澄清。

> 面试官:这个单子由谁负责采购?
> 候选人:我们有两个原料采购员,这个单子由我负责。

说明:明确候选人的任务。澄清了是由"我"负责,而不是"我们"。

> 面试官:你知道他为什么这么着急吗?
> 候选人:公司接到一个订单。销售部、技术部都在等他拿出样品。另外,过几天就要国庆放假了。

说明:了解情境。现在漏斗越来越窄了,但还没有触及细节,需要继续沿着漏斗向下。

> 面试官:他对你大声嚷嚷了什么?
> 候选人:好像是"耽误了事你要负责""放假前必须到货"之类的话。

说明:进一步了解情境,为下面的问话作铺垫。

> 面试官:当他对你大声嚷嚷的时候,你是怎么回应的?
> 候选人:我没有说话。

说明:开始触及细节了。了解候选人在特定情境下说了什么、做了什么。

> 面试官:你为什么不说话呢?
> 候选人:我哪敢啊!

说明:"我哪敢啊!"这句话带有强烈的感情色彩,一定要探究它隐藏的含义。

　　面试官:为什么不敢说话呢?
　　候选人:我要是再说什么他不得跳起来了。他的脾气我是知道的。再说,他也是为了工作着急。

说明:越来越细了。了解候选人在特定情境下是怎么想的。

　　面试官:我很想听听你是怎样看待生产部经理冲你发火这件事的?
　　候选人:他就是这样一个人,急性子,爱发脾气。不过,那天我说话也欠考虑。我明明知道他的脾气,还拿话来顶他。

说明:进一步了解候选人的想法与心态。

　　面试官:后来的情况怎么样了?我是说生产部的原料采购这件事。
　　候选人:谢天谢地,原料终于抢在放假前一天到了。不然的话,我非被他骂死不可。

说明:了解这件事的结果。

　　面试官:你是怎么看待这个结果的?
　　候选人:说实话,我还真得感谢生产部经理,如果不是他死命地催,可能不会这么快就交货。他虽然脾气不大好,但对工作很认真,值得我学习。

说明：了解候选人对结果的看法。

● 如何倾听

在行为面试中，倾听既要排除诸多因素的干扰，又要会听。

排除干扰因素

在面试中有很多因素会阻碍你的倾听，你必须努力去排除。例如：

- 糟糕的环境：一时接个电话，一时来个人签字，周围的噪音……
- 偏见：见"晕轮效应"。带着偏见倾听，如同戴着有色眼镜看人一般。
- 着急：急于插话或是打破对方的沉默。
- 急于下结论：话听到一半就下结论，这人不错或这人不行。
- 表达不清楚：一种情况是候选人不善表达，另一种是对方没有听懂你的问题。

倾听的技巧

不要只是听，还要积极地听、会听。

◊ **肢体语言** 积极的倾听涉及你的肢体语言，如保持目光接触、点头示意，可表示你对对方说的话感兴趣，从而鼓励他继续说下去。无精打采（如打哈欠）、不耐烦的样子（如坐立不安）、手上的小动作（如有人喜欢玩笔），这些行为不仅是对候选人不尊重，还会破坏谈话的效果，必须避免。

◊ **倾听线索** 只有捕捉到线索，才能探究下去。如上示例，"有一次，在我接到生产部采购单的第二天，生产部经理就来催了，还冲着我发了大火。"在这句话中，有4个线索需要探究：这件事发生在什么时候？生产部经理为什么急着要货？他为什么发火？为什么要冲着你发火而不是别人？即使是简短的回答也包含着线索，如"我没有说话"，是生气了？还是懒得搭理他？还是其他什么原因？这是考察候选人心态的一个重要线索，所以需要继续追问："你为什么不说话呢？"需要提醒的是，不是所有的线索都要探究，关键是看这个线索对寻找行为证据是否有用。比如，"在我接到生产部采购单的第二天"，从生产部经理填写采购单到采购员手里这个过程花了多长时间？为什么不填写紧急采购单？这两个线索就不需要去探究了。面试的时间很宝贵。

◇ **听关键词** 如听到"我们"时，一定要澄清候选人在事件中的角色与任务。防止将"我"的问题移植到"我们"身上或者将"我们"的功劳转移到"我"的身上。要让候选人说出他自己的例子。还要关注"通常""经常""一般来说"等概括性的词。"我经常协助同事解决工作上的问题"，当你听到"经常"时，如果你觉得这个线索很重要，就要请候选人列举两个协助同事解决问题的例子。一次事件中的行为可能带有偶然性。如果在两三件事中都能采取相同的行为，证据就会更加可靠。对带有强烈感情色彩的词句也要敏感，如"我哪敢啊""我很生气""很高兴"等，这些词句很能表现一个人的情绪和心态。

◇ **听中侦查** 在听的过程中有三种情况需要注意。一是沉默。当候选人接到一个提问后没有立即回答而是沉默，你就需要去"侦查"他的沉默意味着什么，是在回想？或是你触及他的"痛处"，他不想回答？还是他没有这样的经历？最好的"侦查"方法就是不要打破沉默，耐心地等待他最终开口，答案就会自然明了。二是回避。有时，候选人答非所问。比如，你问："生产部经理为什么会冲你发火？"对方答："他是一个脾气暴躁的人，就爱发火。"他为什么不直接回答你的问题？他想隐瞒什么？此时，你应当追问："你还没有告诉我他为什么会冲你发火？"千万别让他绕过去了。三是省略。例如，一个来应聘车间班组长的候选人在陈述他过去是怎样领导班组的时候，谈到开班前会、检查监督、与问题员工谈话等，但没提到在岗培训。他为什么会漏掉这部分重要的内容呢？是他没意识到你想了解的详细程度，还是他的缺失？这也是一个需要探究的问题。

识别虚假行为

在接受面试前，候选人可能做了充分准备。这对理论性问题的回答会有所帮助，但对行为性问题起不了多大作用。一件没有亲历过的事，即使查阅了大量资料，也说不出关键细节。即使他很能"编故事"，在专业人士的眼里一定是漏洞百出的。

以下是虚假行为在四个方面的表现，你要注意倾听和识别。

·不完整的叙述：很难详尽描述事例中的每一个细节，可能会"回避""省略"。

·含糊的叙述：使用不确定的词，如"我们""通常""经常""一般来说""普遍"等。

·个人主观看法：阐述的是个人的判断或观点，没有具体讲述实际行为。

·不实际的叙述：谈的是关于将来的设想或打算，但不是已做的事情。

如何跟进虚假行为？见表 4-19。

表 4-19 如何跟进虚假行为

	举例	跟进
不完整	……	顺着线索穷追不舍，漏洞就会暴露无遗。
含 糊	一般来说我都可以妥善处理客户投诉。	请举两个你处理客户投诉最成功的例子。
主 观	我认为为客户提供额外服务是值得的。	请举一个你做过的例子来说明，好吗？
不实际	我本来是可以处理好这件事的。不过以后再遇到这类事，我知道该怎么处理了。	你当时是怎么处理这件事的呢？结果如何？

如何观察

候选人的外部特征，有些是持久的，如仪容仪表、部分行为举止；有些是在瞬间发生的，如面部表情的细微变化、手上的一个小动作。从他进入公司到离开的这段时间里，如果你能观察得到，可从中发掘一些重要信息（即非语言信息），也可对语言信息的真实性起到验证作用，尤其是在面试过程中，你不能只顾记录或是因为专心倾听而忘了观察。

观察仪容仪表

要注意三点。一是避免偏见。比如，你可能不喜欢候选人的着装或发型，但是这些特征并不说明他不能胜任这个岗位。二是必须"以貌取人"。虽然说"不可以貌取人"，但有些行业、岗位对形象是有一定的要求的，如服务业、面客的岗位，这就需要"以貌取人"了。三是说明要求。如果你的公司对仪容仪表有特别的要求，如男员工不可留长发，那就开诚布公地告诉候选人，问他是否愿意执行公司的标准。

观察行为举止

举手投足之间可反映出一个人的行为习惯、修养以及性格。说话可能会"言不由衷"，而行为举止却难以掩饰，常常会在无意中表现出来。尽管面试的时间有限，但还是可以通过观察行为表现来辅助评判。见表 4-20：

表 4-20 行为表现与传达的信息

行为表现	传达的信息
站姿不正，弯腰驼背，东摇西晃	散漫
昂首挺胸，脚步快捷	精神饱满，作风干练
走路慢悠悠	精神萎靡，做事可能拖拉
坐立不安，搓手，手摸鼻子、脖子、脸等	焦虑，急躁，可能说谎
坐下时轻手轻脚，离开时将椅子恢复原位	注意细节，训练有素

观察面部表情

一般情况下,说谎人在追问的刺激下,脸上的表情都不会过于放松,眼睛可能也不敢正视你。即使能做到神色淡定,在其他方面还会露出马脚,如坐姿、手势、对细节的描述等。

如何记录

记录对做出客观评价十分重要。以下是一些要点与方法,供你参考。

· 在面试记录表(表4-21)上直接做记录。

· 让候选人看到你在记录,这是暗示他不要说谎,但不要让他看见你记录的内容。

· 保持稳定的书写节奏。比如,当候选人刚谈到关键信息时,你突然加快记录,他可能会因此"受惊",意识到这些话对你很重要,就会揣测你的想法并调整他的回答。

· 简要记录。如果你一直低着头在做记录,就无法观察,还会影响候选人谈话的兴致。

· 记录的是候选人说的话,而不是你的评价结论。

表 4-21 面试记录表

应聘者姓名		应聘岗位		招聘部门	
面试人签名		面试日期		面试用时	
	□第一次面试		□第二次面试	□第三次面试	
面试维度	面试问题		面试记录		

4 培训与指导

员工招来了,这就意味着从他们入职的第一天起,你就要培训与指导他们。这里的"你"包括从部门经理到班组长。无论你管理一百个员工,还是管理一个员工,你都要对他们的工作表现和个人成长负责。培训与指导是部门管理者的重要职责。

你是一名优秀培训者吗

阅读前思考：

作为一名部门管理者，你在一年内亲自给员工做过几次培训？

员工招来了，这就意味着从他们入职的第一天起，你就要开始培训他们。这里的"你"包括从部门经理到班组长。无论你管理一百个员工，还是管理一个员工，你都要对他们的工作表现、个人成长负责。培训是每一位部门管理者的一项重要职责，你就是内训师，不要指望他人。

培训是出于经营目的

时下，我们常听到这样一句话"培训是企业给予员工的福利"。我们并不否认由此带来的"附加值"。但是，当我们在企业环境中谈论培训的时候，需要记住：企业提供培训首先是出于经营目的，是使员工获取能实现其经营计划的知识和技能。因此：

・企业没有义务提供教育机会，员工不应该有过多的期望；

・培训的目的不是创造学术成就，不需要提供复杂的理论知识；

・培训所提供的是与员工工作直接相关的知识和技能；

・培训的目的是改进工作绩效，使员工做以前不能做的事或是做得更好；

・培训是需要成本的，所有的培训都应当带来学习的产出。

优秀培训者的表现

一名优秀培训者应当具有以下三个方面的素质：专业能力、培训能力、关心下属。具体如图 4-22 所示：

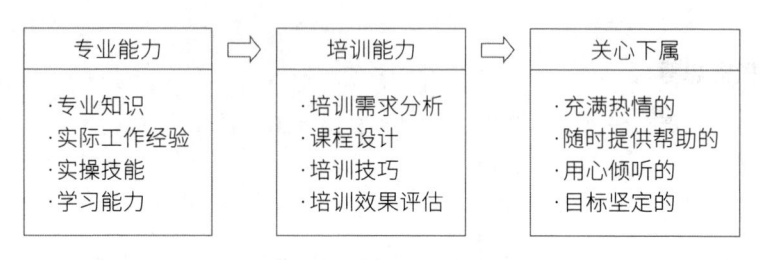

专业能力	培训能力	关心下属
·专业知识 ·实际工作经验 ·实操技能 ·学习能力	·培训需求分析 ·课程设计 ·培训技巧 ·培训效果评估	·充满热情的 ·随时提供帮助的 ·用心倾听的 ·目标坚定的

图 4-22 优秀培训者的素质

如何激发员工的学习兴趣

阅读前思考：

1. 你了解成人学习的特点吗？
2. 你掌握了哪些培训方法？效果如何？

企业培训的对象是员工。要想有效激发员工的学习兴趣并取得良好的培训效果，就要了解成人学习的特点，掌握一定的培训方法。

成人学习的特点

> "以学为导向"，而不是"以教为中心"。这是员工培训有别于传统教学的地方。成人学习者有自身的学习特点。只有当培训满足员工的需求时，他们才会积极地参与到培训中来。我们必须牢记"企业的学习者是成人"。

● 成人学习的目的性很强

如果培训的内容不能迎合员工的需求，他们将对培训失去兴趣。他们更想提升能应用于工作的实操技能，而不是花时间听大道理。只有员工想学、有理由学，才会主动投入培训。

针对这一特点，有效应对的方法是：

- 找到员工的培训需求；
- 培训的内容对员工有价值，能够帮助员工解决问题；
- 清楚说明培训的目标；
- 在岗培训与离岗培训结合，多采用在岗培训的方式。

大多数成人有工作经验

有工作经验的员工很容易产生认知不协调的思维倾向。如果这种思维倾向不能克服，他们将会不自觉地抵制培训。比如，"我做销售很多年了，还需要培训吗？""这个家伙能教我什么？"

针对这一特点，有效应对的方法是：

- 培训的内容要具有说服力；
- 将新知识、技能与旧经验进行比较分析，帮助员工改变认知；
- 运用提问、讨论等培训方法，激发学员的参与热情。

成人很难耐住性子坐在教室里

仅仅采用讲授的传统培训方法，无法使员工的注意力保持高度集中。如果员工坐得太久而没有参与，他们很可能失去耐性。

针对这一特点，有效应对的方法是：

- 培训过程不是单向的传授，而是双向的互动交流；
- 一堂精彩的培训课一定不止一种培训方法；
- 即使是讲授，培训者的声音控制和肢体语言也非常重要。

学员的第一印象非常关键

学员的第一印象和一开始接收到的信息，将会影响他们对后面培训的兴趣和理解。

针对这一特点，有效应对的方法是：

- 开场白一定要生动有趣，能在一开始就引起学员的兴趣；
- 在培训一开始就让学员清楚了解培训的主题、纲要以及目标，再进行分解。

喜欢在"没有危险"的环境下学习

成人有很强的自尊心。比如，有的人怕答错了丢面子，有的人不喜欢被评价。当他们感觉到"危险"的时候，压力就会陡然增加，从而失去参与的兴趣。

针对这一特点，有效应对的方法是：

- 首先要尊重每一位学员，平等对待他们；
- 学员容易接受的反馈形式是"肯定 + 否定 + 肯定"（三明治式的反馈）；
- 营造轻松的气氛，鼓励他们积极参与。

运用多感官学习的效果更好

实践证明，运用多感官学习，不仅能增加学习兴趣，还有利于学员的记忆与理解。

- 听听而已，很快遗忘；
- 仔细去看，就能记住；
- 亲自动手，容易理解。

针对这一特点，有效应对的方法是：

- 精心准备 PPT、影像资料、演示用的"道具"等；
- 使用直观的培训设备，如投影仪、白板等；
- 通过讲授、演示、角色扮演、游戏等多种培训方式刺激感官；
- 操作技能培训在工作现场或模拟现场进行；
- 给予学员练习和实践的机会。

常用的培训方法

一堂效果突出的培训课应不止使用一种培训方法。常用的培训方法如图 4-23 所示：

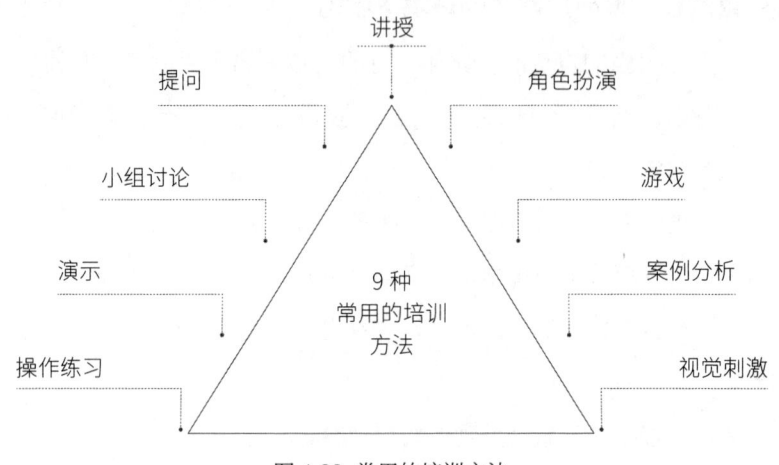

图 4-23 常用的培训方法

（9 种常用的培训方法：讲授、提问、角色扮演、小组讨论、游戏、演示、案例分析、操作练习、视觉刺激）

● 讲授

讲授时听众是被动的，要想使培训有效，我们需要注意：

- 内容精彩，条理清晰；
- 时刻关注听众的情绪变化，注意调动听众的情绪；
- 利用声音和肢体语言；
- 使用辅助设备，如投影仪、白板；
- 适当结合其他培训方法，如提问、讨论、游戏等。

● 提问

提问是常用的培训方法之一，有以下作用：

- 可吸引学员的注意力；
- 从问题入手，促进学员思考，引领学员的逻辑思维；

- 帮助学员重复所学的知识，强化记忆；
- 了解培训信息是否被学员接受和理解。

小组讨论

- 小组讨论可以营造轻松的氛围，使学员处于放松状态；
- 促进人人参与，分享经验；
- 促进思考，使学员从一个更宽广的视角来看待问题。

小组讨论时需要注意：

- 事先需设计好要讨论的主题，限定讨论时间；
- 要求每组将组员的观点按相同点和不同点归纳并写出；
- 讨论结束后，由每组推荐一位代表，综合阐述小组观点；
- 培训者最后给予总结和评价。

演示

演示具有直观性，一般来讲，操作技能的培训需要演示。

演示时需要注意：

- 演示前需要准备好所需的设备、工具或材料；
- 演示需要有讲解配合；
- 演示需分步骤进行，让学员跟着学做；
- 确保每位学员看清、理解、掌握每个动作要领。

操作练习

在演示结束后，还要给予学员实操练习的机会。操作练习是我们观察学员行为变化、评估培训效果的最佳途径。

在操作练习时，我们需要注意：

- 鼓励和督促学员多练习；
- 学员应在培训者的指导下练习，有些技能训练要特别注意安全问题；

· 在学员操作练习的过程中，培训者应给予正面反馈。

● 角色扮演

角色扮演是体验式的情景培训，具有直观性、生动性。通过体验，学员更容易理解和记住所学的知识与技能。

角色扮演时需要注意：

· 场景可由培训者事先准备好，也可以让学员在培训现场自行设计；

· 角色分配，鼓励学员自愿参与；

· 将所学应用于表演；

· 表演结束后，听取学员和培训者的评价。

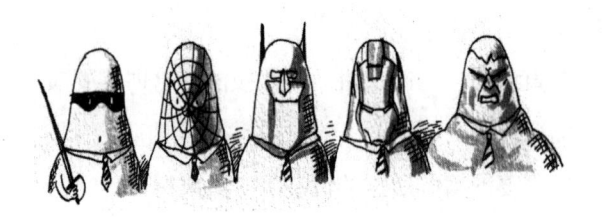

● 游戏

游戏可以辅助有目的的培训，也常被用来活跃气氛，让学员放松。

设计游戏时需要注意：

· 最好选择与培训内容密切联系的游戏，可起到启示的作用；

· 充分考虑游戏的时间和难度；

· 游戏结束后，听取学员和培训者的评价，如与培训有关。

案例分析

案例可以帮助学员轻松理解所讲授的内容，案例解析对于解决问题具有指导意义。

设计案例时需要注意：

- 根据培训内容选择合适和典型的案例；
- 引导学员参与案例分析，说出他们的想法；
- 最后给予总结和评价。

视觉刺激

有专家认为，培训效果来自 75% 的视觉和 25% 的听觉。因此，在准备培训方案时，要充分考虑视觉的效果。

视觉刺激的工具有：

- 投影仪、白板、大白纸、PPT、图表、图片、影像等；
- 工作现场、模拟现场、用于培训的"道具"等。

用幻灯片演讲不是为了让观众看，而是为了让观众听

幻灯片或展示板可以使你的演讲更美观，带给听众的影响力也更大。但最成功的幻灯片是清晰、简洁、明了的。把视觉辅助工具的内容限制到几个标题、副标题、短语和论点上——五到六个就足够了。把最精彩的内容留给你去说。

资料来源：[美] 迈克·W. 普雷斯，马修·弗莱德里克. 经理人成长记录：我在商学院学到的 101 件事 [M]. 于兹志，姚舜，译. 北京：机械工业出版社，2012.

培训的过程

阅读前思考：

作为一名培训者，你知道培训的全过程吗？

培训的过程包括确定培训需求、制订培训方案、实施培训行动、评估培训效果等四个阶段以及培训全过程的监督与改善（见图4-24）。

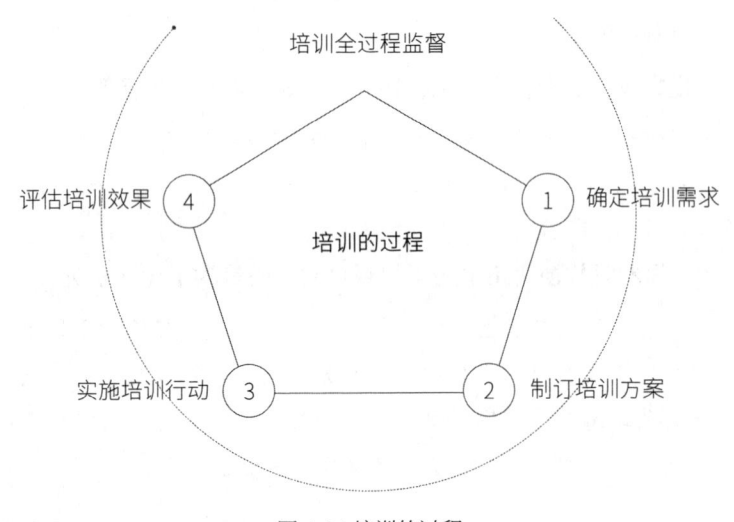

图 4-24 培训的过程

确定培训需求

什么是培训需求

培训需求是指员工的实际表现与被要求表现之间的差距。培训的目的就是要缩小这个差距。

如何确定培训需求

确定培训需求要经过三个步骤：识别培训需求、培训需求分析、描述培训目标（即确定培训需求）。

识别培训需求

通过发现问题、分析导致问题发生的原因来识别培训需求。

◊ **发现问题**　首先要发现问题，然后才能发现培训需求。培训需求一般来自现存的问题或是为了预防潜在的问题。

> **发现问题的方法**
>
> 　　1. 利用人的感官发现问题。在这个阶段，只关注问题，而不是评价人。
> 　　·视觉：用眼睛去观察事物的状况、员工的行为举止。
> 　　·听觉：用耳朵来接收信息和倾听声响，如倾听客户的意见，听出设备不正常的声音。
> 　　·触觉：用手触摸来寻找对事物的感觉或了解状况，如漆面是否光滑、台面是否干净。
> 　　·嗅觉：用鼻子嗅出气味，如嗅出烟味，有的职业需要有灵敏的嗅觉。
> 　　·味觉：用嘴来品尝味道，如厨师需要品尝食品的味道，餐饮经理也经常需要试菜。
> 　　2. 这个原理是将正在发生的事与应该发生的事进行比较，将现状与要求进行比较。
> 　　3. 基于这个原理，首先要建立部门的目标、职务说明书、工作流程、操作规范、规章制度、考核标准等。所有这些书面文件能告诉我们事情的本来面目。
> 　　4. 对于同一件事，为什么有的人能发现问题，而有的人却发现不了呢？除了责任心、经验以外，还有一个关键问题，那就是在你的脑子里储存了什么标准。

> **问题的征兆**
> - 新员工/新设备/新流程/新规范
> - 来自客户的投诉
> - 多次的工作失误
> - 工作效率低，产品质量下降
> - 损耗大，成本增加
> - 突发事件，如工伤、事故

◊ **分析原因** 发现问题，不等于找到了导致问题发生的真正原因。因此，在发现问题之后，还要进一步分析导致问题发生的原因。例如，产品质量近期出现问题，可能是新操作工出了什么差错，或者原料有瑕疵，或者机器有毛病，或者因赶工而忽视了质量，或者是生产主管疏于监督，甚至是多种原因掺杂在一起。

◊ **识别需求** 如果发生的问题是员工的经验和技能不足所导致的，那么就需要通过培训来解决。例如产品质量下降是因为新操作工的操作技能不熟练所导致。

员工的工作表现依赖其经验和技能的发挥。他能胜任却不发挥或无法发挥，这是管理问题；如他无法胜任，那就是培训问题。管理领域的问题是无法通过培训来解决的，需要返回到管理中去解决。除非管理者的管理能力也存在问题。

分析培训需求

如果培训需求确实存在，接下来就要对具体的需求进行分析。

通过识别，我们确认导致产品质量下降的原因就是出在新员工技能上，也就是说确实存在着培训需求。那么，员工的技能问题又出在哪个环节呢？换句话说，提供什么内容的培训才能弥补员工在技能上

的差距呢？

分析培训需求，就是要对初步找出的需求做进一步的澄清，通过访谈、调查、考评等方法，了解员工在知识、经验或技能上的具体需求。

到目前为止，我们讨论的都是事，还没有涉及做事的人。在这个阶段还要分析谁需要接受培训。如果有几个员工从事同一种工作，对他们进行比较，找出问题是出在所有人身上，还是集中在一两个人身上；是共性问题，还是具体人员的问题。通过这样的深入调查，就可以确认谁应该接受培训。

描述培训目标

将经过识别和分析后确定的培训需求描述为培训目标。

目的：对一个意图的简单表述。

目标：用精确的语言描述某种需求。

一份撰写成功的培训目标应该是：
- 清楚表明培训结束后的收获
- 使用动词来描述培训后的收获
- 包括动作条件的描述
- 包括完成工作任务的衡量标准

培训目标的描述模式：

在培训结束后，受训人能够：
……………（一个动作）
……………（对　　象）
……………（条　　件）
……………（衡量标准）

图 4-25　撰写培训目标的方法

培训目标示例：

如何操作机器

在培训结束后，受训人能够：
- 操作 —————— 一个动作
- 机器 —————— 对　　象
- 无须他人指导 —————— 条　　件
- 根据操作规程 —————— 衡量标准

在培训结束后，受训人能够在没有指导的情况下，根据操作规程正确操作机器。

制订培训方案

● 确定培训条件

培训条件包括费用、场地、时间、培训设备设施等。

● 确定培训方式

比如是在岗培训还是离岗培训。

● 设计课程计划

课程计划是指引培训者培训的路线图。关于课程计划，详见后面的"怎样准备一堂培训课"。

● 制订培训计划表

培训计划表的内容通常包括培训主题、日期、时间、地点、培训对象、培训者等。如表 4-22 所示：

表 4-22 培训计划表

分部门：　　　　　部门：

No.	培训主题	培训日期	培训时间	培训地点	培训对象	人数	培训者

计划：　　　　　日期：

实施培训行动

● 有效实施培训需要三方的共同努力

・培训者：根据培训计划表和课程计划实施培训。

・受训者：事先了解培训计划表和课程大纲，遵守培训要求，积极参与培训。

·组　织：给予培训者大力支持。

组织的支持

这里所说的"组织"包括公司高层、人力资源部和培训者的上司。支持包括：

·大力倡导部门主管为下属提供经常性培训，人人都做"内训师"；

·为培训提供必要的条件；

·人力资源部应当推动和帮助部门主管提高培训技能；

·尤其是人力资源部，应主动帮助培训者提前准备好场地、设备设施等。

评估培训效果

对于一堂培训课，培训者本人需要给予评估，主要目的是了解培训的收效，否则培训毫无意义；人力资源部给予评估是为了指导培训者改进；培训者的上司也要跟进培训效果，这事关团队绩效的改进。

评估的目的

证明培训的有效性，在培训结束后是否达到了预先设定的培训目标。

评估的思路

对培训前后学员的知识、技能、绩效进行对比。

评估的内容

·培训后即可获知：经过培训，学员是否掌握了所学的知识和技能；

·需要一段时间：学员的工作绩效是否得到改善。

● 评估的方法

·测试：在培训结束后给予测试，包括纸笔测试和操作测试，即可知道他们是否掌握了所学的知识和技能。

·问卷：发问卷给学员，了解培训给他们带来的收获。

·访谈：访谈学员本人、学员的直接上司或客户，了解他们的变化。

·观察：在工作中观察他们的行为变化。

·考核：通过绩效考核，了解学员的工作绩效变化。

培训全过程监督

培训全过程监督，是指由监督人对培训的四个阶段进行监督，及时发现并指出培训问题，督促改进，以保证培训效果。

·监 督 人：人力资源部、培训者的上级领导。

·监督目的：及时发现并指出培训问题、督、促改进、保证培训效果。

·监督依据：公司培训制度。

·监督过程：培训的四个阶段。

·监督方式：审核、评估、沟通、指导、纠正。

● 培训前监督

·监督目的：保证培训需求分析准确及培训质量。

·监督项目：培训计划表、课程大纲。

·监督方法：首先由培训者的上司审核，然后由人力资源部审核，对不合适之处提出修改意见。

● 培训中监督

·监督目的：保证培训按事先的培训计划表和课程大纲实施。

·监督项目：培训时间、资料准备、学员的出勤和纪律状况、培训是否按课纲进行。

·监督方法：现场检查、全程听课或培训后对学员展开问卷调查。

● 培训后指导

·指导目的：纠正培训过程中出现的问题，提升培训技能，提高培训质量，增强培训效果。

·指导项目：培训过程中出现的问题。

·指导方法：每月培训报告（HR）、与培训者面谈、开展技能提升培训。

怎样准备一堂培训课

阅读前思考：
你过去的培训是怎样准备的？效果如何？

任何一堂精彩、有效的培训课都是有准备的。在确定了培训需求和培训目标之后，就要坐下来精心设计课程计划。

什么是课程计划

课程计划是培训者的重要工具，将保证培训目标的实现。课程计划犹如驾车旅行时必备的导航仪，有了它，你就知道起点在哪儿，终点在哪儿，途中要经过哪些地方。

> 课程计划是指引培训者实施培训行动的路线图。

● 内容设计

一堂培训课要讲哪些内容，不仅要紧扣主题、培训需求及其目标，还要考虑时间因素，即一堂培训课打算花多长时间。最为重要的是要考虑到学员的接受能力。一般来说，信息量较少的培训要比信息量多的培训效果好。一次培训掌握一个技能比掌握多个技能要容易得多。

因此，不要急于在一堂课内讲完所有的内容，分次授课的效果会更好。此外，还要分清主次。哪些知识与技能是学员必须掌握的，哪些是应该了解的，哪些是可了解的。必须掌握的显然是一堂课的重点内容。如有时间，再依次安排应该了解的和可了解的内容。

很多时候，学习"应该了解的"对理解重点内容会有所帮助。在这种情况下，就有必要将"应该了解的"内容设计到课程中来，但花费的时间不宜太多，否则就会"喧宾夺主"。比如，在培训"如何编写职务说明书"时，为了讲明职责描述方法，就有必要让学员先了解职责、任务、工作要素的含义。

● 课程结构

如同结构化面试一样，一堂精彩、有效的培训课也是有结构的，包括开场白、主体内容、结尾。主体内容又按一定的步骤进行分解。

● 逻辑清单

先讲什么，后讲什么，前后内容必须保持紧密联系，具有清晰的逻辑顺序。通常，前面的内容是后面内容的铺垫。

● 方法设计

针对课程内容设计合适、有效的方法。采用什么方法授课将直接影响培训的效果。在前面已经提到，一堂效果突出的培训课应不止采用一种培训方法。

● 时间分配

一堂培训课的时间是有限的，必须进行合理分配，应当将最多的时间分配给最重要的内容。同时还要考虑课间适当的休息。未必按照学校那样45分钟休息一次，最好在一段内容完整讲完或一个步骤训练完之后再休息，比如学员正在激烈地讨论，你说休息时间到了，这样就中断了学员的思路。在回到课堂后，可先简要回顾一下上一节课的内容，再继续新的内容。有人培训才进行一半，预定的时间就到了，只好匆忙结束。这种情况要么是事先没有很好地规划时间，要么就是没有严格执行课程计划，控场经验不足。在制订课程计划之前，先问自己以下 7 个问题（见图 4-26）：

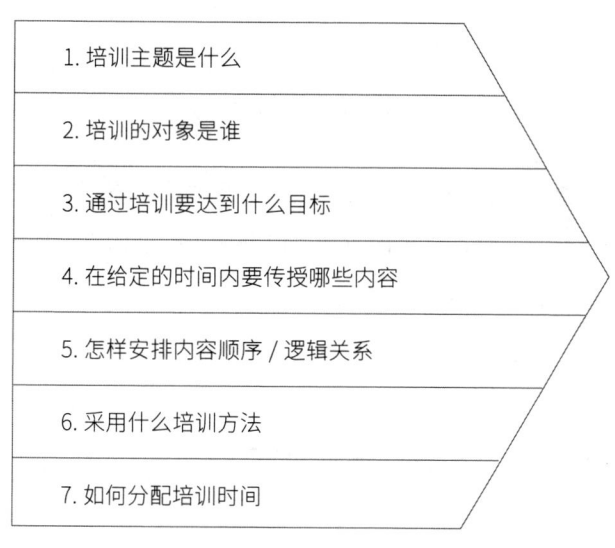

1. 培训主题是什么
2. 培训的对象是谁
3. 通过培训要达到什么目标
4. 在给定的时间内要传授哪些内容
5. 怎样安排内容顺序 / 逻辑关系
6. 采用什么培训方法
7. 如何分配培训时间

图 4-26 在制订课程计划之前问自己的 7 个问题

如何设计课程计划

以下按开场白、任务分解、结尾顺序进行介绍，最后给出完整的课程计划示例，供你参考。无论是在岗培训还是离岗培训，都要按照这个结构设计课程计划。

开场白

开场白的好坏将影响到三个方面：能否在第一时间就引起学员的学习兴趣；能否让学员从一开始就明了这堂课要学什么、你的授课顺序，避免将他们稀里糊涂地带入培训；第三个方面是能否有效控场。

因此，开场白的设计不可忽视（见图 4-27）。

开场白	INTRODUCTION
学习兴趣	I Interest
培训需求	N Need
培训主题	T Topic
课程大纲	R Range
培训目标	O Objective

图 4-27 开场白的主要内容

开场白通常包括五项主要内容，其英文首字母组合起来正好是 INTRO（开场）。在具体操作时，可以参考以下顺序设计你的开场白。

1. 欢迎大家参加今天的培训。

2. 这里有些建议可保证培训的成功（向学员说明培训纪律与要求）。

· 请把手机关闭或调到振动状态。

· 不要谈论与今天培训主题无关的事。

· 积极参与培训。

· 耐心听取他人的意见；说出你所想的，让别人分享你的经验。

· 把重点记下来。

· 将所学转化并运用于实际工作之中。

3. 今天的培训主题是 _____ 。

4. 有谁知道为什么要学这个课程？（了解大家是否知道或知道多少）

5. 破冰。通过讲与主题有关的故事或案例来激发学员的学习兴趣。

6. 介绍课程大纲以及你将怎样开展培训，如：

· 今天的培训有这样一些内容，我们先了解_____，再讨论_____，最后是_____。

· 我先做一遍给大家看并解释每个步骤；然后我分步骤演示，你们跟着学；我会给你们一些练习时间，如果有哪个环节还掌握不了，可随时问我；最后，你们演示，我给予评价。

7. 说明培训目标，如：

· 在培训结束后，你们将了解和掌握 ＿＿＿＿＿＿＿＿＿（知识）。

· 在培训结束后，你们将能够按照＿＿＿＿＿＿＿标准，独立完成 ＿＿＿＿＿＿＿（任务）。

8. 你们都清楚了吗？（如果没有问题，就进入正式培训）

预估一下你的开场白要占用多长时间。

任务分解

技能培训的过程就是任务分解的过程，如图 4-28 所示。即使是理论性知识，也要分步骤讲授。

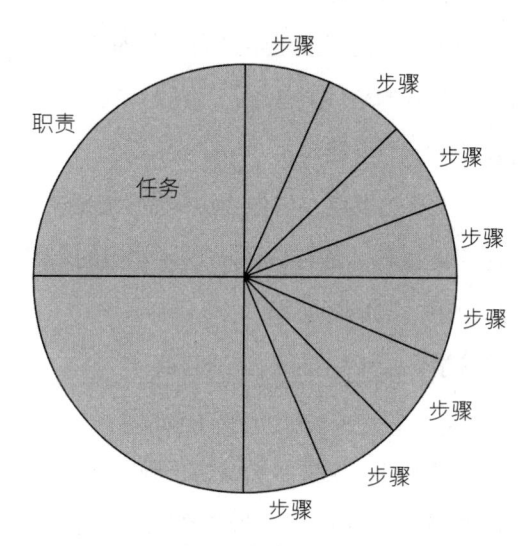

图 4-28 任务分解图

◊ 任务分解技能训练示例一

岗位：与客户接触的岗位

职责：其中一个职责是为客户提供满意服务

任务：其中一个任务是客户投诉处理

步骤：完成任务的步骤如下

1. 倾听
2. 致歉
3. 决定由谁处理
4. 找到解决方案
5. 行动
6. 跟进处理结果

任务分解有以下基本要求：

1. 分步骤，从第一步到最后一步，完成一个任务的步骤最好控制在 6 ～ 10 步。

2. 逻辑性，前后内容或活动是逻辑顺序。

3. 定标准，每个步骤的标准是学员必须掌握的。

4. 选择合适、有效的培训方法：

· 向学员演示每一个步骤；

· 讲授每一个步骤的要点、为什么这样做、标准；

· 也可先提问再讲解，这样既可以了解学员的水平，也能促进他们独立思考，想一想，记忆更深刻；

· 让学员跟着学；给予学员练习的时间；

· 让学员演示；

· 逐一给予反馈评价，如果学员做的正确，就表扬他们；

· 如果学员做错了或者还有改进的地方，你可问他："你知道你的问题出在哪儿吗？"针对学员的回答，给予反馈；如有必要，再演示给他看，然后，让学员再演示；

· 在整个培训过程中，你还应当通过不断提问来检查学员是否理解了你讲解的内容。

5. 有些技能操作可能有危险，务必强调安全规范操作，学员应在指导下练习，不可大意。

◊ 任务分解技能训练示例二

表 4-23 任务：更换空气压缩机阀门与机器保养

步骤	操作程序	标准	培训方法
1. 准备工具材料	• 作业指导书、技术图纸 • 起子、扳手、润滑油、擦布 • 新密封圈、阀门	• 事先检查一遍要携带的工具和材料，防止遗漏	提问：更换空气压缩机阀门与保养需要携带哪些工具与材料？
2. 关闭机器	• 在机器上挂"维修警示牌" • 关闭机器、切断燃料流动	• 确保机器在维修中不被启动	提问：维修中一旦机器启动将意味着什么？
3. 拆卸过滤罩	• 拧下过滤罩的定位螺丝 • 拆下过滤罩 • 清洁过滤罩 • 把过滤罩面朝上放在地上 • 将螺丝放在过滤罩上	• 使用起子，可用润滑油松螺丝 • 无污垢 • 确保螺丝不丢失	演示、讲解、练习
4. 拆卸阀门	• 松开阀门底部的垫圈 • 将垫圈放在过滤罩上 • 拆下阀门 • 将拆下的阀门放在一旁	• 使用扳手，可用润滑油松螺丝 • 避免丢失 • 这个阀门不再使用，应单独放	演示、讲解、练习
5. 拆卸密封圈	• 从空气出口处拆下密封圈 • 检查密封圈是否有毛病 • 如有毛病，马上换掉 • 清洁空气出口处的表面	• 密封圈必须状态良好 • 旧密封圈不再使用，应单独放 • 无污垢	演示、讲解、练习
6. 检查空气入口	• 清除杂物	• 无杂物	提问：为什么空气入口处不能留有杂物？
7. 反过来操作	• 反顺序再把工序操作一次 • 机器复位后，进行测试	• 确保螺丝固定，一切复位 • 确保机器正常运行	演示、讲解、练习
8. 收拾现场	• 收拾工具、拆下的零部件等	• 不落下任何物品，现场整洁	提问：任务完成后还要注意什么？

◊ **任务分解技能训练示例三**

表 4-24 任务：如何处理客户投诉

步骤	要点与标准	培训方法
1. 倾听	・不要打断客户的投诉 ・耐心听取意见，允许客户发泄不满 ・重复一遍以便确认或问明细节 ・表现出在意，最好做记录	角色扮演：投诉与倾听 提问：为何不要打断客户的投诉？ 小组讨论：为何要允许客户发泄？
2. 致歉	・即使投诉不合理，也要表现出理解 ・不要在客户面前责备同事或其他部门	提问：如果不是你的错，需要道歉吗？为什么？
3. 决定由谁处理	・处理客户投诉需要根据你的职责 ・如是他人的职责，帮助客户联系 ・切勿推卸，如：我不清楚，不是我的事	小组讨论：当客户向你投诉时，如果不在你的职责范围内，你会怎么做？为什么？
4. 找到解决方案	・不能承诺做不到或与公司规定不符的事 ・如有必要，应征询上司的意见 ・多备几个解决方案，让客户有选择余地 ・让客户明白你怎样处理以及处理结果 ・最终的解决方案必须是客户可接受的	提问：当客户的要求超过你的处理权限时，你将怎么做？ 小组讨论：可以突破公司规定满足客户的需求吗？为什么？ 案例解析：一次严重失误的处理过程
5. 行动	・与客户商定了解决方案后就立即行动	案例解析：拖延的后果
6. 跟进处理结果	・检查客户对投诉处理是否满意 ・记录投诉事件、解决方案及处理结果 ・分析原因，以免再次出现类似问题	提问：为什么事后还要跟进？

预估一下你的任务分解要占用多长时间。

结尾

结尾与开头一样重要，令人印象深刻。结尾可包括以下内容：

1. 通过提问，回顾培训的重点（这既可检查学员的理解程度，又可加强记忆）。

2. 给予反馈：

・如果学员的回答有不正确之处，在他们说完之后要给予纠正；

・如果学员答对了，要给予肯定与赞扬（这能给予他们更多信心）。

3. 或者由培训者对课程内容做个总结。

4. 如有必要，做测验，检查学员的掌握情况。

5. 给予学员提问的机会。

6. 告诉学员下一步怎么做：

・如果接下来还有课，告诉他们上课的时间、地点；

・要求他们课后复习、练习、将所学转化到工作中去，你将跟进他们的学习成果；

・如有什么问题请随时提出，你将在工作中给予进一步指导。

7. 最后感谢学员参加培训。

预估一下你的结尾要占用多长时间。

以上就一堂培训课的开场白、任务分解（即主体内容）以及结尾设计分别做了介绍，下面给出一个完整的课程计划示例（见表4-25）。

表 4-25 课程计划

培训主题：如何处理客户投诉

培训对象：面客岗位的新员工

培训目标：培训结束后，受训人将能够按照客户投诉处理的步骤与方法正确处理客户的投诉。

培训课时：3个小时

步骤	要点与标准	培训方法	预估课时
开场白			30分钟
1. 欢迎大家参加今天的培训			
2. 说明培训纪律与要求			

续 表

3.介绍培训主题		提问：为什么要学这个课程？	
4.破冰		案例：举一个投诉处理失误的案例	
5.介绍课程大纲与培训方法： • 客户投诉处理有6个步骤，我将按步骤讲解 • 在培训过程中，我会提问，让你们分组讨论、角色扮演，我将给予评价			
6.介绍培训目标： 在本课程培训结束后，你们将能够按照客户投诉处理的步骤与方法正确处理客户投诉			
7.大家都清楚了吗？			
任务分解	（以下内容省略）	（以下内容省略）	2个小时
1.倾听			
2.致歉			
3.决定由谁处理			
4.找到解决方案			
5.行动			
6.跟进处理结果			
结尾			30分钟
1.回顾本课程的培训重点		提问：处理投诉有哪几个步骤？	
2.大家还有问题吗			
3.建议学员下一步怎么做 • 希望大家课后复习今天学过的内容，并在今后的工作中按照今天学过的步骤和方法正确处理客户投诉 • 我将在工作中跟进你们的学习成果 • 如遇困难，请随时问我			
4.最后感谢大家参加培训			

课程计划评估表

课程计划评估表（表 4-26）既可用于培训者对课程计划设计的自我检查，也可用于人力资源部或培训者的上司对一堂培训课效果的评估（全程听课）。

表 4-26 课程计划评估表

培训主题：_____　　培训者：_____

评 估 人：_____　　日　期：_____

开场白

1. 是否清楚介绍培训主题　　　　　　　□是　□否
2. 是否简单介绍课程大纲　　　　　　　□是　□否
3. 是否简单介绍培训方法　　　　　　　□是　□否
4. 是否清楚说明培训目标　　　　　　　□是　□否
5. 是否激发起学员的兴趣　　　　　　　□是　□否

评价：
_____

任务分解

1. 是否清晰分解培训内容　　　　　　　□是　□否
2. 前后内容是否有逻辑性　　　　　　　□是　□否
3. 培训的方法是否恰当　　　　　　　　□是　□否
4. 是否给予学员适当反馈　　　　　　　□是　□否
5. 是否调动学员参与培训　　　　　　　□是　□否

评价：
_____

结尾

1. 是否有回顾本课程的培训重点　　□是 □否
2. 是否给予学员适当的提问时间　　□是 □否
3. 是否告诉学员下一步该怎么做　　□是 □否

评价：
_____

你准备好了吗

培训前的准备工作将直接影响培训效果。以下两份清单或许可提醒你做哪些准备，不妨在培训前对照一下，以免遗漏了什么。你也可以根据你的培训方案列出一份准备清单。

课程准备清单	
· 培训主题	□
· 培训目标	□
· 培训对象	□
· 培训人数	□
· 培训日期 / 时间	□
· 课程计划	□
· 课程大纲	□
· PPT 设计（讲师版 / 学员版）	□
· 辅助资料	□
· 发布培训计划表 / 课纲	□
· 印制讲义	□

课前准备清单	
· 手提电脑、翻页笔、电池	□
· 场地	□
· 座位安排	□
· 辅助设备、设施、工具、材料等	□
· 视听设备	□
· 提前到场	□
· 安装、测试视听设备	□
· 分发讲义	□
· 播放视频音乐，课前放松一下	□
· 清一下嗓子	□
· 一切就绪，马上开始	□

如果你是第一次登台做培训，不妨在培训之前对照一下"胆量与自信心清单"，或许会减小你的压力与紧张程度。其实，只要你热爱培训，乐意帮助下属，多做几次培训，你的培训技能、自信心自然就会大幅度提升。

```
                    胆量与自信心清单
· 我热爱培训，喜欢与人分享经验                        □
· 我有责任通过培训提高下属的工作技能                  □
· 我已接受过"内训师的培训"                           □
· 我非常了解下属的培训需求                            □
· 我熟悉这个培训课题，具有相关的经验与技能            □
· 我为此亲自设计了课程计划                            □
· 我已将培训过程在脑子里预演了一遍                    □
· 如果我有遗忘，PPT还可以提示我                       □
· 我看上去很专业                                      □
· 我将热情地投入培训，学员会受到我的影响              □
· 如果有什么失误，没关系，我还有改进的机会            □
· 我已做好了一切准备，可以开始了                      □
```

指导的态度与方法

阅读前思考：

1. 培训之后，部门管理者为什么还要在工作中指导员工？
2. 你具有正确的指导态度吗？
3. 你经常在工作中指导属下员工吗？效果如何？

支持培训的指导

在培训之后，部门管理者还需要在工作中指导员工吗？答案是肯定的。员工在接受培训之后，无论是在意识上还是在技能应用上，都有一个转化的过程。在这个过程中，员工的自信心还不足，行为还会出错，技能还不够熟练。在这个时候，如果有人适时给予他们指导，将令他们快速进步，也能鼓舞人心。关于指导的作用，在前面"部门管理者的管理职能"中已做了分析。

有效指导的态度

部门管理者在谈论员工态度的时候，往往忽视了自己的态度。殊不知，你的态度好坏，是积极的还是消极的，正在影响下属的态度与行为。

态度是一种心态，是你如何看待自我、他人或事物的心理状态。积极的心态偏向快乐而不是悲伤，偏向希望而不是绝望，偏向优点而不是缺点，偏向好处而不是坏处。积极心态需要通过有意识的努力才能维持。你越是专注积极因素，你就越容易保持积极的心态。当你积极对待他人的时候，对方也会做出积极的反应。如果你传达的是消极的态度，把一切看得很糟糕，员工的自尊心、自信心、工作热情都有可能受到伤害，他们还可能产生逆反心理，甚至会离你而去。

作为一名管理者，如果你想有效指导下属，首先要有积极的态度，其次才是方法与技巧。具体来说，你的指导态度应该是：

● 充满热情的

如果你对指导他人既不热心也不热情，这只能是员工的不幸，怎么遇上了你这样一个上司。而且，态度是会相互感染的。你是热情的，员工的态度自然会积极起来。如果你总是阴着脸，员工就会感到紧张、抑郁，精神振作不起来。

> 几天前，小王因为疏忽，在工作上犯了一个错误，被经理严厉批评了一顿，而且是在众目睽睽之下。突然间，小王好像变了一个人似的，原来干劲十足的他现在整天无精打采。
>
> 小王的经理很快发现了这一变化，于是，把他叫到办公室谈心。经理在问明情况后，向小王表示了歉意并说相信他一定会做得更好。小王走出办公室的时候，心情轻松多了，又找回了对工作的那份热情。

从以上案例我们可以看出，经理的两种态度对小王的影响是不同的。每个人的内心都有热情，只是心态不同，需要以积极态度将它释放出来。作为一名主管，你是这个团队的领导人，员工的心态，是积极的，还是消沉的，多数情况下取决于你的态度。

● 正面指导的

指导不是挑下属的毛病或者一味地指责。指导应该是正面的，鼓励问题员工自觉纠正错误，比以前做得更好。

> 小李是车间的统计员。最近，她报送上来的统计报表已连续三次出现差错。部门主管已找她谈过，但是今天送来的统计表又出错了。
> 那次谈话，主管是这样对小李说的："如果你再出差错，我就扣你工资。"

不妨试试这样的指导："你找过出错的原因吗？""你能告诉我为什么会连续出错呢？"。同案例中部门主管的话相比，哪种说法会更有效果呢？部门主管说的话只是简单的胁迫，并不能鼓励小李纠错，反而会导致对立情绪。正面的指导才能使下属心甘情愿地去找问题、纠正问题。

● 乐于支持的

支持不仅仅是拍拍员工的肩膀，说两句好听的话，而是给予真诚的帮助。比如，当员工感到困惑、迷茫的时候，你能引导他们找到方向；当员工遇到困难的时候，你能给予他们必要的支持；当员工向你说出想法的时候，你愿意倾听；当员工倦怠的时候，你会激发他们的热情。

● 具有耐心的

指导下属，有时需要极大的耐心。对于"不争气"的员工，要么带着他成长，要么让他离开，没有第三种选择——弃之不管。

● 尊重他人的

如果你以尊重的态度去指导员工，你就会肯定他们的价值，相信他们能做得更好。比如，你会引导员工自己找出解决问题的方案，而不是告诉他们必须怎么做。你能看到员工的进步，而不是纠缠他们过去的问题。尊重还意味着你在员工面前不摆架子、不给脸色看，允许他们有异议。

● 目标明确的

与正式的培训相比，指导活动多数是通过非正式的方式进行的，也就是说可以随时随地进行，甚至可以在电话里花几分钟时间为员工做一次指导。正是因为如此，人们以为只有培训是有目标的，而非正式的指导就只是部门主管与下属谈谈而已。

指导也要有目标。这里有三点提示大家注意。一、不要为了指导而指导。没有目标的指导是浪费时间。二、指导活动本身不是目标。不要以为我指导员工了，就达到目标了。指导是实现目标的行动与方法。三、跟进结果。比如，通过指导，员工的某个技能提高了吗？找到问题解决方案了吗？工作意愿提高了吗？如果没有实现目标，就要检讨指导的方法是否合适，然后从头再来。

谁需要指导

部门管理者常常以为指导就是帮助工作表现欠佳的员工提高工作绩效。于是，那些表现优秀的员工就被忽视了。其实，两者都需要指导。

● 表现欠佳的员工需要指导

工作表现欠佳，一方面是指工作技能达不到要求；另一方面是指工作意愿不高。有的员工有意愿没能力，而另一些人有能力却没意愿。这两类员工都难以完成工作任务，达到绩效标准。面对不同员工，部门管理者要有针对地进行指导。

● 优秀员工也需要指导

多数人都能意识到指导表现欠佳的员工的必要性，却认识不到指导优秀员工的重要性。

首先，指导活动不仅仅是帮助员工改进工作表现、释疑解惑，还包括反馈和鼓励。遗憾的是，部门主管往往将好的工作表现视为理所当然。比如，对于那些遵守制度、积极工作、出色完成任务的员工，你是否将你的评价意见及时反馈给他们了？你可能认为无需这么做，你需要关注的是那些不好的表现。假如你是这样认为的，建议你去读读斯宾塞·约翰逊和肯尼思·布兰查德的《一分钟经理及实践》，它会告诉你一分钟表扬的秘诀。

> 如果我能清楚地知道他对我工作的评价，我要把工作做好就容易得多了。他表示希望我取得成功——成为企业的栋梁，并喜爱自己的工作。
>
> 接着利维问年轻人："在大多数企业，经理的心思主要用在找职工的什么？"年轻人会意地笑了笑说："差错呗。""说得对，"利维说，"而在这里，我们的重点恰恰相反。我们是在找人们什么事情干得好。"

资料来源：[美]斯宾塞·约翰逊，肯尼思·布兰查德. 一分钟经理及实践[M]. 李向晖，主编. 如林，译. 北京：时事出版社，2002.

其次，优秀员工也有出错的时候，要想保持他们的高绩效水平，就要给予及时的指导。再说，任何人的知识、技能都需要不断更新，都有提高的空间，否则就会止步，也许还会倒退，优秀员工也不例外。最后，对于那些有思想的员工，不是要求他们做什么、如何做，更多的时候是倾听他们的想法，与他们一起商讨解决方案。他们喜欢在受尊重的指导下成长并发挥个人主观能动性。

有效指导的方法

也许你已经在工作中指导下属了。效果如何呢？这就涉及指导的方法与技巧。做什么事要想达到事半功倍的收效，都需要掌握一定的方法与技巧。

● 以身作则

为员工树立模范之榜样，是最重要的指导方法。

一项调查显示，员工对工作的了解 70% 以上是非正式地从与他们一起工作的人那里知道的。这就是说，通过正式培训所获得的知识与技能仅占员工所学的 30%。这些与员工一起工作的人包括他们的同事和部门主管。

我们常听到职场人经验之谈："遇上一位好上司，是你职业生涯的幸运。"所谓"好"，大概是指工作经验丰富、专业能力强、为人正派、工作认真、执行力强、敢于承担责任之类的素质与品行。总之，他是一位令下属尊敬的人。所谓"幸运"，应该是指与他一起工作可以学到很多宝贵的东西，对个人成长影响很大。

行为模仿的力量很大。你对工作认真，你的下属也不敢懈怠。员工看见你运用投诉处理技巧巧妙地化解了客户的怒气，下次当他们遇到类似情况时也会"模仿"你的做法；相反，如果你认为客户投诉能拖就拖，拖到最后就会不了了之的，你的员工很快会受到你的态度的影响，遇到客户投诉时就不会去积极应对了。消极的态度总是比积极的态度传染速度快。

切记：你是下属的表率，他们会模仿你的态度与行为。

● 走动式管理

多走动、细观察、勤询问、注意听，才能了解一线的实际情况，才能进行有针对性的指导。仅仅依赖正式的沟通渠道与方式，未必能获取全面、客观的信息，有时收到信息时已经滞后了。

走动式管理有三个重要作用。其一，可以让主管获取有关员工工作状态的直接信息。其二，遇到问题，就在现场指导解决。当时、当事、当场的指导效果更好，具有及时性、针对性、直观性。其三，部门主管经常到工作现场去走走，还具有激励的作用。没有主管在，员工表现给谁看？主管不到现场去，员工的困难谁知道？

走动式管理不是要你当警察，尽管具有监督性，但你的态度与行为应该是正面的、积极的。

● 提问的技巧

指导与简单给予答案不同。指导的过程实际上是指导者与被指导者之间进行一场有效的对话。在对话中，指导者通过有策略的提问来激发被指导者洞察自我，向内挖掘潜力，向外发掘可能性。

◊ **案例** 小王到这家公司上班时间不长，但他的工作和为人处事很快就得到客户、同事、上司的一致好评。小王的部门经理决定提拔他为销售主管。接到晋升通知时，小王很高兴，同时又担心老员工不服。他将自己的担心告诉了经理。

经理：你担心什么？

小王：我来公司还不到一年时间，这么快被提拔到主管岗位，怕老员工有看法。

经理：你是担心别人有看法呢，还是担心不能胜任？

小王：都有。

经理：那么，你的担心能消除别人的看法吗？

小王：不能。

经理：你的担心能让自己胜任工作吗？

小王：也不能。

经理：你的职业发展目标是什么？

小王：成为一名像您一样的成功管理者。

经理：要实现这个目标，除了担心你还可以做些什么？

小王：与老员工多沟通，向您多请教。此外，通过自我学习和参加培训尽快提升自己的管理水平。

这是一次有效的指导，不仅消除了小王的紧张情绪，还帮助他找到了解决方案。但是，小王的经理并没有告诉他应该做什么，而是通过一系列有方向、有策略的提问来激发他自己找出答案。

● 倾听的技巧

当员工想找你谈谈时，你会因工作忙而拒绝他们吗？如果你正在忙着，你是否会与他们另约一个谈话的时间？或者，你懒得理他们，是因为你认为这些人除了会抱怨就没什么可听的？

首先，即使是抱怨，哪怕是不合理的抱怨，你连听都不愿听，员工的态度只会变得更加消极，而且还会在同事中传染蔓延，等到你想控制的时候恐怕难度已经增加了好几倍。

其次，员工身处第一线，对有些事可能比主管更了解。如果你对他们的意见没有给予足够的重视，不仅白白浪费了资源，而且会严重挫伤他们的积极性。倾听意见并不意味你就会完全采纳，但愿意倾听一定是鼓舞人心的。部门管理者应当鼓励属下员工指出上司看不到的地方，想上司没想到的。这样做了，你才有影响力，你的团队才有向心力，你的员工将会为你创造更大的业绩。部门管理者的业绩是由团队中的员工创造的。

> 一项调查表明，员工中有 90% 以上的人认为自己对公司的运作方式有更好的想法，但是只有 38% 的人认为他们的雇主会有兴趣听他们的意见，这使得员工的想法被白白浪费。
>
> 员工来找你提意见时，他们感到很自在吗？也许你的门是一直开着的，但是有人进来过吗？

资料来源：[美] 马歇尔·库克. 有效指导：如何做一名出色的指导者 [M]. 范国艳，译. 北京：企业管理出版社，2004.

但是，倾听与听是不同的。有的人有听没有到，根本就没听进去，这叫听而不闻；有的人好像是在听，却心不在焉，只是敷衍了事而已，这叫假装听；有的人遇到自己喜欢的话就听，不喜欢的就不爱听，这叫有选择的听。而倾听是专注的，并且努力去理解对方说的意思，做出积极的反馈。让我们先来看看下面的两个例子。

◇ 示例 1

员工：主管，这个报表我今天下午没办法完成。
主管：哦，你又开始抱怨了。
员工：我不是抱怨，我确实有困难。
主管：听着，这份报表我明天上午开会要用，你今天加班都要给我赶出来。
员工：可是，今晚我家里有事，不能加班。
主管：这是你自己要解决的问题。

◇ 示例 2

员工：主管，这个报表我今天下午没办法完成。
主管：哦，说说看，遇到了什么困难？
员工：我本来是可以做完的，可是下午车间要盘点，这事其他人又不熟。

　　主管：这是个问题，可是我明天上午开会要用报表，你可以加班帮我赶出来吗？

　　员工：嗯……（面露为难之色）

　　主管：你是说加班有困难？

　　员工：是的，今晚我家里有点事，下班后我就要赶回去，真对不起。

　　主管：没关系，你还有什么好办法吗？

　　员工：如果多两个人协助我做盘点，速度会快一些，我就能腾出时间做报表。

　　主管：太好了。我马上给你安排人手。

　　员工：我们吃完中饭就开始做盘点，这样还可以抢出一些时间来。

　　主管：辛苦你了。如果还有什么困难随时告诉我。

很显然，示例1是听，示例2才是倾听。你越善于倾听，他人就越能听进你的话。有效倾听的特征是：

・放下手中的一切，将注意力集中在说话者身上；

・身体略微前倾，脸上有在意的表情；

・与对方保持目光交流，有时点头示意，鼓励对方说下去；

・耐心倾听，不要中途打断对方的谈话；

・在倾听的过程中，细心观察对方的表情；

・控制你的情绪，虚心听取不同的意见，不要急于反驳；

・努力听到要点，区分想法和事实；

・在适当的时候，通过提问或复述对方谈话的要点来确认你的理解；

・你也有误解的时候，要敢于承认；

・偶尔记录，既表示在意，也防止遗忘；

- 不只是听,还要做出反应(语言的、非语言的、实际行动)。

人际理解力

人际理解力表示一种想去理解他人的愿望,能够帮助一个人体会他人的感受,通过对他人的语言、动作等理解分享他人的观点,把握他人没有表达的疑惑和情感,并采用适当的语言帮助自己和他人表达情感。

人际理解也被称为:

- 同理心
- 倾听
- 对他人的敏感度
- 洞悉他人的感觉
- 诊断式的了解

人际理解的级别定义

级别	行为描述
A	对他人理解的深度
A.-1	缺乏了解。误解或对他人的知觉及行动觉得意外;其中也包含主要以种族、文化或性别的刻板印象看待他人。
A.0	不适当。未表现出对他人明确的洞察力,但又无证据显示产生严重误解,这一等级经常与直接说服力结合。
A.1	了解情绪或内容。了解当前的情绪或陈述清楚的内容,但不是两者都了解。
A.2	情绪和内容两者都了解。了解当前的情绪和陈述清楚的内容。
A.3	了解含义。了解现有尚未说明的想法、担心或感觉;或敦促他人自动自发地采取行动。
A.4	了解根本议题。了解根本的问题所在;了解某人对持续的感受、行动或担心的原因;或者公平看待某人特定的优缺点。
A.5	了解复杂的根本问题。了解他人的基本态度、行为模式或问题的复杂原因。
B	倾听与响应他人
B.-1	缺乏同情心,冒犯他人。

B.0	不适当或没有显示倾听之意。
B.1	倾听。听出他人的感受或含义,或者在他人前来倾诉时洗耳恭听。可能提出问题,以确定对说话者的分析判断。通过了解他人的心情来了解他过去的行动。
B.2	表现出愿意倾听。敞开心扉,刻意营造谈话机会,或是积极设法去了解(经常是为了影响、培养、帮助或领导他人)。
B.3	预测他人的响应。利用倾听与观察获得的了解,预测他人的反应并预作准备。
B.4	有回应的倾听。回应人们关心的事情,是轻而易举的沟通,或是以助人的态度表达对人们的关心。
B.5	采取行动提供帮助。对通过主动提出或观察得知的问题提供协助。

人与人之间的理解包含两个维度。一是对他人理解的深度或复杂度（A）：从理解明确的想法或明显的情感,到理解他人行为背后复杂的、隐藏的动机。二是倾听与反馈他人（B）：从基本的倾听、理解他人过去的行为,到特意帮助他人解决个人或人与人之间的困难。

通常的行为表现包括：

·认知他人的情绪和感觉；

·利用倾听与观察获得理解,预测他人的反应并做出准备；

·理解他人的态度、兴趣、需求和观点；

·理解他人的基本态度、行为模式或问题的原因。

反馈的技巧

"我的工作怎么样？""我做（说）的对吗？""我可以这样做吗？"其实,员工很希望听到你对他们的评价或看法。

为何需要反馈？

·反馈是为了确认；

·答复对方提出的问题或请求；

・给予肯定与鼓励；

・纠正错误的行为；

・反馈也是对员工的尊重。

反馈的问题：

・没有反馈。没有反馈会让员工感觉茫然无措，也令人失望。

・将反馈等同于批评。负面的反馈既不能有效指导员工纠正错误行为，还可能导致他们产生逆反或畏惧心理，想方设法将错误隐藏起来并逃避与你接触。

・错误的时机。反馈越及时越有效。相反，距离员工发生的行为时间越久，反馈的效力就越小。另外，在大庭广众之下大声呵斥员工更不可取。即使在现场纠正错误，尽量将声音压低一点并控制你的情绪，不要使员工感觉难堪，这样的指导效果更好。

有效的反馈应该是：

・及时的。无论是对员工良好的工作表现给予肯定，还是为了纠正错误的行为，或是当员工向你提出问题或请求时，你的反馈都应当是及时的，千万不要拖延，更不可不给予反馈。如果你一时半会儿还回答不了员工的某个问题，一定要告诉他你什么时候给予答复并履行承诺。

・肯定的。指导不仅仅是纠偏，还具有激励的作用。如果员工在哪一方面表现好，就给予肯定，他会继续保持下去；如果表现欠佳的员工有所进步，也要给予肯定，他就会再接再厉。使一种行为得以保持下去的最好方法就是对它进行鼓励、再鼓励。

・正面的。不指出员工的问题，无论你出于何种目的，都是部门主管的失职。但是，指出问题不是简单地批评一顿了事。你需要让表现欠佳的员工明白问题出在哪个环节，如何改进，并督促他付诸行动。当你将事实告知员工时，他们会对你更加敬佩，虽然有些事实会令人很难接受，良药苦口利于病。

·具体的。正如上面提到的"事实"，表扬一个员工，要说出他好在哪里（示例见第四章第 5 节"如何有效激励员工"），指出问题更要摆出具体事实。泛泛而谈不具有说服力和影响力。

·就事论事。比如，"你上个月就犯过这个错误。"这会让员工感觉到你不是在做指导而是指责他不长进。就事论事容易让人接受。如果你点出的是去年的事，员工恐怕早已忘记了，还有可能反驳你："我什么时候犯过这个错？"

·评价行为而不是动机。比如，"你不用心。"这只是你的感觉或猜测，未必是事实。正确的做法应当是客观描述员工的行为，然后让员工告诉你为什么会发生这样的差错。

·私下的。当着大家的面表扬一个员工会让他感觉很好。但是，公开地批评员工一定会令人不爽。人们不会认为公开的批评是反馈（指导），还会把它视为惩罚，甚至是羞辱。

如果你希望表现欠佳的员工改进工作，最好将谈话地点安排在无人打扰的办公室或者会议室进行。这一可表明你的严肃态度，二是对员工的尊重。在私下交流，员工更能听得进去。

另外，员工可能会向你请教一些有关职业发展、工作上的或私人的问题，他们很希望与你一对一地交流，在私下倾听你的意见或建议。顺便提醒一句，对于员工与你私下的交流，你最好给予保密，这样可树立你在员工心目中的可靠形象,他们有心事的时候,才会找你倾诉。

● 针对不同下属采取不同的面谈方式

图 4-29 是针对不同情况的员工而设计的两种谈话方式。导向性面谈:问题通常是由主管提出的,也由主管对问题进行分析并给出解决方案,主管的导向性非常明确,就是听我的。非导向性面谈:问题多数是由员工提出,自始至终由员工分析问题所在并找出答案,主管只是听和提问。

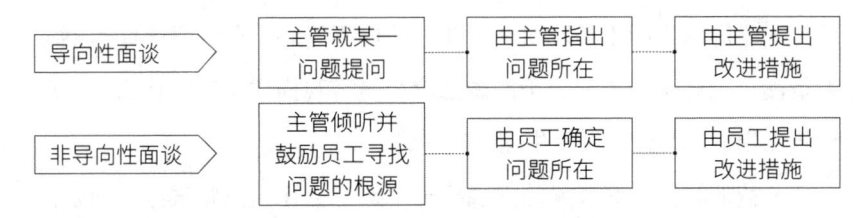

导向性面谈	主管就某一问题提问	→	由主管指出问题所在	→	由主管提出改进措施
非导向性面谈	主管倾听并鼓励员工寻找问题的根源	→	由员工确定问题所在	→	由员工提出改进措施

图 4-29 导向性面谈与非导向性面谈

在实际指导中,我们发现,并不是所有员工在有策略的提问下都能洞察自我,找出问题所在与解决方案。例如,刚从学校毕业的新员工,往往缺乏阅历和工作经验;有些内向员工,可能不愿说出自己的想法;有时,我们还会遇到个别"执迷不悟"的员工。对于这些员工,我们可能不得不帮助他们分析问题并给出答案。

而对于另一些员工,主管更多的是倾听、提问,让他们自己发现问题和疏漏,最后找出答案。比如,对于有思想的员工及工作经验丰富的员工,你不需要告诉他们答案,只需激发他们,就能达到有效的指导;对于有异议或情绪激动的员工,将你的观点强加给他们,可能会适得其反,不如采用非导向性谈话效果更好。需要提醒的是,非导向性面谈是指主管在谈话中不拿主意,但并不意味着提问不具有方向性。

请记住：如果问题的原因与解决方案是员工自己找出的，他们在日后的执行效率也会高。

每日例会

例会在英语里叫"briefing"，早晨的例会叫"morning briefing"。"brief"的意思是（时间、说话）短的、简短的。"briefing"的原意是简报、简短的指示。从英语的解释可以看出，例会的时间很短。从中文的字面，我们也可以读懂"例会"，即依据约定的惯例定期开会，如每天一次会，或者每周一次、每月一次。这就意味着，例会的时间不能长，说话必须简明扼要，还要定期开。

多数工厂、银行、酒店每天都有班前会，这就是例会。部门主管应当抓住这个难得的指导时机。例会可以这样开：分三段，先由主管对前一天发生的典型事件（包括问题和良好表现）进行反馈；然后，对今天的工作重点或可能出错的地方进行指示、强调或提醒；最后，问大家是否有问题要问。如果员工的问题不复杂，当场给予解答；如果员工的问题需要花些时间来解决，那就在会后安排时间单独讨论。主管在例会上反馈的问题，一定要对事不对人。将问题告诉大家不是要谁出丑，而是为了分享经验与教训并引以为戒。

例会的时间是非常有限的。主管每天可能还有些要传达的通知、指示，如果都放在例会上传达，势必会挤掉指导的时间。如果延长例会时间，又会影响正常的工作。这里有个经验与大家分享，不仅能节省时间，还可达到有效的执行。主管可将要传达的通知、指示事先写在记录本上，让下属会后阅读并签名。会上只对紧急、重大事宜做出指示即可。表 4-27 是通知与指示的示例，供你参考。

表 4-27 今日通知与指示样表

日期： 年 月 日

今日通知与指示

1.
2.
3.

请阅后签名：

_____ _____ _____ _____

_____ _____ _____ _____

因此，不要把例会仅仅开成会，更要将例会作为例行指导会。相对于随时随地的、个别的指导，例会指导具有正式性和普遍性（让大家一起分享）。正是因为如此，建议部门主管每日开一次例会。如果每周或每月开一次，拖的时间过长，很难达到及时指导和提醒。时间长了，员工可能对出现的问题也忘了。每月要开的是专题讨论会，而不是罗列积累了一个月的问题。这样的话，员工不仅会感到突然（"怎么有这么多问题？"），也难以消化。只要你事先有所准备，在会中控制好要说的话，例会是不会占用你太多时间的。例会尽量安排在上午时间（或班前），这样可以"承上启下"，对前一天的工作做总结，对新一天的工作重点做提示。只要养成习惯，持久开展下去，例会指导的效果就会越来越明显。对你、对员工都有好处。

从管理到教练

随着下属知识水平与业务技能的提高，员工的参与意识愈发强烈，管理者应从指挥命令向启发、鼓励员工自主解决问题的方向转变，这时就需要大量而有效地使用教练技术。现代管理学之父彼得·德鲁克说："过去的领导者可能是一个知道如何解答问题的人，但未来的领导者必将是一个知道如何提问的人。"

● 什么是教练技术

一提起教练，人们自然会想到体育教练。企业教练技术确实是从体育发展而来的一种领导技术。作为团队的"教练"，部门管理者需要与团队成员密切合作，通过观察、提问、倾听、反馈等方法，使他们了解自己的成绩与问题，从模糊的人变成清醒的人，从而使他们自发地提高自己的工作意愿与技能，比以前做得更好。教练技术实际上是一种教练与被教练者之间的有效对话，是部门主管有效指导下属的过程。以下是教练的五个要素，每个要素的首个英语字母正好构成COACH（教练）一词。

合约（Contract）

如同运动员与运动队签约一样，企业教练也是要与被教练者有合约的。这个合约就是部门主管与员工双方共同遵守的关于工作表现的绩效标准。在组织内，管理者与员工之间是契约关系，而不是私人关系。管理者要求属下员工达到工作标准，不是跟员工过不去。员工按照标准而行事也不是为了给上司面子。

观察（Observe）

企业教练需要在日常工作中随时留意员工的工作表现。

评价（Assess）

企业教练必须对员工的工作表现进行评估并给予及时反馈，让他们了解自己的成绩与不足。员工做得好应随时随地给予表扬，员工出现差错也应及时指出并予以纠正。从不与员工谈及其工作表现的管理者，往往会令员工灰心及停步不前。员工会觉得跟着这样的管理者干活很无聊。

挑战（Challenge）

运动员要取得更好的成绩，就必须不断挑战自我，员工也是如此。企业教练应该知道如何调整员工的心态，激发员工的潜能，激励员工实现目标。

处理绩效欠佳的员工（Handle failure）

并非每一名运动员都能成为迈克尔·乔丹。在企业中也是如此，一些员工可能达不到合约中的绩效标准，企业教练要坚持指导他们，帮助他们提高工作意愿与技能，取得令人期望的业绩。如果这些员工中仍然有人达不到公司的要求，就只好让他走人。留下绩效欠佳的员工，不仅会影响团队的业绩，还会影响其他员工。

● 管理与教练的区别

传统管理者	教练
说话的时间多	倾听的时间多
给予答案	发问促动
命令	发掘可能性
控制	激励
给予指令	寻求团队成员参与
关注事	关注人

从管理到教练的必要性

从管理到教练，是时代要求，是人心所向，是员工的需求。同时需要指出的是，在强调教练作用的时候，正如强调领导力一样，不是完全不要控制。合理的做法是，应该对员工多指导、少控制，而不是多命令、多控制、少指导。

时代要求

现代雇佣关系的状况表明，当劳动力市场供大于求时，员工对企业的忠诚度就会高，对企业而言，管理员工是很简单的事；而当劳动力市场供不应求时，企业对员工的约束力就会大大减少。另外，还有个明显的变化，员工对事业的强烈追求也代替了对企业的传统忠诚。为了提高员工的工作意愿与技能、留住员工，部门管理者必须改变过去的管理方式，提升自己的领导力。教练技术是有效领导的方式之一。

人心所向

随着时代的变化，员工越来越不情愿接受被动式的管理。在2012年9月富士康太原工厂发生集体严重斗殴事件时，《环球时报》发表了一篇评论《跟上人心的变化，富士康面临挑战》。文中有这样两句话："当自由和民主意识在中国迅速发展时，富士康这种给工人'较高'工资，但却要他们以损失精神舒适为代价的经营模式在遭遇挑战。""中国的发展已经深刻波及人心的变化，富士康对此的认识必须紧紧跟上。"

员工需求

每一位员工都希望自己的主管像教练一样，在需要帮助的时候，他就会出现在身边，给予及时、耐心、正面的指导。

员工总有困惑的时候，甚至已经走在了错误的路上，他们很希望有人帮助他们明确目标，找到正确方向。很多时候，员工并不能完全看清自己，他们很希望有一面会说话的镜子，如实反映他们目前的真实状态。员工在发展的过程中，很希望有人在背后帮忙推一把，像催化剂一样，使他们的步伐更快，走得更远。员工也有倦怠、消沉、不自信的时候，他们很希望有人给他们打打气、加加油。

如何有效激励员工

谁都希望自己的下属能够积极、主动、自觉地工作，并能达到期望的目标，然而往往事与愿违。这样的局面是怎样造成的？又如何挽救呢？很多部门主管非常痛苦，花了很大力气，想了很多方法，收效却不大。我们不得不说，这些部门管理者还没有清醒地意识到他们错在哪里，还不清楚如何有效地激励员工。

什么是激励

阅读前思考：

什么是激励？你是怎么理解激励的含义的？

谁都希望自己的下属能够积极、主动、自觉地工作，并能达到期望的目标。然而往往事与愿违，员工士气低落，人心涣散，抱怨连连，频频出错，人员流动频繁，最后导致员工个人、团队、组织绩效下降。

这样的局面是怎样造成的？又如何挽救呢？很多部门管理者非常痛苦，花了很大力气，想了很多方法，收效却不大。我们不得不说，这些部门管理者还没有清醒地意识到他们错在哪里，还不清楚如何有效地激励员工。

我们承认，员工激励是部门主管最难拿捏的工作。但是，如果你能充分理解激励的含义，了解激励的因素，掌握激励的方法并有意识地应用，局面将大不一样。

激励的含义

要想有效激励员工，首先要充分理解激励的含义。很多人说，所谓激励，就是调动员工的积极性。这话没错，但没说透。怎样才能调动员工的积极性呢？

我们先看一个故事。

一群外出旅行的青蛙穿越一片茂密的森林。突然，两只青蛙不小心掉进了一个深坑里，幸运的是，它们落到了坑里的一个树杈上，尽管这样，想跳上来也并非易事。青蛙们看着它们的队友拼命地往上跳，起初还抱有一线希望，但天都黑了，它俩还停留在原地。青蛙们个个唉声叹气，对着它们大喊："兄弟们，别费劲了，再多的努力都是徒劳的，你们不可能上来了，与其累死，不如死得从容些。"坑里的一只青蛙听了队友们的话，像泄了气的皮球，再也跳不动了。它觉得队友们的话是对的，与其累死还不如轻松地死去，于是它转过头跳入坑底摔死了。但另一只青蛙听到喊声，反而更加用力了，最终奋力一跃跳出了深坑。青蛙队友们都围了过来，不可思议地问它怎么能跳上来。这只青蛙说："我的听力不好，我听不清楚你们在喊什么，但我能感觉到你们都在使劲地为我加油鼓劲。"

分析：

1. 两只落入深坑的青蛙都有求生的欲望，都想跳出深坑，这是它们的内在需求；

2. 队友们的呼喊是外在的激发；

3. 积极的话能让人振作精神渡过难关，消极的话会打击人的积极性，甚至毁掉一个人。

再举一个大家熟悉的集体活动项目——拔河。

参加拔河的队员没有不卖力气的，大家都使出了浑身力气。公司每个部门都派出了啦啦队为各自的队员呐喊助威。比赛前，有经验的人还为队员做赛前指导。参加拔河的队员为何如此卖力呢？是因为高额的奖金，还是有领导的压力？显然都不是。

分析：

1. 人们喜欢这项活动，有求胜的欲望和集体荣誉感，这些是人们的内在需求；

2. 啦啦队有节奏的加油声以及激情澎湃的肢体语言，是外在激发；

3. 激励不是单向的，而是双向的互动，拔河队员与啦啦队之间相互感染，相互作用；

4. 赛前指导，既能提高队员们拔河的技巧，也可增强他们赢得比赛的信心；

5. 拔河活动的组织者了解人们喜欢这项活动，并满足了他们的需求。

下面让我们用一个简单的模型（见图4-30）来表示对以上两个案例的分析，帮助你进一步理解激励的含义。

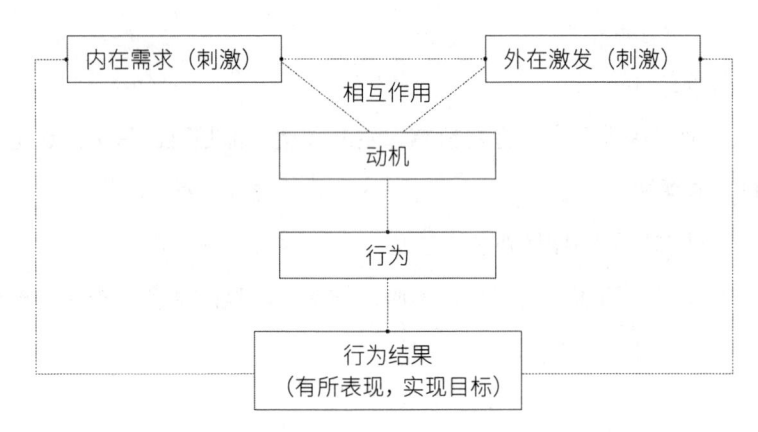

图 4-30 激励理论模型

所谓激励，是指了解员工的内在需求，加以激发，引起动机，驱动行为，最终实现员工个人与组织共同目标的心理过程。

> 对人最好的激励，就是给他最需要的。
> ——管理学大师彼得·德鲁克

激励不是单向的

激励不是单向的，而是双向的互动。首先，如果一个员工没有内在需求，只是被动地接受外在的激发，这样的激励可能不起任何作用；反之，当一个员工有某种愿望而得不到满足的时候，如学习的愿望、成长的愿望、被肯定的愿望，他会感到沮丧，久而久之，他的内在动力将会减弱。其次，当部门管理者激起员工工作热情的时候，反过来，员工的热情也会令部门主管兴奋。请记住，你的激励不是单向的，不仅仅是付出，你得到的将是更多的回报。试想一下，如果你每天面对的是一群无精打采的员工，你的心情如何？最后，激励的互动还会发生在员工之间。具有积极态度的员工不仅自己能够热情地投入工作，还会影响身边的同事。具有积极态度的员工越多，团队成员之间相互激励的影响力就越大，工作氛围就会越好。这是部门管理者需要努力打造的工作环境。

需求层次与双因素理论

阅读前思考：

你了解马斯洛的需求层次理论与赫茨伯格的双因素理论吗？

要想有效激励员工，就要先了解他们的内在需求及其变化规律。然后，还要探究满足和激发何种需求才能达到有效激励的效果。有关这些知识，马斯洛的需求层次理论和赫茨伯格的双因素理论可帮助我们了解一二。

马斯洛的需求层次理论

人的需求层次可用金字塔来表示（图 4-31）。从塔底到塔顶，人们的需求依次这样排列：生理需求、安全需求、社交需求、尊重需求、自我实现需求。根据马斯洛的理论，当员工一个层次的需求得到满足后，另一个层次的需求就变得很重要，像一个上升的阶梯（图 4-32）。

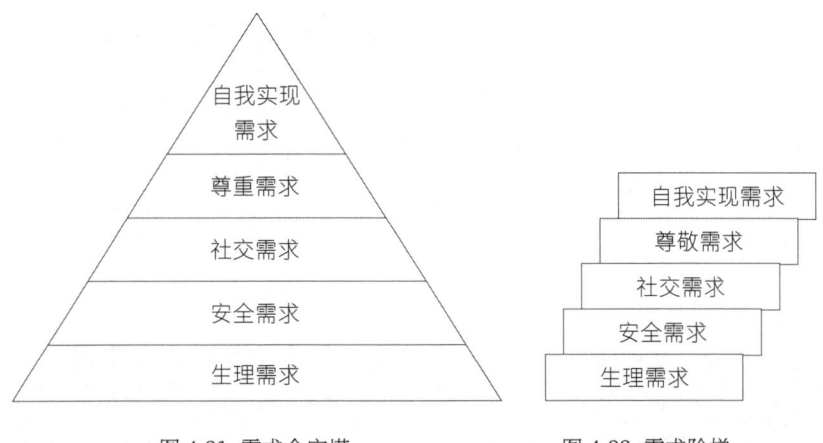

图 4-31 需求金字塔　　　　　图 4-32 需求阶梯

表 4-28 是员工的需求层次与管理措施一览表：

表 4-28 员工的需求层次与管理措施

需求层次	员工需求	管理措施
生理需求	薪酬、福利、休息、休假、合理的工作量	薪酬福利制度、福利设施、工作时间
安全需求	人身安全	确保工作环境安全、提供安全设备、确保作业安全、安全教育、意外伤害保险
社交需求	与人交往，与人分享，成为团队中的一员	组织员工活动、多提供员工参与的机会
尊重需求	个人地位与名分、被肯定、认同、关注	晋升、表彰、表扬、关心、信任
自我实现	发挥个人特长，职业发展，实现个人愿望	提供表现的机会、职业发展计划、授权

赫茨伯格的双因素理论

保健因素

根据赫茨伯格的理论，生理需求、安全需求、社交需求是保健因素（或称维持因素）。保健因素的缺失会造成员工不满，但其存在又不足以使员工产生更多的工作动力。

让我们来看看身边发生的事。

◇ **案例 1** 如果公司年终不发奖金，员工肯定会发出这样的声音："人家公司都有年终奖，就我们公司没有，老板太抠门了。跟着这种老板干活没意思。"当然，老板不至于抠到一分钱不发。可是，员工拿到钱后还是照样发牢骚："就给这么一点，还不如不发。"

◇ **案例 2** 员工不会因为公司提供安全设备设施、工作服、安全帽等而感动，大家都会认为这是应该的，还有人违反安全制度不戴安全帽去工作现场。但是如果有哪家公司真的不提供这些安全条件，员工就会责骂这家公司没人性。

◇ **案例3**　有失业经历的人大概都有这样的体会。在家休息一周很爽，一个月还能忍受，如果三个月没事做恐怕在家就待不住了。这不仅仅是钱的问题，更为重要的是脱离了社会。当然，你还有朋友交往，可是朋友们白天要上班，晚上也不可能总是陪着你。失去了与群体的交往，你会感觉无聊、沉闷，于是，心情变得很糟糕，家里人也跟着你受累。这时你就想赶快找份工作。很幸运，终于有一家公司接纳了你，你又回到了社会群体。可是，你"好了伤疤忘了痛"，你又开始抱怨了，什么工资不高，活很累，没有人把你当回事，没有发展前途……

认真想一下，赫茨伯格的理论是有道理的。不给钱肯定不行，我们都要养家糊口，改善生活水平。加了工资只能维持员工的满意度，并不意味着就能调动起他们更加努力工作的积极性。很有可能，增加了工资，员工也不满意，他们还会与身边的同事比，与其他公司相比。钱永远没有给到位的时候。更何况，部门管理者对金钱的支配权是非常有限的。至于安全需求、社交需求，大多数人会将公司提供的条件看得理所当然，何时有人细想过，是企业给了我们社会交往的机会，并因此深受感动要给予报答。

● 激励因素

赫茨伯格认为，尊重需求和自我实现需求才是激励因素。随着时代的发展，现在的员工对受到尊重与自我实现的需求愈加强烈。

在上一节"从管理到教练"已经阐述了现代员工的特点。对事业的追求代替了对企业的传统忠诚；中国的自由与民主发展已经深刻波及人心的变化，员工越来越不情愿接受被动式的管理。今天的员工也不可能再像我们父辈（或祖辈）那样，为了一份工作就死守着一家企业一辈子，为了一份微薄的工资就感恩戴德，甚至可以以牺牲精神舒适为代价。他们更需要被人欣赏、重视，做自己喜欢做的事，在有问题的时候能得到帮助与指导，在事业上有发展的机会。对于今天的员工而言，很显然钱不再是努力工作的唯一驱动力。也许，一名员工加入一家企业时，最初会把薪酬放在第一位，但很快，对工作环境（包括硬环境与软环境）、个人发展的需求就会上升。这与马斯洛的需求层次理论有关。

　　古语说"授人以鱼不如授人以渔"。字面意思是，给人一条鱼吃，只能解一时之饥，如果教会他钓鱼的方法，他永远有鱼吃。员工不仅需要"鱼"，还需要"渔"。这个道理很简单，如果员工没有本事，也只能挣那么点钱维持生活。作为一名主管，你对金钱的支配权是非常有限的，但你可以教会他们挣钱的本事。尽管有人在接受培训后辞职了，但不给予培训与指导，人走得会更多，部门的业绩也不可能提高。无论是离职的还是在职的，员工永远会感激引领他们成长的上司。

还有一句话叫"授人以渔不如授人以欲"。所谓"欲",就是植根于员工内心深处的兴趣、愿望和为之而努力的激情,它时刻影响着员工的行为。部门管理者的任务就是要点燃员工内心的工作热情之火。

表 4-29 保健因素与激励因素

保健因素	激励因素
・工资与福利 ・管理风格 ・与上级关系、与同事关系、与下级关系 ・工作条件 ・安全 ・公司政策与制度	・有兴趣的工作 ・有表现的机会 ・被肯定、认同 ・具有挑战性的工作 ・负有重大责任 ・晋升、个人成长
外在因素:是别人提供的,一般是管理者或企业	内在因素:是内心的体会,从工作本身获得的满足

● 双因素的组合

赫茨伯格发现当组织用期望的保健因素与激励因素组合时,员工的工作热情才会最高。基于这一理论,一家公司每年仅仅给予员工加薪,并不能有效激励他们。员工还有诸如学习成长、被赋予重大责任的需求。同样,只有在保健因素具备的情况下,如公平的报酬、良好的管理、和谐的人际关系等,员工才能被激励因素所激励。很难想象,在一家工资低、管理水平差、安全得不到保障的企业里,员工还能被具有挑战性的工作所激励,仍然保持着极大的工作热情。可能有这样了不起的员工,但这只能是例外而非规律。赫茨伯格的理论提醒各位部门主管,要将外在因素与内在因素结合起来,采用多种方法去激励员工。

为什么员工的表现不如主管期望的

阅读前思考:

1. 作为一名主管,你知道怎样才能提高员工的工作绩效吗?
2. 你知道员工发展的四个阶段及其特点吗?
3. 为什么员工的工作表现不如主管所期望的?

工作绩效模型

如图 4-33,从目标制订到目标实现是通过"做"来完成的,也就是执行的过程。

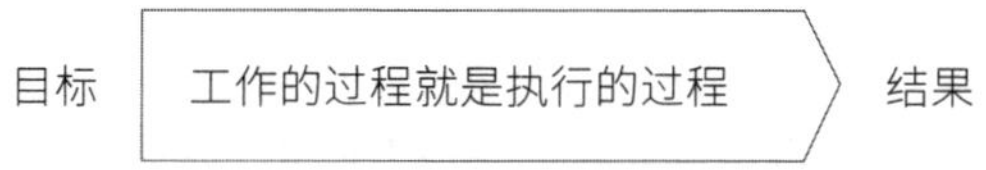

目标 → 工作的过程就是执行的过程 → 结果

图 4-33 执行的过程

● 什么是执行力

在前面"如何与人力资源部门有效配合"一章已经提到过,我们在此重温一遍,将帮助我们理解"工作绩效模型"的形成。

与执行力度有关。通俗地说,就是做事投入了多少精力。

与执行速度有关。工作好坏,时间是个关键指标。

与深度、广度、程度有关。

· 看待事情与问题的深度和广度(分析能力和理解力);

· 对工作方法掌握的正确程度和熟练程度(工作技能);

· 对工作任务的完成程度(绩效标准)。

结论：执行力包括完成任务的意愿、完成任务的能力以及完成任务的程度。

执行力还表现为：
- 一种工作习惯
- 纪律
- 公司的管理体系
- 部门主管对管理职能的有效履行
- 企业文化、工作氛围

工作绩效模型

将执行力的定义用图形来表示，就是工作绩效模型，如图 4-34：

$$绩效 = 工作意愿 \times 工作能力$$

图 4-34 工作绩效模型

这个简单的模型告诉我们一个管理秘诀。那就是，要想获得令人期望的绩效，部门主管必须同时在提高员工工作意愿和工作能力上下功夫，而且两者是相互联系、相互影响的。当然，针对不同的员工状况，同一个员工所处的不同发展阶段，管理者的工作侧重点不同。

员工发展的四个阶段

部门主管还需要了解员工在不同发展阶段的工作状况，然后才能"对症下药"，采取相应的领导风格和措施。

```
   D4              D3              D2              D1
已发展 •─────────────────────────────────────────────• 发展中

┌──────────┬──────────┬──────────┬──────────┐
│ 工作能力强 │工作能力较强│工作能力强一些│ 工作能力弱 │
│ 工作意愿高 │工作意愿不定│ 工作意愿低 │ 工作意愿高 │
└──────────┴──────────┴──────────┴──────────┘

  ( 独立自主 ) ( 有能力但谨慎 ) ( 憧憬幻灭 ) ( 热情高涨 )
  ( 的完成者 ) (  的执行者   ) ( 的学习者 ) ( 的初学者 )
```

图 4-35 员工发展的四个阶段

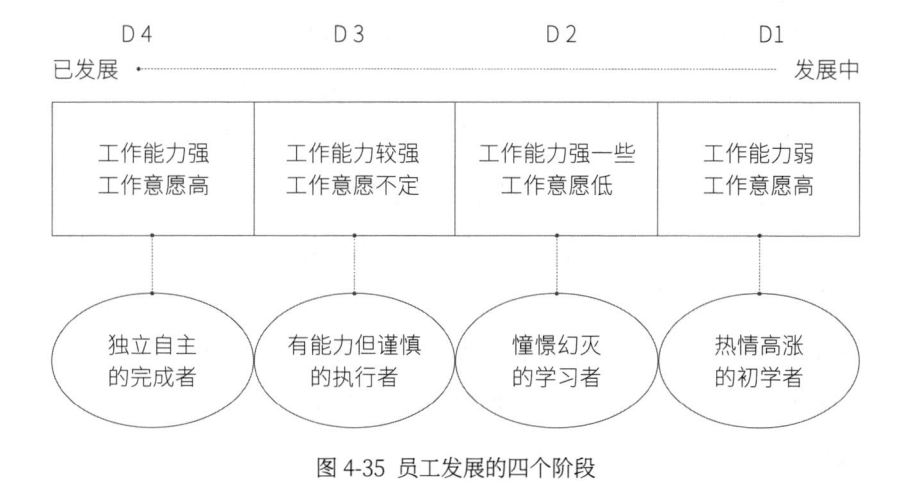

如图 4-35 所示，员工发展一般要经历这样一个过程：从第一阶段到第四阶段，由不成熟到逐步成熟。

第一阶段。总体上来说，这个阶段的员工工作意愿很高，尤其是刚从学校毕业的新人，有强烈的学习愿望。他们很想做事，但又担心做不好；他们很想表现自己，但又发现很多东西都不懂。这一阶段的员工包括刚入职场的新人，也包括刚到新岗位的员工。

第二阶段。两三个月以后，员工经过培训或自我摸索，其工作能力比第一阶段有了提高，但意愿却降低了，甚至低到了不想干下去的地步。为什么在这么短的时间里会发生如此大的变化呢？就一个新员工而言，可能有这样一些原因：他的工作技能还不够熟练、经验不足、经常出错、效率不高。在这种情况下，如果得不到上司及时、耐心的指导、帮助与鼓励，他很容易丧失信心；经过两三个月之后，他开始发现上司的管理意识、风格不尽人意，发现公司运作不规范，或是感受不到积极的工作氛围，于是对这家公司原先所抱有的美好憧憬和愿望破灭了。当现实与期望落差很大的时候，一些人就会选择离开，对于有经验的新员工更是如此。

第三阶段。在一家公司连续工作三年左右的员工，他们的工作能力有了较高的水平，但工作意愿开始摇摆不定。一些人开始思考是留下继续工作，还是另寻发展机会？对于另一些人，他们喜欢稳定的工作，但积极性可能不如从前了。这就是我们经常提到的"老员工的惰性"。

第四阶段。第四阶段的员工能力高，意愿也高。他们具有很强的自我管理能力，喜欢独立自主地工作。需要提醒的是，处在第四阶段的员工也不是永远保持不变的，他们也会随着环境的变化，在能力和意愿上发生变化。比如说，当这类员工遇到强制型的管理或不被信任时，他们的工作意愿就会降低。

部门主管必须了解自己的下属处于哪个发展阶段，这样才能抓住时机给予及时的指导和激励。一旦失去激励员工的最佳时机，以后再来补救将十分费力。

员工的表现不如预期的原因

● 与人力资源质量有关

这个问题从企业招聘时就发生了。一旦选错人，将会给后面的员工管理增加难度。要想用好人，首先要选对人。你可能会说：我从哪里能找到符合任职条件的人呢？找到既有能力又有工作意愿的人确实很难，尤其是对发展中的中小企业而言。这里说的选对人包括选对具有培养潜力的人。什么是有潜力的人？有三个要素供大家参考：对工作有兴趣，想学习并且一学就会。如果你期望员工的工作表现达到你的要求，你就要一开始在选人上多花点时间。人对了，稍加培养，能力就上去了。

与主管的意识、风格有关

错误的管理意识：

- 将绩效差的员工视为无可救药，要么弃之不管，要么打压；
- 对不喜欢的员工处处找茬，或是不理不睬；
- 对喜欢的员工处处袒护，甚至丧失公正；
- 搞平衡，自以为是公正派；
- 认为员工的个人问题与企业无关，对员工的个人问题漠不关心；
- 关心和帮助员工需要回报；
- 对员工缺乏信任，不能够充分授权。

令人沮丧的风格：

- 自以为是，或是不能令人信服的强势，缺乏沟通；
- 犹豫不决，缺乏主见，或是圆滑、不愿承担责任，甚至推卸责任；
- 多变，让人无所适从；
- 不守信用，不能为下属合理的要求和委屈据理力争；
- 对员工不尊重、不关心、不鼓励，不能帮助员工成长；
- 过分施加压力，或者漠视员工的体能；
- 缺乏激情，或是忽视个人职业形象。

与人力资源管理体系有关

让我们先来看一段一位离职员工的表述。

当接到面试通知时，我非常高兴。我穿好西装，打上精心挑选的领带，准时到达招聘的公司。我被领进销售部王经理的办公室，他很热情地请我坐下，一边泡茶，一边与我交谈。他拿着我的简历，问了很多问题。事后，我有点不解，这家公司怎么没让我填写"求职申请表"，人力资源部也没有初试。

过了一星期,我接到了被录用的电话通知。说句心里话,想去这家公司上班的兴趣开始下降了,最后还是抱着看看再说的想法去报到了,毕竟一份工作对于失业的我还是很重要的。一上班就投入到了繁忙的销售工作中去了,我很想有所表现。王经理热情开朗,一直在鼓励我,我打心里喜欢这样的领导。可是,三个月后我还是辞职了。导火索是我的工资问题,但不是唯一的原因。三个月试用期后我的工资没有调整。人力资源部说当初定的就是这个工资,王经理说我也是这样说的啊!试用期后根据业绩提成。那是我听错了?只能怪我当初没坚持向公司要一份书面录用通知。可是到现在也没人告诉我业绩提成的政策啊!在我离开公司的那天,我很想对王经理说两句话,话到了嘴边还是没说出来。第一句话:"王经理,你人很好,很想跟着你干,但公司的管理太不规范了,连个入职培训都没有,你怎么能让员工从一开始就明白哪些是他应该获得的,哪些是他应该做的,哪些是不应该做的?"第二句话:"你人虽然好,可是来了这么久,你也没给我做过一次培训,我拿什么本事去拿业绩提成,在这样的公司我又怎么能有发展?"

这位员工的经历和感受只是企业人力资源管理体系缺失的一部分反映。我们说,建立企业人力资源管理体系需要专家,而企业人力资源管理运行依赖的是体系。有了体系,一切都将变得秩序井然。所有人在这个体系中都将变成专家。以上案例中的那位离职员工算得上是一位人力资源管理专家,他有过规范化管理的经历。人力资源管理体系是企业文化的基础,一旦被破坏,企业将失去引进人才、留住人才的肥沃土壤。

我们从来就不否认管理者个人领导魅力。在前面我们已经分析了员工的工作表现不能达到期望的要求,与主管的管理意识、风格密切相关。但是,没有人力资源管理体系或者已建立的体系不能得到有效执行，主管的个人魅力总有一天会被削弱和抵消。再说，有个人魅力的王经理走了，来了没有魅力的李经理怎么办呢？

因此，我们需要将激励制度化，并且形成体系，从多方面、多层次激励员工，而不是单靠管理者的个人魅力。我们还需要营造企业整体激励氛围，让员工融入企业文化，使管理者的个人魅力与企业的制度化结合起来。同时，也要让人力资源管理体系约束一下有些管理者的错误意识和令人沮丧的管理风格。

图 4-36 是世界 500 强德国跨国公司林德气体的企业文化，供大家借鉴。

在《林德精神手册》的首页写着这样一句话："文化？对了，这就是我们的做事风格。"接着，这家公司用一棵参天大树的树枝、树干和树根来分别表示企业的愿景、价值观和原则。我的理解是，茂密的树枝（愿景）需要健壮的树干（价值观）支撑，健壮的树干（价值观）需要深深扎在肥沃土壤里的树根（原则）支持。

愿景
我们将成为全球领先的企业，我们引以为荣的员工提出的创新解决方案将影响世界。

价值观
以激情创造卓越；以创新服务客户；
以赋权成就员工；以多元实现发展。

原则
安全、诚信、尊重、可持续性。

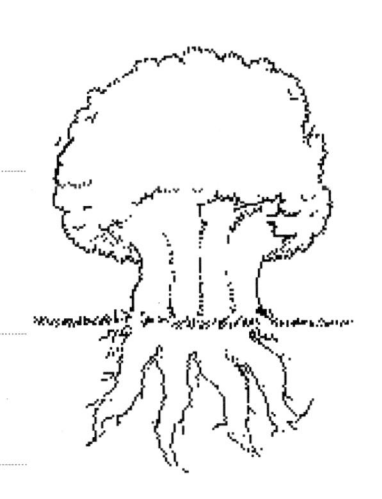

图 4-36 林德企业文化

这本企业精神手册的最后一页是"个人行动计划"。它是这样写的：

我能做些什么？

1. 花些时间对核心价值观和基本原则进行彻底的了解。

2. 检查自己做出的决定和行动：它们符合我们提倡的价值观和原则吗？

3. 以身作则——有勇气指出违背价值观和原则的行为；对他人符合价值观和原则的行动给予认可并向他人学习。

4. 帮助他人实践企业精神。他们的成功就是你的成功。他们的成功就是我们的成功。

如何有效激励员工

阅读前思考：
1. 除了金钱，还有其他什么有效的激励方法？
2. 作为一名部门管理者，你的激励方法行之有效吗？

为了便于大家记忆和应用，我将众多的员工激励理论和方法以及我个人对员工激励的理解和经验，按照顺序归纳为"员工激励的六大法宝"。

一颗爱心

要想有效激励员工，首先部门管理者应当对下属怀有一颗爱心。这份对员工的爱，就是尊重、关心、从正面看待员工。

先给大家讲一个古希腊神话故事。

在古希腊，塞浦路斯国王皮格马利翁是一位有名的雕刻家。他用象牙精心雕刻出一尊美丽的少女雕像。在夜以继日的工作中，皮格马利翁将他全部的精力、热情都倾注在这尊雕像上。他深深地爱上了她，并给她取名叫盖拉蒂。他给她穿上美丽的长袍，每天拥抱她，亲吻她，期望他的爱能被她接受，可是她依然是一尊雕像。皮格马利翁再也受不了这种单相思的煎熬了。于是，他带着丰盛的祭品来到神殿，祈求女神赐给他一位如盖拉蒂一样美丽的妻子。皮格马利翁的真诚期望感动了女神，女神决定赋予这尊少女雕像生命。皮格马利翁回到家后，径直走到雕像前，凝视着她。这时，雕像发生了变化。她的脸颊慢慢地呈现血色，她的眼睛开始释放光芒，她的嘴唇缓缓张开，露出了甜美的微笑。盖拉蒂向皮格马利翁走来，她用充满爱意的眼光看着他，浑身散发出温柔的气息。不久，盖拉蒂会说话了。皮格马利翁的少女雕像终于成了他心爱的妻子。

皮格马利翁的故事给了我们什么启示呢？对一个人传递积极的期望，就会使他精神振奋，充满活力，进步得更快；反之，向一个人传递消极的期望，则会使他自暴自弃，放弃努力。本章一开始讲的青蛙故事说的也是这个道理。这就是著名的皮格马利翁效应。这种效应体现的是心理暗示的力量。

再讲一个苏东坡与佛印的故事。

有一天，苏东坡与佛印和尚对坐聊天。聊到高兴时，苏东坡问佛印："你看我坐禅的样子像什么？"佛印看了看，频频点头称赞："嗯！你像一尊佛。"佛印反问道："那你看我像什么呢？"苏东坡故意气佛印："我看你像一堆屎。"佛印居然微微一笑，没有提出反驳。苏东坡回到家中得意地告诉苏小妹："今天佛印被我好好地戏弄了一番。"当苏小妹听了事情原委后，哈哈大笑。苏东坡不解地问道："你笑什么？"苏小妹说："人家佛印和尚心中有佛，所以看你如佛；而你心中有屎，所以看人如屎，其实输的是你啊！"苏东坡这才恍然大悟。

苏东坡与佛印的故事告诉我们，你心中是怎么想的，你就会怎么看他；你怎么看他，你就会怎么对待他；你怎么对待他，他就怎么对待你。

有一次去一家公司做培训，这家公司的人力资源部经理在向我介绍公司人力资源状况时说，一线工人有80%来自农村，素质很低，没有规矩，很难管理。他举了个例子，很多人在员工食堂吃完饭，把盘子丢在桌子上就走了。讲他们一次，他们就收拾一次，而且非常不情愿，把盘子重重地扔进塑料框里。在这位人力资源部经理的眼里，这群员工显然都是低素质的。我以在酒店工作的服务员作了比较。他们一样大多数来自农村，文化水平不高，但是每个人看起来都是那么的精神、有礼貌，就连酒店里最基层的清洁工见到客人也会问声你好。为什么酒店能够做到，而我们的工厂就做不到呢？首先，酒店从一开始就建立了这样的秩序、氛围、文化，每一个新进的员工很快就融入了这样的秩序、氛围和文化，否则是无法生存下去的；其次，从每一个新员工入职的第一天起，人力资源部和用人部门就不断地给予他们培训和指导。在酒店管理者的眼里，员工是最重要的人，没有开心的员工，就没有开心的客人。在我们的工厂里，组织架构的最上方是总经理，最底层是员工。而酒店的组织架构是倒金字塔，最上方的是一线员工，其次是领班、主管、部门经理，最底层的才是总经理。在沃尔玛的墙上，我们也能看到这样倒金字塔的组织架构。这不是一种形式，它体现了企业对一线员工的尊重与重视。

当我们真诚地爱我们的员工，把他们视为企业最重要的人，你就会尊重他们，关心他们，把热情和期望带给他们，他们一定会给你好的回报。

> 你更需要你的员工，而不是相反。为什么？因为他们是你创造业绩的唯一指望。你不可能什么都大包大揽。你的时间是有限的。只有你的团队才能做好一切。

资料来源：[美]米奇·霍莉德. 经理人培训教程[M]. 于卉芹，李欣，译. 北京：中国商业出版社，2002.

一份耐心

提高员工的工作技能和意愿，需要投入相当多的心力和情绪，有时让我们感到精疲力竭，甚至会对"不争气"的员工大骂一通，对他们丧失希望。激励员工真的需要一份耐心。

两种选择

我经常对部门主管说，对待"不争气"和"令人失望"的员工，你只有两种选择，要么耐心地带着他们成长，要么就让他们离开，没有弃之不管、让其自生自灭这第三种选择，那将影响整个团队的士气和业绩。需要特别提醒的是，如果部门主管不能提高自身的管理意识、风格和领导能力，即使调换了员工，员工工作技能差或工作意愿不高的问题还将重蹈覆辙。

三个需求

三个需求是指了解需求、激发需求、满足需求。员工的需求有外显需求和隐藏需求（图 4-37）。部门主管要善于了解员工的外显需求，激发他们的隐藏需求，并予以满足。

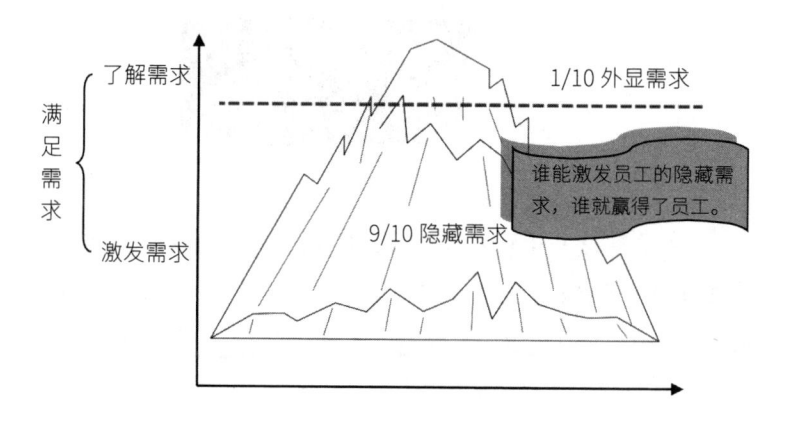

图 4-37 员工需求冰山模型

作为部门管理者，你了解你的员工的外显需求吗？让我们以鱼作比，来分析员工的不同需求。

第一种：水沟里的鱼

水沟面积小，水也浅，储水非常有限。除了自然下雨和人工供水外，没有其他供水渠道。因此沟里的水很容易干涸，水质也不好。在这种环境下生存的鱼，最迫切需要的是水。没有水，鱼就会死亡。只有在满足鱼的最基本需求情况下，其他的才有意义。

在工厂里的一线工人中，有很多人是属于这种类型的。他们的文化程度不高，没有多少本领，也没有很高的追求，家庭经济困难。因此，他们可以做最累、最脏、最不体面的工作，只要有一份不错的收入就行。对于这部分员工，金钱和物质是最需要的。如果不能满足他们最基本的物质需求，给予再多的精神激励也起不到任何作用。

第二种：水塘里的鱼

水塘比水沟的容量大多了，具有一定的储水能力。但是，水塘里的水是静止的，塘里淤泥多，塘水浑浊，甚至腐臭，水质较差。对在这种环境下生存的鱼来说，水不再是最需要的了，它们最需要的是良好的生存环境。

在员工的基本物质生活得到满足之后，良好的工作环境对于他们变得更加重要了。他们希望受到别人的尊重、关怀和帮助。因此，对这类员工不仅要给予物质激励，还需要给予相当的精神激励。

第三种：小河里的鱼

河水是流动的，朝着既定的目标，一直流向广阔的大海。在这种环境下生存的鱼，有的徘徊于原来的水域，有的跃跃欲试顺流游向大海。对于河里的鱼，它们最需要的是目标、动力与游向大海的能力。

这一类型的员工，已经不再为衣食担忧，他们具有一定的工作经验和技能。在他们中间，有些人安于现状，缺乏进步的意愿；有些人则很想发展，但又苦于得不到指导。对于前者，最需要的是目标和动力；对于后者，最需要的是指导。物质激励可以次之。

第四种：大海里的鱼

海阔凭鱼跃，天高任鸟飞。大海具有无限的空间，并且物质条件丰富。但是，由于海里的鱼类和生物很多，鱼的生命很容易受到威胁。在这种环境下生存的鱼，最需要的是锻炼自我生存的能力。

企业中高层管理人员属于这一类型的员工。他们一般都拥有比较丰厚的物质基础，能过上优越的日子，不会为生活发愁。他们需要的是自我实现的舞台。同时，他们又迫切需要驾驭舞台的能力。否则，很快就会败下阵来。

从上面的"员工需求冰山模型"可以看出，大约只有十分之一是浮出水面的部分，是我们看得见的部分，也就是员工的外显需求。而大多数需求都隐藏在水面以下，我们看不见，可能连员工自己也不清楚。但是，这不等于说这些隐藏的需求并不存在，它们可能存在于员工的潜意识里，在外界的刺激下，到了成熟的时候就会出现。

◇ **案例1** 前几年参加一个朋友的婚礼。受邀请的几乎都是伴随他成长的人。在三拜之后，他把一位老师傅请到台上，深深地鞠了一躬。然后他动情地说，他在16岁那年从老家乡下来到城市打工，第一份工作是在酒店厨房里洗菜，是这位师傅的鼓励和教导才使他走到今天。他感谢引领他成长的第一人（那位师傅），同时感谢在场的所有帮助过他的人。我的这位朋友那年32岁，已经是一家国际酒店的行政总厨，可以讲一口流利的英语和粤语。参加完婚礼之后，我一直在思考他成功的激励因素。他16岁那年从农村来到城里打工时，没有多少文化，也没有什么本事，还是一个未成年工。那时，对他来说最大的需求莫过于有人给他一份工作，有饭吃，有地方住，脏活、累活都愿意做。他绝对没有想过能成为一名国际酒店的行政总厨。但是，在他的内心深处一定隐藏着想改变命运的需求。幸运的是，他的职业生涯第一步就踏入了一个好企业（假日酒店，具有良好的员工成长和激励氛围），遇到了一位好领导（引领他成长的那位师傅）。我们是否可以说，这里的环境和领导激活了隐藏在他内心的成长需求。

在很多企业，我们发现这样一个现象，对于一个需要养家糊口的工人来说，一份不错的收入是他最迫切的需求（外显需求），但是他的工作表现并没有因此越来越好。问题出在：你不教会他挣钱的本事，他也挣不到不错的收入；你不告诉他哪些是应该做的，哪些是不应该做的，他就会习惯性地犯错误；如果你不说明他的工作对公司目标和社会的意义，他就不会为其工作而感到自豪；你老是骂他笨，要不他被骂傻了，要不就干脆装傻；如果你没发现他的潜力，并鼓励他成长，他就没有努力的意愿。而实际上，这类员工也隐藏着想学会挣钱本事的需求、成长的需求、渴望受到尊重和关怀的需求。部门主管应善于激发员工的隐藏需求，引导他们从模糊的人变成清醒的人。

◊ **案例2**　某家公司一位刚入职不久的部门经理辞职了，辞职的原因竟然是为了一台电脑。老板很郁闷地对我说："办公室人员看他有电脑（他的私人电脑）用，就没给他配，他也向我提起过电脑的事，我说我家里还有一台闲置着的笔记本电脑拿来给他用，他又说不要。我已经让办公室尽快给他买台笔记本电脑，他还是坚决辞职了。"我对此事的理解是：这位部门经理因为电脑而辞职只是表象（他可以继续使用他的私人电脑，并不影响他的工作，但会影响他的心情），他的真正需求是获得尊重、应有的工作条件以及制度化的企业管理。老板要把家里的电脑拿来给他用，这不是企业行为。

启示：当一个员工抱怨时，可能意味着他还有高一层次的需求，而不是他所抱怨的需求没能得到满足。管理者可能花费很多时间去解决员工说出来的问题，却并没有解决真正的问题。

对人最好的激励，就是给他最需要的。满足员工的需求，说的容易，关键是要做到。

◊ **案例3** 有一次，我给一家企业做咨询。当我向基层员工解读新的福利制度时，我以为员工们一定会为给他们带来的利好而热烈鼓掌。令我意外的是，一个女员工忽然大声说："你说的都是屁话。"开始我很生气，后来我对这家公司高管说，不要批评那个员工，她没有错，是我们管理层失信于员工啊！

◊ **案例4** 有一个心理学家做了这样一个试验，他将一条金鱼放入鱼缸，先让它饿了两天，然后在鱼缸中间插入一块玻璃，在鱼的另一侧放入食物。饥饿的金鱼看见食物就游了过去，可是每一次都被玻璃挡住了。经过几次挫折后，金鱼停止向食物游去。接着，心理学家将玻璃抽出，但是金鱼已失去了对眼前食物的任何兴趣。

"员工中有90%以上的人认为自己对公司的运作方式有更好的想

法", 但是有多少部门主管愿意坐下来倾听他们的心声, 能够满足他们想说出来的愿望? 听取员工意见, 是一种集思广益、简单易行的好方法。其一, 员工身处操作第一线, 在工作中常有一些令管理者未曾想到的建设性意见; 其二, 由于它表现了对员工意见的重视, 可以增强员工的参与感, 从而增进集体的向心力, 改变原先的涣散状态; 其三, 下属的参与令其更了解改善之计划且与管理者具有共同目标, 便于日后的监督工作。如果把员工挡在门外, 不仅使员工的想法白白浪费, 更可怕的是将严重伤害他们参与的意愿。如此, 何谈调动员工的积极性呢? 难怪一些员工说: 跟着这样的领导干活没劲!

由于员工的需求没有被及时发现、激发和满足, 很多人刚进公司时的那股热情和劲头很快就消退了, 日后再来补救就会很难。

三个不要

1. 不要用同样的方法激励所有的人——要个性化。不同的员工需求不同, 以上的"以鱼作比"已说明了这个道理。

2. 不要始终用同样方法去激励同一个人——要有变化。员工的需求在变化, 激励的方法也要跟着作相应的变化。

这里有一则有趣的故事, 或许能给大家一些启发。

有一名飞行员在退休后, 要独自驾驶飞机做一次环球旅行（自我实现需求）。起飞前, 来了一个人向他推销一种神奇药水, 一美元一瓶, 可以将海水淡化。飞行员拒绝了他, "我已经准备了足够的饮用水, 依我的飞行水平也不可能掉入海里, 我不需要你的神奇药水。"（当一个人没有内在需求的时候, 你怎么激发他也无效) 不幸的是, 飞机出了事故, 飞行员跳伞落入了大海。他在大海里垂死地挣扎（生理需求和安全需求）。

不幸中的万幸，过路的一条小船把他救了起来。他抬头一看，救他的是那个向他推销神奇药水的人。他想要些水喝。卖神奇药水的人说船上没有淡水。"那我给你一美元买你的神奇药水吧"，"现在一瓶水卖一千美元了"，"可以，可以，你要多少钱我都给你"（生理需求）。小船在海上航行了几天，飞行员非常渴望回到岸上（社会需求）。当飞行员踏上陆地的时候，迎接他的是鲜花和拥抱。他又充满激情地说："我还要独自驾驶飞机做环球旅行，实现我一生的梦想。"（自我实现需求）

启示：

· 不同的时候有不同的需求；

· 对人最好的激励，就是给他最需要的；

· 当一个层次的需求满足后，另一个层次的需求就变得很重要。

3. 不要以为隆重正式的激励最有效——要日常化。没有哪个员工每天积极地投入工作是为了年终被评为优秀员工的，他们更希望获得及时的肯定与表扬。关于如何表扬才有效,请继续阅读以下的五个要素。

三个原则

激励原则 1: 有要求才会做（告诉员工做什么、为什么做、怎样做、做到什么程度最好）; 有测评才会做得更好(对照标准,衡量员工的表现,随时给予评价)；有奖励才能做得最好(包括物质和精神奖励，更重要的是肯定和赞赏)。

激励原则2：员工在工作中的表现，是他们的管理者给予强化的结果（不断指导与激励）。

激励原则3：如果员工的工作表现没有达到期望的目标，则说明管理者的强化没起作用。怎么办？那就继续强化吧，直到员工的行为表现发生变化为止。

四个陷阱

陷阱1：依赖金钱和物质奖励

金钱和物质是维持因素，不给不行，给了也不能起到激励的作用。我们经常听到这些声音："辛苦了一年就发这么点奖金，老板太抠门了""给我加工资是应该的，早该给我加了，我还嫌少了呢，谁谁做了什么，他凭什么拿的比我还多""绩效工资还不如不搞，达到了指标就奖励那么一点，如果没完成罚得更多""我辞职不是因为工资问题，是干得不爽，没法做"。再说，企业也不可能无限制地使用金钱，各层级管理者对于金钱资源的支配权更是有限的。

> 奖励只能带来短期的爆发，就像是少量咖啡因只能帮你多撑几个小时，但其效果会逐渐消失。更糟糕的是，它降低了人们继续这项工作所需的长期积极性。

资料来源：[美]丹尼尔·平克. 驱动力[M]. 龚怡屏，译. 北京：中国财政经济出版社，2023.

陷阱 2：哥们义气，拉帮结派

个别主管会说：你是我的人，你要听我的，你有什么困难，我也会帮你解决；我们是兄弟，你得支持我啊！不能否认私人感情的作用，但它不能取代以原则（目标、职责、流程、制度）维系团队的凝聚力。用哥们义气、拉帮结派所建立起的员工关系没有生命力，只会把企业搞乱。

陷阱 3：喜欢忽悠，乱开"支票"

有一次，我去福州讲课，培训承办公司的总经理晚上很热情地请我吃饭。席间，他对他的员工说："只要费老师来福州讲课，你们就通知我，我一定要亲自请他吃饭，其他老师来就不要告诉我了。"我明白他这样说是为了表示对我的重视，但我听起来感觉非常不实在（"其他老师来就不要告诉我了"，我还没到这样的份上吧）。我私下问接待我的员工，你们老总在其他老师面前是不是也这样说啊？

中肯的赞赏会令人快乐，但话里水分多了，则令人不可信，叫"忽悠"。

还有一种领导喜欢以画饼激励属下。说它是画饼，是因为看得到，却吃不到。曾经有员工对我说，在我们公司，画饼不是挂在墙上，而是挂在月亮上，看都看不到。这类领导，有的是习惯性乱开"支票"，有的确实是出于激励员工的好意，但方案还不成熟。还有一点需要特别提醒，我们赞赏部门主管能为属下员工的利益据理力争，但是在与人力资源部或上级领导沟通前，不应对员工做出承诺，最好先不要告诉员工。等到批准后再知会员工，激励的效果会更好。在企业里，常有部门主管对下属说，我已经几次找人力资源部经理给你加工资了，可是他就是不批准啊！这不仅不能"讨好"员工，反而会增加矛盾，更会破坏团队的向心力。遇到这样的情况，部门主管应当从正面向下属解释不批准的原因。即使是人力资源部"作梗"，作为部门主管，你也应当向上一级领导申诉，而不是"讨好"属下员工。

> 如果承诺不能兑现，比没有承诺更易打击员工的积极性，降低忠诚度。

陷阱4：滥用权力，强制责骂

如果有人经常使用"权力、强制、责骂"作为促使员工有所表现的驱动力，那么只能说明这样的部门主管已经是黔驴技穷、山穷水尽了。在他管理下的员工只会变得越来越糟，整个团队将会失去生机。同时也说明，这样的公司没有企业精神，否则，怎么能允许他滥用权力、随意强制责骂呢？需要强调的是，高高挂在墙上，却形同虚设、没有起到任何作用的口号，不是真精神。因为，文化就是我们做事的风格。

注意：有时，管理的含义等同于强制、胁迫，伴随而来的往往是被动的工作、消极的抵制；而领导则意味着指导、激励，接踵而至的必然是积极的意愿、主动地工作。因此，我们应当是领导员工，而不是管控员工。

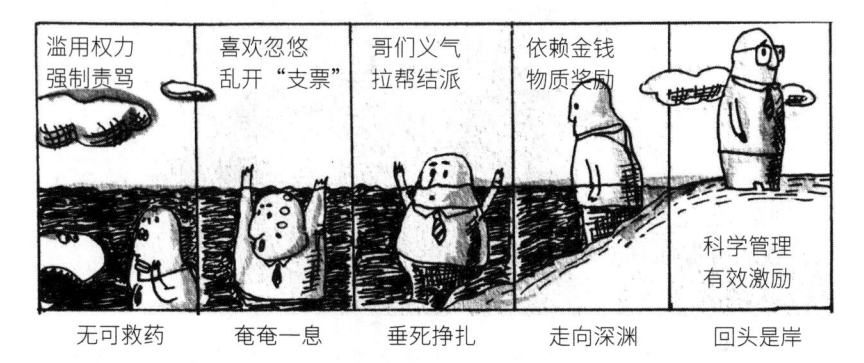

图 4-38 员工激励的四个陷阱

企业与部门管理者也需要"软实力"。哈佛大学教授约瑟夫·奈（Joseph Nye）是"软实力"概念的提出者。他在与中国人民大学学者对话时说："我 1990 年提出'软实力'概念，但实际上，中国古代的孔子、老子就已经论述过有关思想,尽管他们没有用软实力这个术语。人们影响他人意志和行为的方式有三种办法：一是强制方式，即以"大棒"胁迫；二是诱惑收买，以"胡萝卜"诱惑；还有一种就是吸引或说服，也就是'软实力'。国家、政党、公司以及个人都有自己的软实力。"

五个要素

大家熟悉的《谁动了我的奶酪》一书的作者斯宾塞·约翰逊博士还写了一本管理畅销书，叫《一分钟经理人》。在这本书里，管理大师以生动形象和通俗的语言，向我们传授了三条管理秘诀：一分钟目标，一分钟表扬和一分钟惩戒。

在前面，我们提到了不要以为隆重、正式的激励最有效。没有谁是为了被评为年度优秀员工而在每一天里都能够保持积极的态度。一分钟表扬（激励日常化）更重要。

我们可能都有过这样的经历：

◊ **案例1**　为了第二天赶往济南投标，王经理和他的团队已经工作了两天两夜没有合眼。由于一个重大失误（极度疲劳是其中的一个原因），所有团队成员都受到了严重处分。王经理说受到处分是应该的，可是在我们日夜工作的时候，却没有听到一句赞扬的话。

◊ **案例2**　小李近来忙着给香港总部准备上市的资料，连续几天加班，终于在截止日前完成了任务。小李对上司说，总部那边没有人统一指挥、协调，一份资料传送过了，另一个部门又来要；一开始也没说清楚，花了很大精力做好的报表，格式一变又要重新做一遍。小李这样说，本来是想听到上司的表扬，由于总部没有安排好，给她增加了很大的工作量。上司听后却用责怪的语气说：你为什么不告诉我，我可以给你增派人手啊！小李郁闷极了，没有得到表扬，还被批评一顿。

◊ **案例3**　林经理是新来的行政部经理，她发现公司档案管理很乱。于是，新官上任三把火，在她的指导和带领下，行政部全体员工利用两个休息日对所有档案进行了整理。星期一早晨一上班，行政总监就叫上林经理和档案员走进档案室，一边检查一边说："林经理，你做得非常好，经过整理，档案分类更科学，便于查找。同时，你还将档案管理的经验传授给了档案员和其他人。你们都辛苦了，牺牲了双休日，替我向他们表示感谢。林经理，别忘了给大家记加班。"林经理接着就把行政部的员工召集起来，告诉他们："总监表扬我们了，说我们的档案整理得很好，还特意交代，你们双休日来公司整理档案全部算加班，我也要感谢大家给予我的大力支持。我们的下一个目标是整理固定资产档案。"员工欢呼起来！

从以上的案例，我们应该能体会到一分钟激励的力量吧！那么，怎样才能使一分钟激励更有效呢？这是我们要谈的五个要素。我们将以两个一分钟表扬对话作个对比。

A. 一分钟表扬：

经理：小曾，你那份报告我看了，还不错！

小曾：（心里话）哇！我那份报告是一个月前给你的，你才看啊！还不错？好在哪呢？

B. 一分钟表扬：

经理：小曾，你昨天给我的那份报告我看了。

小曾：（心里话）哇！好快啊！

经理：你对目前员工心态的分析很透彻，尤其你的分析是建立在大量的员工访谈上的。

小曾：（心里话）看来，你很认真地阅读了我的报告。你对我的分析和访谈很满意哦！

经理：你的分析对各部门主管改进员工激励方式将会提供很大帮助。

小曾：（心里话）太棒了！我的报告将会发挥作用！我的努力终于得到了认可！

经理：我对你的报告很满意！

小曾：（心里话）我很高兴听到你这么说。经理，你的表扬比奖金还重要。

　　经理：我希望你以后多和员工交流，及时了解员工的心态。

　　小曾：（心里话）我会继续努力的。以前我在这方面做得不够好，现在你给了我很大的激励。

很显然，B 的一分钟表扬比 A 的一分钟表扬要精彩多了，这是因为在这段简短的表扬里包含了五个要素：

　　1. 及时反馈（小曾，你昨天给我的那份报告我看了）。

　　2. 明确具体（你对目前员工心态的分析很透彻，尤其你的分析是建立在员工访谈上的）。

　　3. 阐述益处（你的分析对各部门主管改进员工激励方式将会提供很大帮助）。

　　4. 个人感觉（我对你的报告很满意）。

　　5. 再接再厉（我希望你以后多和员工交流，及时了解员工的心态）。

　　请记住：表扬要及时，过期的表扬会失效！一分钟表扬不会占用你多少时间。

六大经典激励方法

● 目标激励法

通过设立员工个人目标，传递动力，激发员工的工作和学习热情，不断挖掘员工的潜力。员工个人目标包括与其工作有关的目标和个人发展目标。

爱德温·洛克的目标设置理论认为，目标本身就具有激励的作用，目标能把人的需要转变为动机，使人们的行为朝着一定的方向努力，并将自己的行为结果与既定的目标相对照，及时进行调整和修正，从而能实现目标。

・有目标的员工比没有设立目标的员工工作表现更好。

・明确的目标比模糊的目标更能激励员工。

・困难的目标比容易实现的目标更具有挑战性，但目标的难度必须适中。

・有反馈比无反馈更能激励员工。

・参与目标设定的员工比被动接受目标执行力更高。

与工作有关的目标

作为部门主管，如果你希望员工的表现达到你所期望的，你就要在一开始让他们清楚地知道做什么、如何做、做到什么程度才是最好的。具体的方法有：

◊ **新员工入职培训** 有经验或无经验的新员工都要熟悉公司的新环境、规章制度、福利待遇、工作标准。入职培训将关系到新员工能否胜任工作和达到公司要求。不仅人力资源部应为新员工提供入职培训，用人部门也应同时提供入职培训。

◊ **提供书面文件** 这些文件包括与员工工作有关的部门职能说明书、职务说明书、工作流程以及操作规程。例如，当我加入一家新公司的时候，部门经理把我叫到办公室，很郑重地给了我一份职务说明书，他希望我从一开始就明白我是谁、我是做什么的、我应该具有哪些胜任资格。后来，我晋升了，他又将我叫到办公室，递给我一个信封，打开一看，是我的晋升通知和人事变动表。他在简短的恭贺之后，又递给了我一个信封，信封里装的是我新任岗位的职务说明书。我明白，这是我新的工作目标。

◊ **设定工作目标** 彼得·德鲁克说："设定目标是管理者的首要任务。"是上司独立设定目标好，还是与员工一起讨论更好？前者可以节省时间，避免不必要的争执，但不易被员工接受；后者所花费的时间与精力显然会大大增加，但让员工参与讨论，倾听他们的意见，可以使目标设置得更合理，也能增强员工对目标的承诺。因此，比较合理的方法是，在执行简单的任务时，由上司指定目标；在执行重大和复杂的任务时，让员工参与目标的设定。

员工接受了目标并不等于他就能达成目标。因此，为了目标的实现，部门管理者还要让他知道：

·当他遇到困难的时候，你会随时给他提供帮助与支持。

·在他工作的过程中，你会经常给他反馈，告诉他哪些地方做得好，哪些方面不足。

·当他遇到问题的时候，你会指导他找到解决问题的方法。

·任务结束后，他会得到什么回报，包括奖励与惩罚。

个人发展目标

一个在事业上有所追求的员工，无论是在学习上还是在工作上，他的内驱力都是强大的。作为一名主管，你能为下属做些什么？

·了解员工的发展目标，即他想做什么。

·改造员工的发展目标，即他能做什么。想做什么未必就能做什么。如果某个员工的发展目标定得不切实际，你就要与他一起分析他的优势与弱势，帮助他准确定位自身。

员工发展规划的 5P 原则		
Person	个人	了解自己的优势与弱势
Perspective	看法	了解他人对自己的看法
Place	位置	了解自己目前所处的位置
Possibility	可能	了解发展目标的可能性
Plan	计划	针对目标拟定发展计划

・协助员工设立发展目标。如果员工不知道自己的目标是什么，那就协助他找到目标。如果你去问一名清洁工她的发展目标是什么，她可能会回答你"没有目标"。如果你问她是否想成为一名优秀员工，她会回答"是的"。个人发展目标不仅仅是晋升，还包括岗位轮换、工作技能提升，也包括把本职工作做得更好。

・帮助员工实现发展目标。首先要鼓励员工自我发展。怎样才能推动员工自我发展呢？当员工找到自己的现实表现（或目前所处的位置）与个人发展目标之间的差距时，就会自然产生成功的压力，这种压力进而形成向着目标迈进的强大动力。有经验的主管应当帮助员工找到差距，然后鼓励他们通过向他人学习和自我学习来提升自己。

此外，部门管理者应针对员工的差距提供相应的培训与指导，然后定期与员工一起评估一下他们所定的目标和能力发展情况，比如，取得了哪些成绩，在哪些方面还需要改进。时间是一个衡量标准，这对于管理者与员工双方都很重要。如果没有时限，主管的辅导可能就会一拖再拖，对于员工而言，自我发展的速度也将放慢，目标的牵引力自然会减弱。

表 4-30 员工职业发展规划表

姓　名			性　别		出生年月	
现任职务			直接主管		入职日期	
教育背景	由	至	专业	学校		获得证书
工作经历	由	至	工作单位			职务
个人优势劣势分析	优势：					
	劣势：					
职业路线图						
职业发展时间表	短期目标			完成时间		
	中期目标			完成时间		
	长期目标			完成时间		

员工发展培养计划

目标	达到目标所需的知识与技能	培养方式	完成时间
短期目标			
中期目标			
长期目标			
年中回顾			
年终回顾			
员工确认/日期	直接主管确认/日期	部门经理确认/日期	HR 经理确认/日期

● 需求满足法

这种方法的理论依据是马斯洛的需求层次理论（前面已分析）。

● 工作激励法

这种方法的理论依据是赫茨伯格的双因素理论（前面已分析）。

● 行为强化法

这种方法的理论依据是斯金纳的强化理论。根据强化理论，人们的行为在很大程度上受其过去的体验结果影响。正如前面所列举的案例，新来的行政部林经理带领员工整理完档案室之后，立即受到了行政总监的表扬，她决定下个目标是为公司固定资产重新建档。再举例，有一次，我去一家公司讲课，第一天看见几个男员工穿着拖鞋、大裤衩来上课，到了下午临下课的时候，我才说：我观察了一整天，在场的都是管理者，却没有一个人指出这个问题，正是没有人觉得这是个问题，才会容忍这种行为一直延续，我判断穿拖鞋、大裤衩来上课不是第一次。第二天，这种行为消失了。我的开场白没有忘记表扬，还加了一句，大家昨天听了一天"从专业到管理"课程，今天看起来像管理者了。学员们笑了。

当某种行为受到肯定时（或者说行为的结果有利于个人），就增加了这种行为重复出现的可能性，即正强化；当某种行为受到否定时（或者说行为的结果不利于个人），这种行为就会削弱和消失，即负强化。强化理论揭示了部门主管可以通过对员工行为的反应（肯定或否定）来鼓励或阻止某一特定的行为。

正强化

管理者可利用表扬和奖励来巩固员工的正确行为，让员工继续保持下去。关于表扬的技巧，请参考"一分钟表扬"的五个要素。奖励的手段很多，如晋升、晋级、奖金、评选最佳员工、提供培训机会、授予更多的职责和职权等。部门管理者在应用奖励手段时，可能会受制于公司的政策，但可无限地利用表扬这个心理资源。

负强化

管理者还可利用批评和惩罚来阻止员工的错误行为，使员工不敢再重复这些行为。关于批评和惩罚的技巧，在"部门管理者的管理职能"和"指导的态度与方法"两节都有详细描述。这里需要特别提醒的是，惩罚员工必须严格遵守公司的处分制度与流程。

表扬与奖励总能给人带来愉快的心情，而批评与惩罚则会令人感觉不舒服。如果批评与惩罚的方法不当，还会造成员工与主管之间的隔阂和对立。优秀的主管总能发现、善于表扬员工的可取行为，而不是滥用批评与惩罚手段。即使在动用批评或惩罚手段时，也是以正面的态度来对待问题员工的。

◊ **示例：违纪处分制度与流程**

一、纪律的意义

严格执行公司各项规定，是公司管理的基本要求，是每一位员工义不容辞的责任。没有纪律约束，公司的管理将失去秩序，也不可能保证公司高效、成功地运行。尽管纪律措施是为了约束和纠正不正确的行为，但公司希望员工的行为能取决于个人正确的判断和职业道德。纪律措施的目的在于约束，而不在于处罚。

二、违纪处分种类

1. 口头警告记录（甲类过失）：

员工第一次触犯甲类过失，部门将会发出口头警告记录，该警告有效期三个月，在有效期内再次违反，将受到更严重处分直至解雇。

2. 书面警告（乙类过失）：

在口头警告记录有效期内重复触犯甲类过失或第一次触犯乙类过失，部门将会发出书面警告，该警告有效期六个月，在有效期内再次违反，将受到更严重处分直至解雇。

3. 最后警告（丙类过失）：

在书面警告有效期内，重复触犯甲、乙类过失或第一次触犯丙类过失，部门将发出最后警告，该警告有效期十二个月。情节严重或在有效期内再次触犯任何一类过失，将受到立即解雇处理。

4. 无薪停职：

有下列情况，公司将对当事员工作无薪停职处理：员工的行为已危及公司利益，等待公司决定是否解聘该员工，或者等待刑事案件审判结果。

5. 即时解雇：

在最后警告有效期内重复触犯甲、乙、丙类过失或第一次严重违规，情节严重，公司将对当事员工即时解雇。

三、处分流程和权限

1. 当员工出现过失时，由直接主管向部门负责人提交过失单，写明过失情况，包括过失的时间、地点、事实，触犯了哪项过失，并建议给予何种处分；

2. 部门负责人在接到过失报告后，需对过失情况进行核实，并对照处分制度确定是否给予处分、给予何种处分；

3. 在向人力资源部呈送过失单前，由部门负责人找过失员工谈话，知会处分决定，并请员工在过失单上签名确认。如员工拒绝签名，部门负责人需在过失单上说明，人力资源部将做调查核实，经确认的处分将仍然生效；

4. 口头警告记录、书面警告、最后警告由部门负责人提出，经人力资源经理批准生效；

5. 无薪停职、即时解雇，由部门负责人提出，经人力资源经理审核，总经理批准生效；

6.过失单一式三份，分由人力资源部、部门及违纪员工各持一份。

四、员工申诉

1.员工对受到的处分如有异议，必须在接到部门处分通知后三个工作日内向人力资源部提出申诉，否则处分决定将生效；

2.人力资源部将立即调查核实，如处分有失公正，将要求部门修改；如符合事实与处分制度，将维持处分决定，由人力资源部找违纪员工谈话并请他签名确认；

3.在人力资源部找违纪员工谈话后，如该员工拒绝签名，只要符合事实与制度，处分依然生效，人力资源部需附上调查报告和谈话记录。

五、违纪处分原因

1.口头警告记录（甲类过失）：

1）上班时间仪容仪表不整洁或未按公司规定着装；

2）随地吐痰、乱丢纸屑及杂物；

3）委托他人或代他人打卡；

4）擅离工作岗位或串岗；

5）上班时间做与工作无关的事；

6）在工作区域喧哗或发出不必要之声浪；

7）工作时间聚众闲谈、聊天、嬉笑打闹等，工作作风散漫；

8）越权处理工作问题或越级汇报；

9）不及时报告设施、设备的损坏或丢失；

10）不及时汇报工作中出现的问题；

11）违反培训纪律；

12）对违反规章制度的行为不报告，不制止；

13）一个月内迟到累计3～4次或一次迟到超过30分钟（早退按迟到处理）；

14）由于疏忽或在工作中不按流程或规范操作，造成轻微差错或经济损失；

15）其他轻微过失。

2. 书面警告（乙类过失）：

1）工作时间睡觉；

2）上班前或当职时喝酒（除公务接待许可外）；

3）言行不尊重上司，对上司不诚实；

4）没有将该交接、传送的资料及时、准确交接、传送；

5）对公司财物遗失或损坏知情不报；

6）上班时间办理私人事务；

7）刁难他人工作，不与同事合作；

8）由于疏忽或在工作中不按流程或规范操作，造成较大差错或经济损失；

9）一个月内迟到、早退累计超过5次（含5次）；

10）旷工半天；

11）其他中度过失。

3. 最后警告（丙类过失）：

1）不服从管理、消极怠工、指挥不动、顶撞上司；

2）搬弄是非、诽谤他人、影响公司声誉和形象；

3）提供虚假或不确实的资料或报告，给上司的工作造成失误；

4）旷工一天至两天或一个月内累计旷工两次；

5）由于疏忽或在工作中不按流程或规范操作，造成严重差错或经济损失；

6）其他严重过失。

4. 依法解除劳动合同：

如员工有以下严重违反公司规章制度或国家法律法规的行为，公司将依法解除与该员工之间的劳动合同：

1）对同事威胁、出言不逊、打骂；

2）贪污、吞占公司公款、公物；

3）涂改、伪造、销毁有关凭证、单据等；

4）对同事严重违纪行为隐瞒不报；

5）连续旷工三天；

6）泄露公司机密，造成公司利益损害；

7）由于疏忽或在工作中不按流程或规范操作，造成重大差错或经济损失；

8）携带、收藏或使用禁品，如枪械、毒品等；

9）蓄意损坏公司财物；

10）利用工作之便从事不正当交易；

11）违反国家法律；

12）其他重大违纪。

上述所列违纪行为并不全面，如有其他违纪事项，尽管未列出，公司仍有权根据情节轻重给予相应处分。公司在今后还将不断颁发新的规定，也将成为公司规章制度的组成部分。

表 4-31 过失单

第一部分 直接主管报告

姓名：_____ 职位：_____ 部门：_____

事件描述：

_____

（如果空格不够，请另附说明）

_____ _____
报告主管   报告日期

第二部分 部门经理意见

由于以下原因，我没有和此员工谈话：

_____

我已同此员工谈过，决定给予以下处理：
□我已经忠告他／她，要求其不许再犯同类错误，本次不给予处分。
□口头警告　□书面警告　□最后警告　□开除

☐其他：

部门经理/日期：＿＿＿＿＿＿＿　　　员工签名/日期：＿＿＿＿＿＿＿

第三部分　人力资源部意见

人力资源部经理/日期：＿＿＿＿＿＿＿

第四部分　总经理意见

总经理/日期：＿＿＿＿＿＿＿

抄送：人力资源部 — 白色　　　部门 — 蓝色　　　员工本人 — 黄色

期望引导法

这种方法的理论依据是维克托·弗鲁姆（Victor H.Vroom）的期望理论。弗鲁姆提出了一个著名的公式（见图 4-39）：

$$激励力量（M） = 效价（V） \times 期望值（E）$$

图 4-39　弗鲁姆的期望理论

注：
激励力量（Motivation）：激励作用的大小；
效价（Valence）：个人对激励因素的价值判断；
期望值（Expectancy）：目标实现的可能性。

根据期望理论，当员工觉得激励因素对他意义重大并且认为他能够达到这个目标时，他受到的激励作用最大。

对于部门主管而言，如何应用期望引导法来激励下属呢？

效价是指个人对激励因素的价值判断。金钱当然是有价值的，但是对于员工来说，有价值的激励因素不止金钱。关于员工的需求与激励因素，在前面已有很多理论分析和案例说明。因此，主管应针对不同的员工，设计不同的效价。

期望值是指目标实现的可能性。如果目标定得过高，远远超过了员工的能力范围，即使效价再高，对员工也没有任何激励作用。因此，主管在设立目标时，既要考虑目标的挑战性，也要考虑到员工的能力。

很多管理者会对员工说："你们要想赚更多的钱，就要达到更高的目标。"然而，如前面所说，如果员工没有本事，又如何能赚更多的钱？现在还要补充一句，如果员工的能力不足，又怎么能有更高的期望值？因此，要想提高员工的效价与期望值，管理者就要为他们提供经常性的培训和随时随地的指导。另外，目标的实现还与工作条件有关。管理者应当想方设法为员工创造工作条件，清除一切阻挠目标实现的障碍。

● 公平激励法

这种方法的理论依据是斯坦西·亚当斯（J.Stacy Adams）的公平理论。其核心思想是，员工不仅关心自己的所得，还会将自己的所得与别人的进行比较。

如果员工感觉自己的付出比别人多或与别人一样多，所得却比人家少；或者一样的所得，而付出的却比别人多，就会产生不公平感。为了减少不公平，员工常常会做出如下反应：

- 要求加薪。
- 采取降低工作努力程度的方法来减少不公平感。
- 工作效率降低。
- 暂时没有更好的去处，因此会"忍受"不公平。

·辞职。

·更加努力工作以证明自己的实力。

当你的员工感到不公平时，他们会做出何种反应呢？从以上情况来看，当员工感到不公平时，负面效应更大。如果不能引起管理者的注意，很容易造成员工工作意愿降低，甚至员工流失。以下有些建议供部门管理者在应用公平激励法时参考。

·严格执行公司的晋升、晋级制度，既看能力又看表现，提升任何员工都要有事实依据，具有说服力；同样，评选优秀员工也是如此，必须符合评选的条件，采用透明的评选方法。

·不要等到员工提出辞职时才来谈加工资的事。加薪的依据不是辞职，而是能力和工作表现。加薪是对员工工作表现的一种认可。

·当有员工向你"抱怨不公平"时，你不应该回避；有的员工未必会说出不公平的感受，但可能会情绪低落，你应当敏感地注意到并主动与他沟通，了解他的心态；你还可以通过其他方式来了解员工的想法，如中午与员工们一起用餐时就能听到许多平时工作场合听不到的议论。员工的感受不一定都是正确的，但不倾听、不了解、不沟通、不化解，只会让他们的这种感受增强。

·有时候，某个员工认为自己受到了不公平的对待，但实际上是非常公平的。主管有必要让他明白他的感觉是否是真实的。例如，一位老员工看到比自己工龄短的同事被提拔为班长，心里很不服气，牢骚满腹，在工作中还处处刁难他。主管发现问题后立即找他谈话。这位老员工虽然工龄长，技能也不错，但总爱计较，工作意愿不稳定；那位新任班长虽然工龄短，但进步很快。更重要的是他有责任感，还有一副热心肠。经过这次谈话，主管让这位老员工明白了工龄不是晋升的条件，也让他看到了自己的长处与短板，或许还能激起他追赶他人的动力。

·偏袒某个员工或者搞平衡,都不是好做法。偏袒会令其他员工感觉不舒服,搞平衡则会挫伤表现突出员工的积极性,让表现平平的人看不到自己的差距、不思进取。正确的做法应当是,尊重每一个员工,给予客观评价。

绩效管理与绩效考核

绩效管理到底管什么？这个问题看似简单却又不简单。如果不能理清这个问题，部门管理者在每天的工作中就有可能瞎折腾。瞎折腾可能会创造出短线的惊人业绩。但是，这样的情况不会持久。

绩效管理到底管什么

阅读前思考：
1. 你知道绩效管理与绩效考核之间的区别吗？
2. 绩效是什么？什么影响了绩效？
3. 绩效管理到底管什么？
4. 为什么说短板解决了，绩效才能快速提高？

绩效管理怎么了

我们看到两种现象，一方面是越来越多的企业引入绩效管理，而在另一面，多数企业对绩效管理实施的效果并不满意。我们不禁要问，绩效管理怎么了？

反思：

· 绩效管理是个装有多种管理技能的工具箱，对于部门管理者而言，其中一些工具使用的水平还不高；

· 缺乏或不熟悉其他管理支持系统；

· 混淆绩效管理和绩效考核的概念，以绩效考核代替绩效管理，急于求成；

· 只追求结果，不下功夫寻找和解决影响结果的关键因素；

· 不愿增加或低估了绩效管理的成本；

· 指标完美化，考核形式化，绩效考核不能纳入日常管理之中，成了负担。

绩效管理是什么

作为一名部门管理者，如果你觉得"绩效管理"是他人硬塞给你的负担，那就暂时将它扔进身边的废纸篓吧！让我们一起先回顾一下部门管理者是做什么的，然后你再考虑"绩效管理"跟你是否密切相关，要不要将它找回来。

● 部门管理者的管理职能

你还记得吗？部门管理者的管理职能包括计划、组织、领导和控制。图 4-40 是部门管理者的管理活动路线图。

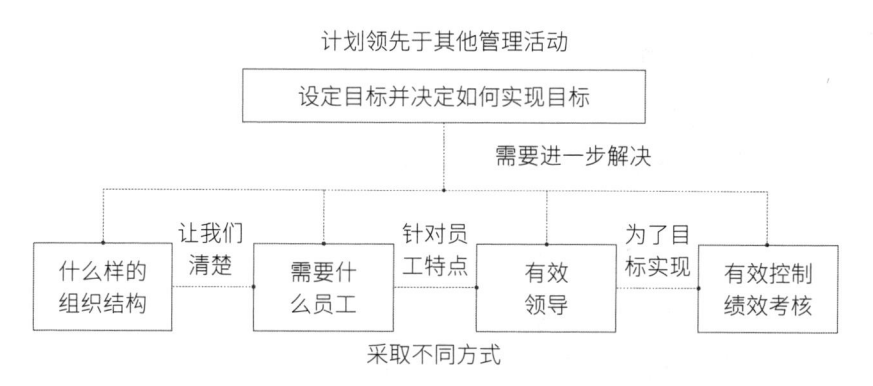

```
                    计划领先于其他管理活动
                ┌─────────────────────────┐
                │  设定目标并决定如何实现目标  │
                └─────────────────────────┘
                      需要进一步解决
  ┌──────────┬──────────┬──────────┬──────────┐
  │  让我们   │ 针对员   │  为了目  │
  │  清楚    │ 工特点   │  标实现  │
┌──────┐ ┌──────┐ ┌──────┐ ┌──────────┐
│什么样的│ │需要什 │ │ 有效 │ │有效控制  │
│组织结构│ │么员工 │ │ 领导 │ │绩效考核  │
└──────┘ └──────┘ └──────┘ └──────────┘
            采取不同方式
```

图 4-40 部门管理者的管理活动路线图

● 部门管理者的"工具箱"

就像一个能工巧匠一样，为了有效履行管理职能，部门管理者也需要一个装有多种管理技能的"工具箱"。这些工具包括：

- 设定目标
- 组织结构设计
- 人员配置
- 分配任务与授权
- 有效沟通

- 培训与指导
- 有效激励
- 劝导、训导、惩罚
- 绩效考核

备齐了工具只是第一步。你还需要像能工巧匠那样，能够熟练使用每一个管理工具。

● 管理支持系统

如果你希望员工达到你所期望的目标，你就需要在一开始让他们清楚地知道：

- 他们应该做什么
- 如何去做
- 做到什么程度才是最好的
- 职权是什么
- 谁可以给予他们帮助
- 他们将得到什么回报

这就意味着，你必须熟悉公司与部门的管理支持系统：

- 组织结构
- 部门职能说明书、职务说明书
- 工作流程、操作规程
- 人力资源管理制度
- 公司与部门规章制度

通过以上简单的回顾，你大概已经了解了什么是绩效管理。部门管理者履行管理职能的过程就是绩效管理的过程。你还会认为"绩效管理"是你的额外负担吗？

人们通常以图 4-41 所示来表示"循环的绩效管理系统"：

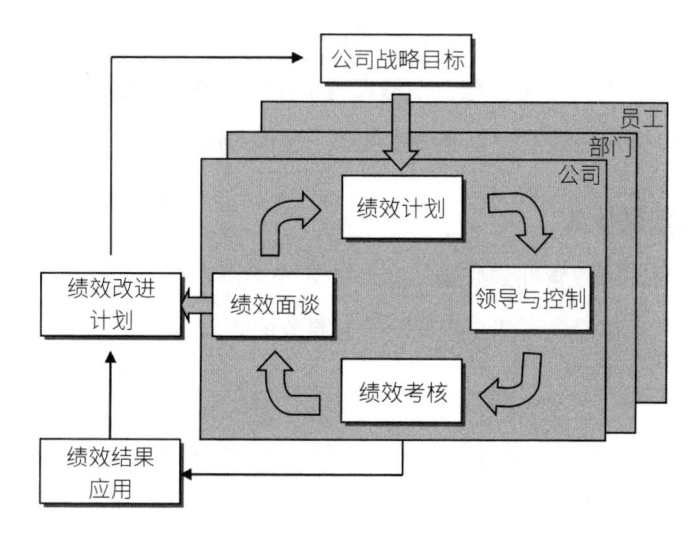

图 4-41 循环的绩效管理系统

绩效管理与绩效考核的区别

绩效管理	绩效考核
·是一个完整的管理过程； ·强调事先的领导与管控，推动个人与团队实现预期的目标。	·只是整个管理过程中的一个环节； ·是事后对结果的评估，被称为"结果导向的评估"，是事后控制。

绩效管理不是什么
·不是绩效考核：绩效考核只是绩效管理系统的一个环节； ·不是简单填表：绩效管理包括目标设定、工作过程中的领导与管控、绩效考核、反馈面谈、绩效改进等一系列环节，所以不是简单地填表打分； ·不是事后考核：这实际上说明了选人、育人、用人的重要性，绩效管理把部门管理者置于教练的位置，而不单单是做一名裁判，更不是做警察； ·不是应付任务：绩效管理是管理者必须履行的职能，不是职责之外的任务和负担。

图 4-42 绩效管理与绩效考核的区别

绩效管理管什么

绩效管理到底管什么？这个问题看似简单却又不简单。如果不能理清这个问题，部门管理者在每天的工作中就有可能瞎折腾。瞎折腾可能会创造出短线的惊人业绩。但是，这样的情况不会持久。

● 绩效是什么

要回答绩效管理到底管什么，就要先弄清楚绩效是什么。如果连绩效是什么都没搞清楚，你就不知道要考核什么。

> 绩效就在我们身边。

其实，绩效就在我们每个人的身边，离我们很近。无论是在工作中，还是在日常生活中，我们可能每天都在谈论绩效。张经理说："我们这个月没有完成任务。"刘主管说："小王进步很快，可以独立操作了。"小李说："跟主管沟通之后，我的心态有了很大变化。"杨小姐高兴地告诉大家："我女儿考上重点中学了。"……

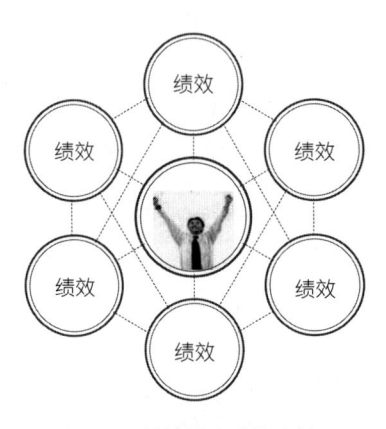

图 4-43 绩效就在我们身边

绩效是 performance

Perform：动词，意思是"做、执行、履行"。

performance：名词，意思是"成绩、表现"。只要做，无论是成功还是失败，做好事还是干坏事，都会有行为表现。

绩效是最终的结果

"我在阳台上种的杨桃树结果了。"

· 没有目标、任务、指令、想法，就不会有结果；

"如果那天我没逛花卉市场，没看见杨桃树，看见了没想买回来，那么……"

· 没有行动也不会有结果；

"如果那天我想到了但最终没有购买，那么……""如果我没有浇水、施肥，那么就不会有今天的硕果累累。"

· 达到要求、标准，才是我们期望的结果。

"结出的果子怎么是酸的！"

"甜的，才是我的期望。"

"不过，只要看到开花结果，我就很开心了。"

人们常说"辛苦了半天，没有绩效"，意思是指工作的结果没有达到预定的标准。其实，只要有行动，去做，都会有所表现。当工作表现达到了标准，我们就会称之为"有绩效"。所以，绩效有大小。达到、超过标准的才是我们期望的绩效。低于标准的"只有苦劳，没有功劳"。

● 绩效结果的影响因素

上司经常说"请给我结果"，意思是指"请给我期望的结果"。那么，作为一名部门管理者，你又如何指望员工取得你想要的结果呢？

人对了，春天也来了

"人对了，春天也来了！"将这句话借用到企业管理，不也是如此吗？如果人都选错了，你还指望他给你什么结果？请注意，这里所说的"人"不仅仅是指员工，还包括管理者。只有高素质的管理者，才能选出高水平的员工，才能带出高绩效的团队。

关键因素

让我们看图说话吧！

以上漫画给了我们什么启示？

· 因果关系。

· 凡是对产生结果起到促进或阻碍作用的影响因素都是绩效驱动因素。

· 一个结果又成了另一个结果的影响因素。

· 当其他因素对结果的影响相对不变，改变特定因素（如伸缩臂）就能促进产生良好的结果时，控制了关键因素就等于控制了绩效。

> 绩效影响因素也是绩效。

为什么说"绩效影响因素也是绩效"呢？

其一，影响结果的因素，也常常是我们期望达成的结果。例如，员工的绩效受其行为影响，员工的行为又受其个人素质影响。只有提高员工素质，才能改变其行为，进而改进其工作绩效。

其二，当某些因素相对于其他因素，对结果有明显、直接的影响时，我们自然就把这些因素与结果密切联系起来，或者将它们与绩效等同起来。因为控制了这些因素，就等于控制了绩效，这些因素的变化，就是绩效的变化。

谁找到钥匙
就等于
打开了这扇门

● 企业的绩效是什么，有哪些影响因素

　　企业的绩效当然是赚钱啦！如果一个企业不赚钱，就难以生存和发展。但是，如果客户不满意，就不会花钱购买我们的产品；如果企业内部运营一团糟，就难以提高生产效率、降低成本，也不可能为客户提供满意的产品与服务；同样，如果员工素质得不到有效提高、满意度差、工作意愿低、大量流失，企业又如何能持续发展并创造价值呢？由此可见，财务目标、客户目标、内部运营目标、员工目标都是企业应当同步追求的绩效，一个都不能少。而且这四个方面具有相互驱动的因果关系，共同促进企业整体绩效的提高。这就是我们需要运用的平衡计分卡（见图 4-44）。

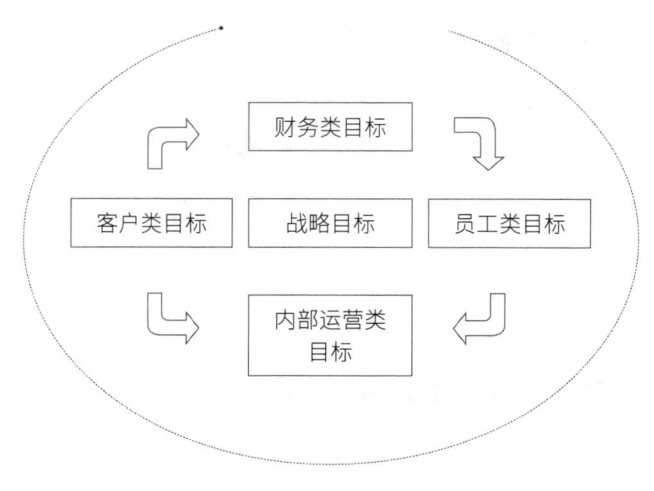

图 4-44 平衡计分卡

企业潜在绩效影响因素主要有以下四个（见图 4-45）：
◊ **员工自身的因素：** 工作意愿与工作能力（包括管理者）；
◊ **管理机制的因素：** 战略目标、组织结构、公司政策与制度；
◊ **工作方法的因素：** 工作流程、程序与标准、领导风格等；
◊ **工作环境的因素：** 场地、舒适度、工作条件、文化氛围等。

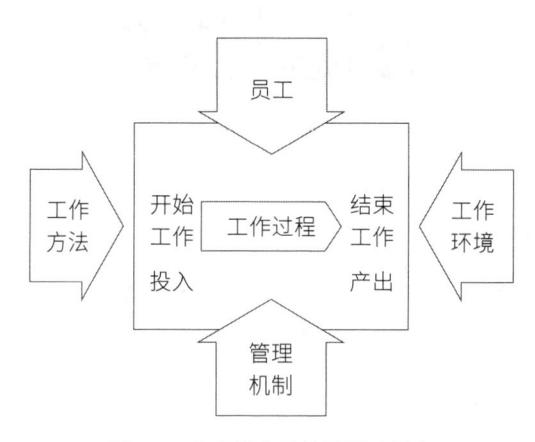

图 4-45 企业潜在的绩效影响因素

● 绩效管理到底管什么

通过以上分析，我们可以得出结论：绩效管理就是要管理趋向成果的目标、标准、影响目标实现（绩效）的因素。哪些因素对绩效有明显、直接的影响，或者说当其他因素对绩效的影响相对不变，改变特定因素就能促进产生良好的绩效时，我们就要特别关注和考核这些关键因素。

● 短板解决了，绩效才能快速提高

相信大家都听说过"木桶原理"：一个有缺口的木桶能装多少水，并不在于木桶上那块最长的木板，而取决于最短的那块板。

图 4-46 木桶原理

寻找自己的短板

作为部门管理者，你首先要寻找自己的短板。一个部门的问题往往就是一个管理者的问题。如果你还意识不到，那就去听听你的上司、下属、客户的意见，他们会告诉你一切。

协助员工寻找短板

正如你常常看不清自己的问题一样，员工也是如此。作为员工的

教练，你有责任协助他们找到自己在能力上的不足之处、在工作中的薄弱环节。

不断寻找，不断解决

当旧的问题解决了，新的问题还会出现。部门管理者就是要不断发现问题、解决问题，才能促进部门绩效步步提高。

哪里有短板就考核哪里

通过考核促进员工个人和部门短板提升。短板提升了，员工个人和部门的绩效就提升了，企业的整体绩效自然就会提升。

有时，千呼万唤就是解决不了问题。一听到要考核，人人就动起来了。这就是考核的牵引作用。考核不能只盯着工作重点，还要关注短板。短板解决不了，工作重点也难以达成。不要指望一次考核就能解决所有问题，尤其是那些将问题积压了很久的部门。从现在开始，如果一个月能解决一个问题，一年下来就能解决 12 个问题。可能还不止。有些问题之间是相互关联的，当一个问题解决了，其他问题就有可能迎刃而解。

一位德国公司高管给"高绩效组织"（High Performance Organization, HPO）的定义是："不是更高、更快、更进一步，而是每天持续改进。"这家公司拥有 100 余年的历史，在行业内一直保持着世界领先地位。然而，他们给予"高绩效组织"的定义却是如此务实。与其相比，在我们的一些企业里，使命、愿景、各类标语挂满了墙壁，天天高喊着绩效、绩效，却不脚踏实地去改进。如果我们能够做到每天改进一点，一年积累下来将是巨大的变化。

由于短板是变化的，部门管理的重心就要随之发生变化，那么，考核的内容也就要跟着变化了。然而，在现实中我们看见，很多企业的考核内容长年累月都是一样的。这样做肯定很省事，却不具有针对性，其效果也就可想而知了。

解决短板的步骤

图 4-47 是解决短板的 6 个步骤：

1. 分析现状	对现有状况进行分析，找出最制约部门产生良好绩效的因素
2. 寻求解决办法	尽可能多地找出解决短板的办法
3. 预测变化	预测各种解决办法可能带来的绩效变化
4. 选择解决办法	选择最合适的解决办法
5. 实施解决方案	方案一旦定下来就要坚决执行，而且必须设定完成的时限
6. 评估变化	对解决方案实施后的变化进行评估，进入下一个绩效循环

图 4-47 解决短板的 6 个步骤

如何建立部门关键绩效指标体系

阅读前思考：

如何运用平衡计分卡建立部门关键绩效指标体系？

理清思路

在着手建立部门关键绩效指标（Key Performance Indicator，KPI）体系之前，回答如下问题，可以帮助你理清思路，将使你在其后能更加轻松地学习建立部门关键绩效指标体系的方法。

● **什么是企业期望的目标？工作的结果是否达到了所期望的目标？**

这就需要建立衡量的标准。首先要建立指标，其中比较重要的指标就是关键绩效指标。把企业的目标转化为一系列的关键绩效指标，就建立了一个关键绩效指标体系。在建立了指标之后，还要为每个衡量指标建立一个标准，或称为目标值。

> 指标：从哪些方面对目标或结果进行衡量。
>
> 标准：在各个指标上应该达到什么程度。

● 关键绩效指标是怎么来的？

企业想做什么→在哪些方面需要做好→怎样做好→做好的标准是什么

目标→重点→ CSF → KPI →标准

企业想做什么→在哪些方面没有做好→怎样做好→做好的标准是什么

目标→差距→ CSF → KPI →标准

注：CSF 是 Critical Success Factor 的英文首字母，意思是"关键成功因素"。

● 通常在衡量目标（结果）时，我们关心什么？

我们通常会关心数量、质量、成本、时限。因此，我们主要从这四个方面设立关键绩效指标。

● 所有指标都可以量化吗？

不一定。指标能够量化最好；如果不能量化，就要给出可以验证或观察得到的标准。

● 衡量绩效仅靠财务指标行不行？好不好？

可以，但不好！理由有三。其一，财务目标需要多方面的因素驱动才能实现。其二，如果只设财务指标，管理者就有可能忽视其他方面的工作。管理大师德鲁克说："如果一个领域没有目标，这个领域的工作必然被忽视。"很多企业只关注财务目标并以财务指标考核各部门，结果财务目标是实现了，企业却在客户管理、内部运营管理、员工管理等方面出了很多问题。财务目标的实现只是暂时掩盖了方方面面的问题，殊不知，这些问题已成为制约企业持续发展的隐患，随时都有可能爆发。其三，仅靠财务指标衡量，即使发现了问题可能已来不及改进，而且光靠财务指标也不见得就能找到问题。

● **除财务指标外，还需哪些指标来促进企业整体绩效提高？**

除了财务指标以外，还需要建立客户、内部运营、员工方面的指标。这四个方面的指标具有相互驱动的因果关系，共同促进企业整体绩效的提高，也为企业可持续发展指明方向和提供动力。这就是我们需要运用的平衡计分卡。

● **关键绩效指标体系的作用是什么？**

关键绩效指标体系可帮助企业分解战略目标，对企业、部门以及员工个人的工作起着重要的导向作用，还为绩效考核提供衡量标准。

运用平衡计分卡建立部门关键绩效指标体系

平衡计分卡是美国哈佛商学院教授罗伯特·卡普兰（Robert S.Kaplan）和复兴方案公司总裁大卫·诺顿（David P.Norton）在总结多家绩效卓著企业成功经验的基础上提出的战略管理业绩评价工具。平衡计分卡要求从财务、客户、内部运营、员工四个角度来评价部门的业绩，从而迫使管理者必须比较平衡地关注这四个方面（见图4-48）。

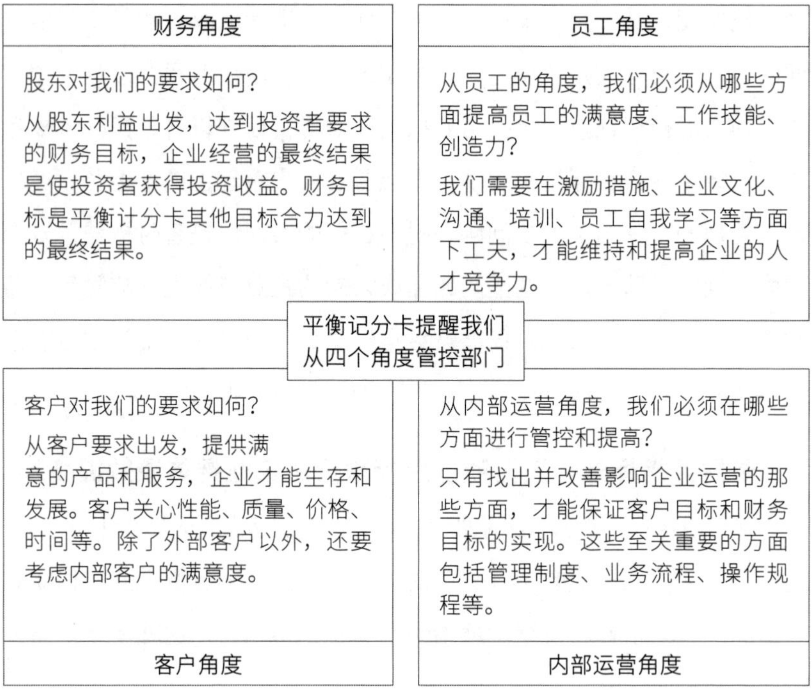

财务角度	员工角度
股东对我们的要求如何？ 从股东利益出发，达到投资者要求的财务目标，企业经营的最终结果是使投资者获得投资收益。财务目标是平衡计分卡其他目标合力达到的最终结果。	从员工的角度，我们必须从哪些方面提高员工的满意度、工作技能、创造力？ 我们需要在激励措施、企业文化、沟通、培训、员工自我学习等方面下工夫，才能维持和提高企业的人才竞争力。
客户对我们的要求如何？ 从客户要求出发，提供满意的产品和服务，企业才能生存和发展。客户关心性能、质量、价格、时间等。除了外部客户以外，还要考虑内部客户的满意度。	从内部运营角度，我们必须在哪些方面进行管控和提高？ 只有找出并改善影响企业运营的那些方面，才能保证客户目标和财务目标的实现。这些至关重要的方面包括管理制度、业务流程、操作规程等。
客户角度	内部运营角度

（平衡记分卡提醒我们从四个角度管控部门）

图 4-48 管控部门的四个角度

平衡计分卡是从公司战略目标出发，从财务、客户、内部运营、员工四个方面分别设定有助于实现公司战略目标的部门关键绩效指标体系（见表 4-32）。

表 4-32 部门关键绩效指标体系

财务方面	客户方面	内部运营方面	员工方面
收入 成本和费用预算达成率 回款率 利润率 ……	客户的满意度 客户的保有率 新客户的增加 新产品的开发 ……	制度与流程完善 日常管理（如员工/设备/安全管理等） 工作效率 工作与产品质量 ……	员工满意度 员工培训与发展 领导能力的发展 员工流失率 ……

以下是运用平衡计分卡建立部门关键绩效指标体系的过程。

公司战略目标是什么

战略目标是一家公司在一个相对长的时间里发展的愿望。平衡计分卡的源头是公司的战略目标，因此首先必须明确公司的战略目标是什么。

L公司是一家时尚家居礼品公司，集产品开发、生产、销售为一体，全部产品销往欧美市场。L公司自创建至今只有7个年头，但发展迅猛。在经历了初期快速发展之后，公司明显感觉到后劲不足，希望引入绩效管理工具。绩效管理顾问建议从确定公司战略目标开始。以下是顾问与L公司总经理关于公司战略目标的对话。

L公司战略目标分析

顾问	总经理	顾问
公司的战略目标是什么	没有，我们一直在摸索中发展	不可能，只要公司存在，就有发展目标
你们的竞争优势是什么	产品开发、包装设计、合理价格、服务	这些是公司发展的关键成功因素
你们的竞争弱势是什么	公司内部管理弱、员工素质普遍不高	这些是公司发展的短板，需要改进
在同行中你们地位如何	自豪地说，在各方面我们都处在前列	了不起，7年时间已发展到这样的水平
接下来你们有什么愿望	持续发展，把公司做大，保持领先位置	其实，你们已经有了战略目标
怎样推动企业做大做强	上面你已经引导我们做了具体分析	是你自己运用平衡计分卡作了分析

经过讨论，最后L公司高层确定了公司战略目标与经营理念。

L 公司战略目标与经营理念

我们的目标
通过不断努力,以创新的设计、优质的产品、合理的价格、满意的服务,推动本公司持续、健康发展,在同行业中保持领先地位。

我们的客户
客户是我们存在和发展的理由。我们应当积极听取他们的意见,了解他们的需求,满足他们的需要,提供客户满意的产品和服务。

我们的员工
保证公司成功和发展,全赖于我们的员工。我们将选择专业化和具有培养潜力的员工,提供合理的待遇及良好的工作环境,提供有意义的培训及职业发展机会。

我们的供应商
与供应商保持互惠合作关系,坦诚沟通。供应商必须提供优质产品和服务及合理的价格,准时供货。

我们的股东
我们将对投资者负责,努力降低成本,提高利润,并致力于达成经营目标,使资产保质增质,确保投资者获得满意的回报。

公司年度目标是什么

公司年度目标是将战略目标转变为短期的、具体的、确定的、更有把握实现的目标。无论多么远大的目标,都需要一步一步踏实前行才能达到。"罗马不是一天建成的"。

L 公司年度工作总体思路

坚持以效益为目的,以产品创新为动力,将客户服务、降低经营成本、强化公司内部管理、提高员工素质、保持员工队伍稳定等五个方面作为新年度的工作重点,以增强企业核心竞争力,推动公司持续、健康发展。

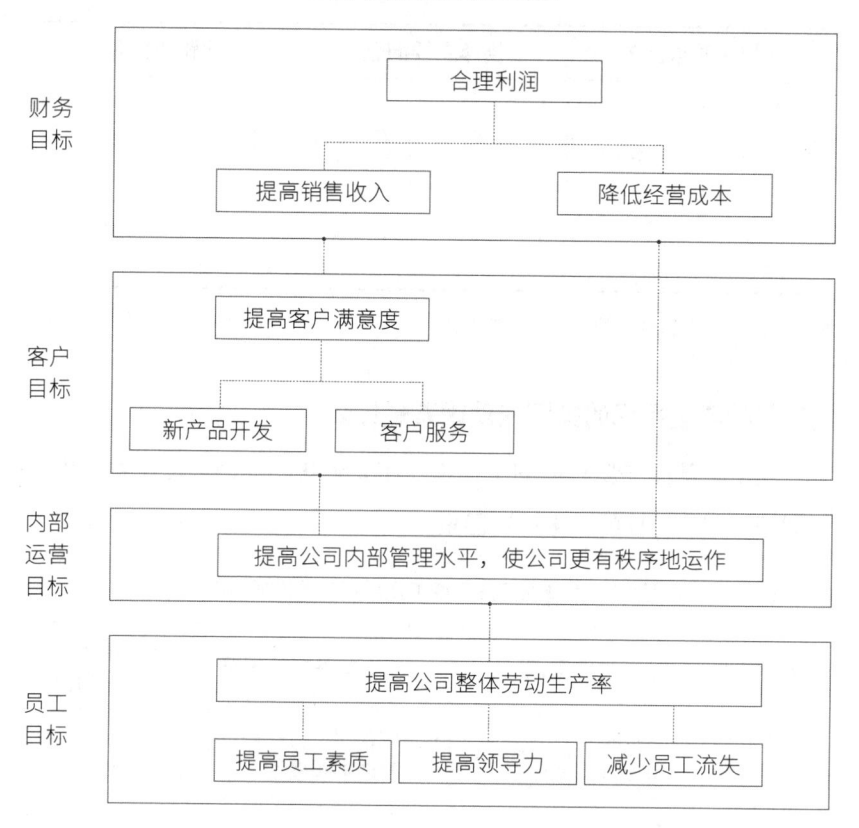

L 公司年度经营管理目标

财务目标
- 合理利润
  - 提高销售收入
  - 降低经营成本

客户目标
- 提高客户满意度
  - 新产品开发
  - 客户服务

内部运营目标
- 提高公司内部管理水平，使公司更有秩序地运作

员工目标
- 提高公司整体劳动生产率
  - 提高员工素质
  - 提高领导力
  - 减少员工流失

● 部门工作重点和差距是什么

在确定了公司年度目标之后，各部门应根据各自的职能、工作流程，针对股东、客户、内部运营以及员工四个方面的要求，找出本部门在新年度的工作重点和要解决的关键问题（见表 4-33 至表 4-34）。

表 4-33 部门工作重点分析表

相关要求	工作重点
股东要求	
客户要求	
运营要求	
员工要求	

参考：公司年度目标、部门职能、工作流程　客户要求：包括其他部门对本部门的要求

表 4-34 部门经营管理问题分析表

与相关要求比较	当年主要问题	问题的根源
与股东要求比较		
与客户要求比较		
与运营要求比较		
与员工要求比较		

客户要求：包括其他部门对本部门的要求

● 部门年度目标的关键成功因素是什么

找出了部门在新年度的工作重点和要解决的关键问题，就找出了实现公司年度目标的关键成功因素。

示例 1：海外业务部年度工作重点与关键成功因素

相关要求	工作重点	关键成功因素	常规 KPI 指标
股东要求	·提高销售收入 ·降低成本费用	·完成公司年度销售目标 ·控制成本和费用	
客户要求	·提高外部客户满意度 ·提高内部客户满意度	·满足客户订单需求 ·与相关部门积极配合	
运营要求	·提高工作效率	·准确审核订单各项条款 ·及时向开发部发出制样清单 ·审核样品达到客户要求 ·及时寄送样品 ·及时下达生产订单 ·跟进生产进度 ·跟进产品品质与包装 ·及时安排出货 ·确保排载资料准确齐全	
员工要求	·提高员工技能	·提供有价值的培训	

示例 2：海外业务部当年经营管理问题与关键成功因素

与相关要求比较	当年主要问题	关键成功因素	改进 KPI 指标
与股东要求比较	·未完成高档产品销售指标	·加大力度销售高档产品	
与客户要求比较	·客户投诉处理反馈不及时	·及时反馈客户投诉处理结果	
与运营要求比较	·有单据交接不及时现象 ·资料管理混乱 ·订单操作流程不清晰具体	·向相关部门及时交接单据 ·限期整改资料管理 ·完整订单操作流程的优化	
与员工要求比较	·部门主管缺乏管理技巧	·提高部门主管领导力	

部门关键绩效指标是什么

找到了关键成功因素之后，再针对每一个关键成功因素，初步设置一个可衡量或可验证的指标。

示例 3：海外业务部年度常规 KPI 指标体系

指标类别	工作重点	关键成功因素	常规 KPI 指标
财务类	·提高销售收入 ·降低成本费用	·完成公司年度销售目标 ·控制成本和费用	·年度销售额 ·部门费用预算达成率
客户类	·提高外部客户满意度 ·提高内部客户满意度	·满足客户订单需求 ·与相关部门积极配合	·订单需求满足率 ·部门协作满意度
运营类	·提高工作效率	·准确审核订单各项条款 ·及时向开发部发出制样清单 ·审核样品达到客户要求 ·及时寄送样品 ·及时下达生产订单 ·跟进生产进度 ·跟进产品品质与包装 ·及时安排出货 ·确保排载资料准确齐全	·订单审核准确率 ·未及时下达制样清单次数 ·样品审核准确率 ·未及时寄送样品次数 ·未及时下达生产订单次数 ·未按时交货次数 ·退换货单数 ·安排出货及时率 ·排载资料出错次数
员工类	·提高员工技能	·提供有价值的培训	·部门员工培训次数

示例 4：海外业务部年度改进 KPI 指标体系

指标类别	主要问题	关键成功因素	改进 KPI 指标
财务类	·未完成高档产品销售指标	·加大力度销售高档产品	·高档产品销售收入率
客户类	·客户投诉处理反馈不及时	·及时反馈客户投诉处理结果	·客户投诉反馈的及时性
运营类	·有单据交接不及时现象 ·资料管理混乱 ·订单操作流程不清晰具体	·向相关部门及时交接单据 ·限期整改资料管理 ·按时完成订单操作流程的优化	·单据交接拖延次数 ·按时完成资料存档分类 ·按时完成订单流程优化
员工类	·部门主管缺乏管理技巧	·提高部门主管领导力	·员工满意度

● 部门关键绩效指标的目标值是什么

在初步设定了部门关键绩效指标之后，再针对每个指标设置一个目标值。

示例 5：海外业务部年度常规 KPI 指标体系

指标类别	常规 KPI 指标	指标说明	目标值	数据来源
财务类	年度销售额	年度销售收入	1 亿元	财务部
	部门费用预算达成率	部门实际发生费用与预算费用的比例	95% ~ 105%	财务部
客户类	订单需求满足率	无因海外部之原因导致订单流失	100%	海外部
	部门协作满意度	各部门对海外部在部门间合作的时效、质量、配合程度等的满意程度	80 分	人资部调查表

续表

运营类	订单审核准确率	准确审核订单各条款，无差错无漏审	100%	海外部
	未及时下达制样清单次数	及时向开发部发出制样清单，无延误	0次	海外部
	样品审核准确率	准确审核样品，保证符合客户要求	100%	海外部
	未及时寄送样品次数	及时向客户寄出样品，无延误	0次	海外部
	未及时下达生产订单次数	根据交货期及时安排生产订单，无延误	0次	海外部
	未按时交货的次数	因未跟进生产进度导致交货延期	0次	海外部
	退换货单数	因验货不准确导致客户退换货的单数	0单	海外部
	安排出货及时率	与船务部协作，及时安排出货，无延误	100%	船务部
	排载资料出错次数	排载资料准确齐全，无错误，无遗漏	0次	船务部
员工类	部门员工培训次数	部门培训每月至少开展一次	每月一次	人资部

示例6：海外业务部年度改进KPI指标体系

指标类别	改进KPI指标	指标说明	目标值	数据来源
财务类	高档产品销售收入率	高档产品销售占年度总收入的30%	≥30%	财务部
客户类	客户投诉反馈的及时性	在规定时间内将处理情况反馈给客户	24小时内	海外部
运营类	单据交接拖延次数	未按规定时间送单并影响他人工作	0次	相关部门
	按时完成资料存档分类	3月底前完成海外部资料存档分类整改工作并经行政部验收合格	3月底前	行政部
	按时完成订单流程优化	3月底前完成海外部订单操作流程的优化工作并经总经理核准	3月底前	总经理
员工类	员工满意度	员工对海外部的工作氛围、领导风格等的满意程度	80分	人资部调查表

● 对指标进行测试

对照以下 8 项原则，对初步设定的关键绩效指标进行测试，对不完全符合原则的指标进行修改或淘汰，最后形成符合要求的部门关键绩效指标体系。

测试关键绩效指标的 8 项原则

1. 该指标是否以简单明了的语言来描述
2. 该指标是否有直接的责任归属者
3. 该指标是否可以实际行动来实施
4. 该指标是否可量化或有可验证的标准
5. 该指标是否有可信的数据来源
6. 该指标是否可低成本获取
7. 该指标是否与上下层指标相联系
8. 该指标是否支持公司目标的实现

如何制订员工绩效计划

阅读前思考：

1. 作为一名部门管理者，你了解员工绩效计划的内容吗？
2. 你在制订员工绩效计划过程中遇到了哪些困难？

员工绩效计划的内容

一份完整的员工绩效计划通常包括三个方面的内容：关键绩效指标、工作目标以及能力发展计划，如图 4-49 所示。

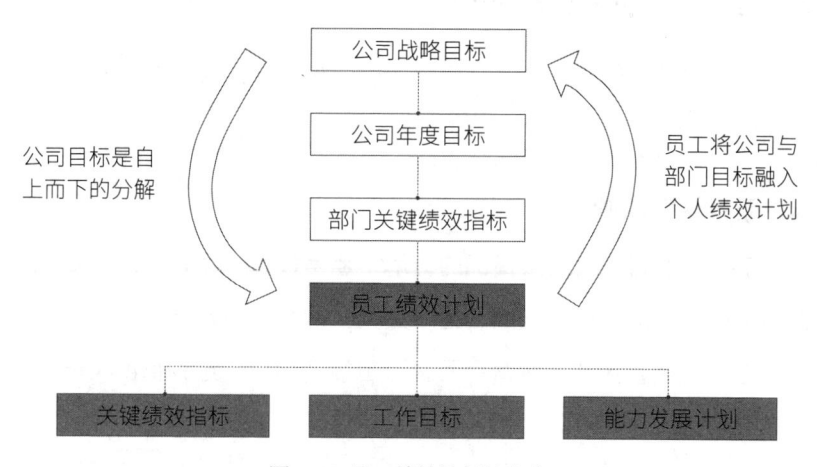

图 4-49 员工绩效计划的内容

● **关键绩效指标**

员工的关键绩效指标是从部门的关键绩效指标分解来的。在运用平衡计分卡建立了部门关键绩效指标体系之后，接下来就要将各关键绩效指标进一步分解、落实到部门内的各岗位。

● 工作目标

在关键绩效指标分解中，我们发现，部门关键绩效指标并不能完全分解到部门内的所有岗位，尤其是基层员工，也不能全面反映各岗位员工的工作表现。因此，我们还要在关键绩效指标之外，为各个岗位补充设定工作目标。

● 能力发展计划

能力发展计划是针对部门内各岗位员工要实现关键绩效指标或工作目标之所需能力而制订的培养计划。所需能力包括专业技能和管理能力。

员工绩效计划制订的原则

在制订员工绩效计划的过程中，部门管理者应遵循以下几个基本原则：

● 双方认可原则

无论是部门关键绩效指标的分解，还是设定工作目标，都要经过直接上级与下属之间的双向沟通来达成，应是双方都认可的。部门管理者应当避免直接"下达命令"，员工被动接受。这种情况可能导致目标过高，还会影响员工的工作意愿。

突出重点原则

在设定指标和目标时，一要突出工作重点，即体现部门目标的要求、考核者对被考核者的要求；二是关注员工的薄弱环节，也就是说，哪里有问题，就在哪里设置指标或目标，引导员工改进。需要提醒的是，部门管理者既要避免在设定指标或目标时面面俱到，也要让员工明白，不作为考核的事情并不等于不是分内之事。

有效设定原则

分清岗位职责是有效设定指标和目标的前提条件。有家公司销售部为了倡导"团队精神"，给部门内的所有岗位都设置了"销售目标完成率"指标。很显然，文员的职责不是做销售的，也无法控制销售指标的结果，她的这项指标的考核完全随部门销售目标完成情况来打分。如果一个指标与某个岗位的职责没有直接关系，或者说员工的工作对指标的结果并无直接影响，那么，这个指标就只是虚设而已，毫无意义，还会挤掉该考核的权重比例。

可行性原则

设定的指标或目标既要具有挑战性，又要可实现。相比那些没有挑战性的指标或目标来说，具有挑战性的指标或目标更能激励员工努力做好工作。但是，如果员工觉得上司的要求不切实际，则会产生抱怨情绪，也不愿对结果负责。有经验的主管在与员工讨论指标或目标时，会帮助他分析实现的可能性并给予他自信心。

客观标准原则

客观标准是考核的基础，而不能单凭部门主管的印象或看法。如果目标不能量化，就要给出可以验证或观察到的标准。如"确保会议室桌椅干净"的标准是"所有桌椅四周无尘、无污渍、无水渍"，保洁主管就要到现场用手摸来验证是否有灰尘，用眼睛观察来判断是否有污渍和水渍，如果这些标准都达到了，那就是说保洁员实现了"确保会议室桌椅干净"的工作目标。

员工绩效计划制订的步骤

员工绩效计划制订的步骤如图 4-50 所示：

确定岗位职责 → 分解关键绩效指标 → 设定工作目标 → 确定权重 → 设定目标值和挑战值 → 形成绩效合约 → 制订能力发展计划

图 4-50 员工绩效计划制订的步骤

● 确定岗位职责

制订员工绩效计划的第一步是确定部门内各岗位的职责。如果你的部门已经完成了职务说明书的编写工作，你就可以与你的属下员工一起直接进入第二步。否则，你就要花费一些时间和精力来完成这项工作，因为岗位职责是分解关键绩效指标和设定工作目标的前提条件。

● 分解关键绩效指标

在确定岗位职责之后，你现在就可以与你的属下员工找个无人打搅的地方坐下来一起讨论他的绩效计划。请记住，在讨论之前先准备好员工的职务说明书、部门关键绩效指标、部门和个人工作计划以及绩效改进计划等所需资料。这些资料在分解关键绩效指标和设定工作目标时都会用到。上司与员工双方最好各持一份，这样便于讨论。

首先是讨论目标岗位的关键绩效指标。以下步骤与方法将帮助你找到该岗位的关键绩效指标：

·逐一对照、分析目标岗位的职责与部门各项关键绩效指标之间的关系。

·如果一个职责与部门某项关键绩效指标相关，就要讨论是直接选择还是要进一步分解该项指标。具体方法是：部门经理可从部门关键绩效指标体系中直接选择所有指标，无须继续分解。由于部门经理承担着他所领导的部门经营与管理的全部职责，其关键绩效指标与部门关键绩效指标是完全一致的，也就是说，当部门关键绩效指标体系建立的时候，部门经理的关键绩效指标也就同时设定了。对于其他岗位，如果一个职责与部门某项关键绩效指标完全相关，就直接选择该项指标，如果只是部分相关，就需将部门关键绩效指标进一步分解到该岗位。

·由于以部门为单位建立的关键绩效指标体系没有完全涵盖部门内各岗位的关键绩效指标，如有必要，可根据目标岗位的职责、部门目标，以及该岗位任职员工的个人绩效改进计划，另行设定关键绩效指标。

● 设定工作目标

部门关键绩效指标并不能完全分解到部门内的每个岗位，原因有三个方面：其一，部门关键绩效指标体系是针对公司年度目标设定的，而公司年度目标通常关注的是经营目标、管理重点；其二，运用平衡计分卡四个维度建立的部门关键绩效指标体系更多的是针对部门各层级管理者的工作要求和考核；其三，非业务部门的岗位和职级低的岗位所涉及的关键绩效指标较少，甚至没有，他们主要是通过完成日常工作来支持部门目标和公司目标的最终实现。

> 组织较低层面上的目标变得更为具体，计划往往强调更短的时间跨度。这是组织中的计划常见模式。这样，高层管理者花大量时间来思考未来几年的发展，而许多主管的计划则专注于当前星期或当前月该采取什么行动。

资料来源：[美] 塞缪尔·C. 切尔托. 督导管理：原理与技能训练 [M]. 顾琴轩, 译. 北京：机械工业出版社，2007.

部门经理主要是根据部门月度工作计划、绩效改进计划（包括当月部门或班组发生的问题）以及上级领导的要求来设定下个月的工作目标。如表 4-35 所示：

表 4-35 部门经理工作目标设定

岗位	动因	工作目标
财务部经理	月度工作计划（各部门新年度费用预算）	X 年 X 月 X 日前完成公司新年度预算
培训主管	月度工作计划（跟进各部门在岗培训）	跟进各部门在岗培训并在每月 5 日前提交评估报告
各部门经理	绩效改进计划（文件、资料管理混乱）	X 月 X 日前完成部门文档整理并达到要求

在设定基层岗位的工作目标时，首先要讨论目标岗位的职责与任职员工的绩效改进计划；其次是依据部门或班组的月度工作计划来设定该岗位的工作目标，这其中也包括由上级领导分解下来的工作目标。如表 4-36 所示：

表 4-36 基层岗位工作目标设定

岗位	动因	工作目标
培训专员	重点工作任务（新员工入职培训）	确保每位新员工完全领会公司员工手册内的内容
行政文员	绩效改进计划（会议记录不准确）	会议记录准确率达到 100%
销售代表	绩效改进计划（延时提交月度销售报告）	每月 5 日前提交上月"每月销售报告"
PA 清洁工	月度工作计划（清洗楼层客房地毯）	在 X 月内完成 3 楼走廊以及所有客房的地毯清洗

部门经理与属下员工讨论岗位职责，是为了引导员工关注重点工作任务，并对这项任务的完成程度提出期望，这个期望就是员工的工

作目标。如上举例，培训专员的一个重要任务是新员工入职培训，作为直接上司，人力资源部经理对他的期望不仅仅是及时提供培训，更重要的是必须确保所有新员工完全领会公司员工手册内的各项内容。一份编写完善的职务说明书已经将每个职责分解到了任务，这将为部门经理与员工分析岗位职责、找出重点工作任务提供便利。

除了将重点工作任务设为工作目标外，还要针对任职员工的绩效改进计划设定目标，也就是针对员工在上个绩效考核期内没有做好的工作提出改进目标。如上举例，行政文员的会议记录每次都有漏记或记录不准确的问题，因此需要就这一重要工作问题设定工作目标。如果说行政文员的问题是经验不足所导致的，需要经过培训和指导才能改进，而销售代表不按时提交销售报告则是缺乏时间观念。哪里有问题，就考核哪里，就是要通过考核来迫使员工正视自己存在的不足并积极改变。有时候，千呼万唤改变不了的问题，一经考核就解决了。

● 确定权重

首先要确定员工绩效计划中的关键绩效指标与工作目标之间的权重组合。通常，对于职级高的岗位和业务部门的岗位，其关键绩效指标的权重大于工作目标；对于职级低的岗位和部分支持部门的岗位，其工作目标的权重大于关键绩效指标。

部门管理者的关键绩效指标，还可按财务、客户、内部运营、员工四类指标分别设定权重。这样的好处是，可以清晰引导部门管理者从这四个方面开展工作。

接下来，是为各项关键绩效指标和各项工作目标设定权重，这是为了在若干指标或目标之间分出轻重。一般来说，对部门指标实现具有直接影响、工作任务重大或工作难度大的指标或目标，其权重比例大。所有关键绩效指标和工作目标的权重比例之和为100%。

● 设定目标值和挑战值

在设定了关键绩效指标和工作目标之后,还要设定目标值。目标值是指员工在正常情况下应达到的绩效标准。设定目标值时要考虑可达到性。

对于上下波动较大的关键绩效指标,如销售指标,可在目标值的基础上设置挑战值,目的是激励员工通过努力取得更好的绩效。

● 形成绩效合约

员工的绩效计划最终要形成绩效合约。绩效合约是员工与直接上司签订的书面协议,其中的各项关键绩效指标与工作目标是上下级之间的约定,是上级领导对下属工作绩效的期望,也是员工对其绩效考核期内的工作表现的承诺。绩效合约应在绩效合约期开始前签订,在绩效合约期结束时进行考核。

表 4-37 部门管理者的绩效合约样表

表 A：适用于部门管理者

岗位绩效合约

合约期限：X 年 X 月 X 日 —— X 年 X 月 X 日

岗位：　　部门：　　被考核人：　　直接上级：　　审核人：　　签约时间：

类别	权重	指标／目标名称	绩效标准	评分标准	分值	自评	直接上级评分	审核确认
财务指标								
客户指标								
内部运营指标								
员工指标								
工作目标								
总计	100%				100			
最后评分确认								

被考评人：　　日期：　　直接上级：　　日期：　　审核人：　　日期：

表 4-38 员工的绩效合约样表

表 B：适用于员工

岗位绩效合约

合约期限：X 年 X 月 X 日 —— X 年 X 月 X 日

岗位：　　部门：　　被考核人：　　直接上级：　　审核人：　　签约时间：

类别	权重	指标／目标名称	绩效标准	评分标准	分值	自评	直接上级评分	审核确认
关键绩效指标								
工作目标								
总计	100%				100			
最后评分确认								

被考评人：　　日期：　　直接上级：　　日期：　　审核人：　　日期：

● 制订能力发展计划

为了有效履行合约,即在绩效合约期内能够出色完成工作任务并达成关键绩效指标或工作目标,员工就需要具备相应的工作能力(见图 4-51)。否则,你喊破了嗓子,他也不能达到你所期望的绩效。

个人能力 → 个人行为 → 个人绩效

图 4-51 个人能力与个人绩效的关系

以某公司总经理秘书小林为例,接听电话是她的一项重要工作。由于小林是刚毕业的大学生,不懂得如何接听电话,出了很多纰漏,令总经理十分不满意。于是,行政部经理与小林进行了面谈,将"接听电话达到 100% 满意度"设为小林的一项工作目标。为了确保这一目标的实现,行政部经理还与小林商定了能力发展计划(见图 4-52)。需要提醒的是,不要一提到增进知识、提高能力,就只想到培训,培养员工的方式还包括在工作中指导、轮岗、让员工参与项目等,部门主管应针对员工在知识与能力上的薄弱环节设定相应的培养方式,有时还不止一种方式,比如,将在岗培训与离岗培训相结合,将系统培训与在工作中指导相结合。

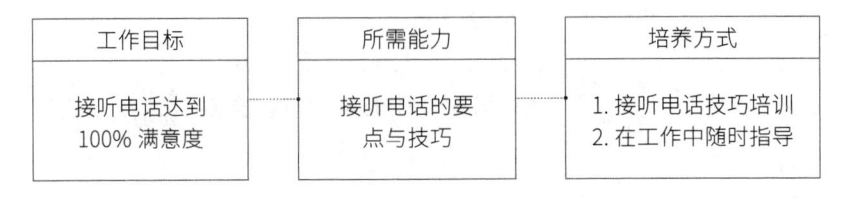

工作目标	所需能力	培养方式
接听电话达到 100% 满意度	接听电话的要点与技巧	1. 接听电话技巧培训 2. 在工作中随时指导

图 4-52 以总经理秘书为例的能力发展计划

另外,能力发展计划必须限定完成时间,否则,计划就有可能被一拖再拖,甚至不了了之。检验能力发展计划实施效果的最好方法,就是评估任职员工是否达到了所设定的关键绩效指标或工作目标。

表 4-39 是员工能力发展计划的样表，供你在制订员工能力发展计划时参考。

表 4-39 员工能力发展计划样表

员工姓名		岗位		直接主管		计划日期	
以下能力发展计划须经直接主管与员工讨论后确定							
关键指标/工作目标		达到指标/目标所需的知识和能力		培养方式		完成时间	

双方回顾：

员工确认	日期	直接主管确认	日期

如何进行绩效面谈

阅读前思考：
1. 作为一名部门管理者，你做过员工绩效面谈吗？
2. 你知道为什么要进行绩效面谈吗？
3. 你在以往的绩效面谈中遇到过哪些困难？

绩效面谈谈什么

一提起绩效面谈，人们通常想到的只是绩效考核后的面谈。其实，绩效面谈包括初期的绩效计划设定面谈、过程中的绩效辅导面谈以及末期的绩效考核总结面谈。

● 初期的绩效计划设定面谈

员工绩效计划是通过部门管理者与下属之间的双方沟通共同达成的，详细内容请阅读"如何设定员工绩效计划"。

● 过程中的绩效辅导面谈

作为员工的上司，不是设定完绩效计划就万事大吉了。为了确保关键绩效指标或工作目标的成功实现，你还需要随时随地就影响绩效的因素与下属进行沟通，并通过系统培训、在工作中指导等多种方式来提升员工的工作意愿与能力。

● 末期的绩效考核总结面谈

在一个绩效合约期结束时，部门管理者需要与属下员工就他们的考核结果、行为表现、改进措施以及新的目标进行面谈，面谈内容如图 4-53 所示。

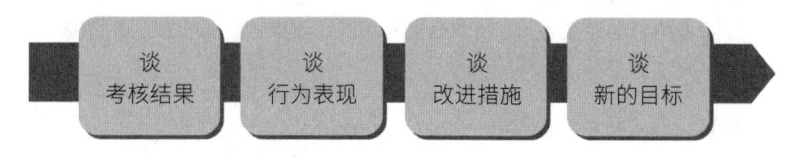

图 4-53 绩效考核总结面谈的内容

在考核后，部门管理者为什么需要与下属进行一次面谈？

1. 将考核的结果反馈给下属

·让下属了解自己做得好的方面，使其继续保持或者做得更好。

·让下属认识自己有待改进的地方。

2. 给予下属表达自己想法的机会

·允许下属对考核结果提出异议。

·允许下属提出自己在工作中遇到的困难，以便请求上司支持和指导。

·让上司了解自己的职业发展想法。

3. 使下属在下一个绩效合约期做得更好

·确定下属在下一阶段的改进重点以及改进计划。

·经过上下沟通，确定下属下一阶段的工作目标。

绩效面谈为什么难谈

部门管理者觉得末期的绩效考核总结面谈难谈，主要是担心员工不接受考核结果，怕起冲突，难以取得面谈的效果。我们需要从上司与下属两方面查找难谈的原因。

上司的原因	下属的原因
1. 给下属定的目标过高 2. 绩效标准模糊，凭印象打分 3. 仅有考核总结面谈 4. 仅关注考核结果，疏于过程辅导 5. 缺乏绩效面谈的技巧	1. 被人指出自己的不足总是不舒服 2. 出于维护个人利益，不愿接受考核结果 3. 绩效面谈前没有任何准备

从以上分析可以看出，上司的原因总是多于下属。

可以明确地说，如果初期的绩效计划设定面谈、过程中的绩效辅导面谈没谈好，末期的绩效考核总结面谈也一定谈不好。由此可见，将三种面谈组合起来，就是一个循环的绩效管理过程。因此，要想轻松进行末期的绩效考核总结面谈，部门管理者务必做到下列几个要点：

·指标或目标是经过上下级之间讨论达成的，是双方认可的，而不是单方面"下达命令"或"强人所难"。

·有明确的绩效标准，能拿出客观的考核依据。

·在绩效合约期内，及时将意见反馈给员工，这样在考核后面谈时，员工对自己的工作表现就会心中有数，不会感到突然。最糟糕的面谈是，部门管理者在平日从来就不指出员工的问题，不给予指导，到了月末或季末考核结果出来时，才一股脑地将所有问题说出来。这样的做法会使员工接受不了，他们可能会质问："我有这么多问题吗？"另外，面对一个平日疏于沟通与辅导的上司，员工即使明白自己的问题，也会产生抵触情绪。

·掌握技巧，使绩效面谈不再难谈。

绩效面谈如何谈

关于绩效面谈如何谈，将从绩效面谈的过程和面谈技巧两个方面来介绍。在介绍绩效面谈的过程时，已涉及部分面谈技巧，这些技巧在其后将不再单独列出。

绩效面谈的过程

面谈之前 ⇒ 面谈之中 ⇒ 面谈之后

图 4-54 绩效面谈的过程

面谈之前的精心准备最为重要

上司的准备	下属的准备
・客观考评下属，标出与下属自评分歧之处 ・列出下属本期做得好的与做得不好的方面 ・拟定下属绩效改进计划与下一阶段的目标 ・准备好面谈资料，如考评表、考评依据、改进计划、下一阶段目标、绩效面谈表等 ・拟定面谈提纲。如何开始，如何结束，面谈过程中先谈什么，后谈什么，时间分配 ・确定面谈时间与地点，通知下属做好准备	・客观地做好自我考评，以与上司考评一致 ・列出准备向上司提出的问题，将影响上司对自己的考评以及下一期绩效计划的设定 ・准备好个人发展计划，在面谈中提出，有利于上司设定下期绩效计划时与自己一致 ・安排好自己的工作，避免面谈时被中途打断 ・调整好心态，虚心接受上司所指出的不足

面谈之中按照事先设计好的提纲实施绩效面谈

表 4-40 绩效面谈提纲示例

面谈步骤	面谈顺序与要点	时间
开始面谈	1. 简单寒暄，营造轻松、愉快、友好、相互信任的氛围。 2. 简要说明面谈的目的，面谈顺序，大约需要多长时间。	

续 表

正式面谈	1. 谈考核结果 • 逐项说明上司的考核结果，着重说明与员工自评的分歧项目。 • 听取下属对考核结果的异议或说明未完成工作目标的理由。 • 针对下属的异议或理由，对考核结果进行解释、沟通或修改，以达成一致。如仍存在异议，另找时间再谈。 2. 谈行为表现 • 针对考核结果，请员工谈谈自己的行为表现。 • 上司评价。先说好的方面，再指出需改进的，最后鼓励员工改进与进步。 3. 谈改进计划 • 听取下属的职业发展想法。 • 针对下属的短板和职业发展想法，共同商定改进与提高计划。 • 听取下属需要的支持。 4. 与下属共同讨论下一阶段的工作目标。 5. 双方确认，结束面谈。
结束面谈	1. 说明后续事项，表示谢意，握手告别。 2. 立即修改考核结果，填写绩效考核面谈记录表，以免忘记，再安排下一个面谈。

表 4-41 绩效考核面谈记录样表

员工姓名		岗位		部门		入职日期	
考核期	从　　年　　月　　日 至　　年　　月　　日							
以下面谈记录必须经过员工本人确认							

续　表

该员工对本期考核结果的异议			

该员工在本合约期的突出成绩			

该员工在下个合约期需改进的重点	改进措施	完成时限	双方回顾

该员工需获得的其他支持（包括个人职业发展）

员工确认 / 日期		面谈人确认 / 日期	

抄送：　人力资源部 — 白色　　部门 — 黄色　　员工本人 — 蓝色

面谈之后的工作

·修改后的考评表和填写好的绩效考核面谈记录表，请下属确认后签名；

·与下属签订新的绩效合约与能力发展计划，进入下一个绩效合约周期。

绩效面谈的技巧

技巧1　面谈内容与面谈形式设定

绩效面谈的内容与形式并非固定的，可根据实际情况设定。

1. 建议新目标另外安排时间谈，因为讨论目标非常耗费时间。

2. 谈新的目标可一对一或一对多面谈：

·如岗位职责不同，应选择一对一的面谈；

·如多个岗位承担相同职责，可一对多面谈，这样可节省时间，也便于讨论。

3. 面谈可能不止一次,甚至多次才能谈清楚。

技巧2　营造和谐的面谈氛围

从一开始就营造和谐的氛围并自始至终保持下去,是绩效面谈成功的第一步。

面谈形式	通常是上司与下属之间一对一的面谈,谈话内容是保密的
面谈环境	选择无人打扰的环境
拉近距离	通过称呼、语气、座位、肢体语言、使用道具(如泡茶)等拉近距离
破　冰	简短寒暄,营造轻松气氛,不要一开始就入正题
积极态度	充满热情的,尊重他人的,正面的,具有耐心的

技巧3　面谈中的控制技巧

部门管理者是绩效面谈的主导者,而不是下属,你必须把握好以下四个控制。

控制面谈目标	按照提纲面谈,不要跑题,不要试图谈所有问题
控制面谈节奏	控制自己与下属谈话时间,将扯远的谈话拉回来
控制下属情绪	留意下属情绪,适时调整,使面谈能按计划进行
控制自己情绪	保持冷静,不要着急,不要争辩,坚决不可发火

技巧4　针对不同下属采用不同的面谈方式

图4-55中的两种谈话方式在前面"指导的态度与方法"中已有介绍,在绩效面谈中也可应用。

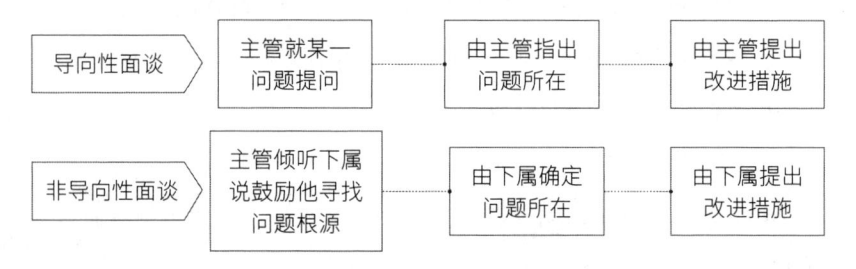

图4-55　导向性面谈与非导向性面谈

员工类别	建议采用的面谈方式
岗位上的新手	导向性面谈
性格内向的员工	导向性面谈
执迷不悟者	导向性面谈
情绪激动者	非导向性面谈
有异议的员工	非导向性面谈
优秀员工	非导向性面谈

图 4-56 针对不同员工采用不同的面谈方式

技巧 5　面谈中异议的处理

什么是异议？

所谓异议，就是对方不认同自己的观点。需要提醒的是，员工对考核结果的不认同并非都是真实的异议。比如，有的员工对考核结果并无异议，但出于本能反应，总会找个理由为自己的不足辩解。这种异议是虚假的异议。还有一种是隐藏的异议，有的员工虽然认同考核结果，但不情愿工资被扣，也会找各种理由来拒绝考核结果，将其真实的想法掩盖起来。因此，部门管理者在与下属员工的绩效面谈过程中要加以分清并区别对待。

员工异议产生的原因：

下属的原因	上司的原因
·**本能反应** 假的异议，被指出不足的自然反应 ·**涉及利益** 隐藏异议，找理由维护个人利益 ·**认识不清** 假的异议，不能透彻认清自身不足 ·**客观原因** 真的异议，缺乏支持、配合、资源	·**目标过高** 真的异议，目标一开始就定高了 ·**模糊标准** 真的异议，不能量化或验证 ·**无说服力** 真的异议，简单反馈、拿不出依据 ·**无信任感** 真的异议，平时缺乏帮助与指导

如何赢得下属的认同？每化解一个异议，你就更接近下属一步。

部门管理者需要从尊重员工的异议、化解员工的异议以及承认员工的异议等三个方面入手。

首先，从**尊重员工的异议**开始：

- 允许下属提出异议，员工有提出异议的权利；
- 耐心倾听，不要急于打断；
- 你需要了解他的真实想法，否则就无法化解异议；
- 不要一听到异议就怒不可遏或表示轻蔑；

倾听的技巧
· 预先准备 · 放下手中的一切 · 保持目光的接触 · 回答之前先听完 · 记录 · 感受对方的情绪

- 在表达异议过程中，有的下属可能会出现情绪波动，你应当保持冷静，适时地调整他的情绪，允许下属发泄情绪，这样更易化解他的异议；
- 要化解异议，首先要尊重员工，否则就会形成对立。

面谈方式因人而异
导向性面谈 / 非导向性面谈

其次，是**化解员工的异议**：

- 针对考评结果有分歧之处，提前做好充分准备，包括考评标准、数据等验证材料、面谈方式等；
- 为何你比下属自评分数打得低？你必须拿出考评标准和事实依据，这是最具说服力的方法。

除此以外，你还需要：

·具有同理心。在处理异议时，有时需要换位思考，如果一味地站在自己的角度，则会陷入僵局；

面谈方式因情而异
·本能反应：表示理解，鼓励改进 ·涉及利益：让员工说出担心，释放压力 ·认识不清：指出问题，分析原因 ·客观原因：坦诚沟通，分清责任

·针对不同的人和情况，采取不同的面谈方式。

最后，是承认员工的异议：

·如果下属的异议产生的原因来自上司（如目标过高、模糊标准、无说服力、无信任感等），作为部门主管，你应当虚心接受下属的质疑，通过坦诚沟通，找到双方都能接受的化解办法。这也提醒你从现在开始必须正视这些问题。这些问题是你本人接下来需要改进的地方。回避只能加大异议。

·通过沟通，如果异议仍然存在，建议另找时间再谈，不可"恋战"，一是容易陷于僵局，冷静一下，想想再谈效果更好；二是要确保本次面谈其他目标的完成。

·不要试图通过一次谈话解决所有异议。关键问题还是，如果初期的绩效计划设定面谈、过程中的绩效辅导面谈没谈好，末期的绩效考核总结面谈就一定谈不好。

| 后记 |

阅读后的建议

非常感谢你从头至尾耐心地阅读了这本人力资源管理手册，或是阅读了其中你感兴趣的几个章节。如果你从中有所收益，那是作者的荣幸。如有不妥之处，也敬请指正！

为了快速提高你的人力资源管理技能，打造高绩效团队，成为一名成功的部门管理者，有以下几点建议供你参考，也作为这本手册的总结：

・牢记部门管理者的四大管理职能（计划、组织、领导、控制）及其展开的各项人力资源管理活动。你几乎每天都要履行这些职能，从事其中的几项活动。

・公司人力资源管理制度与流程是部门管理者在人力资源管理上"如何做"的指导书与依据，也是人力资源管理工具。当你全面熟悉并掌握这些工具的时候，你的人力资源管理知识与技能就基本够用了，你的领导力随之将获得大幅度提升。

・随时就部门的人力资源管理问题向人力资源部门以及公司内外有经验的人咨询。

・积极寻找机会接受有关人力资源管理知识与技能的培训。很多管理课程其实都会涉及人力资源管理领域，如"管理者的角色认知""组织行为学""高绩效团队建设与管理""有效分派任务与授权""辅导与激励""教练技术""从专业到管理""领导力与执行力"等。

·阅读书籍、专题文章也是自我成长的方法之一，其中总有值得你借鉴的地方。

·最重要的是，无论是阅读还是接受培训，一定要将所学应用到实际工作之中，况且，技能的提高在于不断练习。很快，你将成为人力资源管理专家，未来的职业发展将会走得更远。

·正如大家所说，在管理上没有最好的方法，只有合适的方法。相信你在不断的实践中也总结了不少人力资源管理的好方法，而且很合适你所任职的企业。这本手册仅供参考。

本书在写作过程中，还参考了手头上收集的资料，因无法确定资料来源而未注明，在此表示诚挚的歉意和致谢！

再次感谢你的阅读，祝你好运！

参考文献

[1][美]塞缪尔·C.切尔托. 督导管理：原理与技能训练[M]. 顾琴轩,译. 北京：机械工业出版社，2007.

[2]焦叔斌. 管理的12个问题：大道至简的管理学读本[M]. 北京：中国人民大学出版社，2009.

[3]郑晓明，吴志明. 工作分析实务手册[M]. 北京：机械工业出版社，2006.

[4][美]斯蒂芬·罗宾斯，帝莫西·贾奇. 组织行为学[M]. 李原，孙健敏，译. 北京：中国人民大学出版社，2008.

[5][美]盖瑞·凯朗特. 培训探秘[M]. 曹淮扬，译. 北京：企业管理出版社，2001.

[6][美]马歇尔·库克. 有效指导：如何做一名出色的指导者[M]. 范国艳，译. 北京：企业管理出版社，2001.

[7]金元吉. 员工激励新法[M]. 广州：广东经济出版社，2001.

[8][美]斯宾塞·约翰逊，肯尼思·布兰查德. 一分钟经理及实践[M]. 李向晖，主编. 如林，译. 北京：时事出版社，2002.

[9][美]Elwood N.Chapman. 态度：你最宝贵的财产[M]. 姜琳，译. 北京：清华大学出版社，2000.

[10][英]Pam Jones. 绩效管理[M]. 李洪余，朱涛，译. 上海：上海交通大学出版社，2004.

[11]姜定维，蔡巍. 奔跑的蜈蚣：以考核促进成长[M]. 北京：京华

出版社，2002.

[12] 王玉荣. 流程管理 [M]. 北京：机械工业出版社，2004.

[13][美] 迈克·W. 普雷斯，马修·弗莱德里克. 经理人成长记录：我在商学院学到的 101 件事 [M]. 于兹志，姚舜，译. 北京：机械工业出版社，2012.

[14][美] 迈克尔·格伯. 突破瓶颈 [M]. 王甜甜, 译. 北京: 中信出版社，2007.

[15][美] 皮埃尔·莫奈尔. 招聘中的 45 个细节 [M]. 李红怡，译. 北京：机械工业出版社，2005.

[16][美] 米奇·霍莉德. 经理人培训教程 [M]. 于卉芹，李欣，译. 北京：中国商业出版社，2005.

[17][美] 丹尼尔·平克. 驱动力 [M]. 龚怡屏，译. 北京：中国财政经济出版社，2023.